Quellen aufgebaut, und ist es im höchsten Grade wahrscheinlich, daß sich die geschilderten Ereignisse und Episoden, wenn auch nicht ganz so, doch sehr ähnlich abgespielt haben.

Die beiden bisher von mir über die napoleonische Zeit herausgegebenen Werke:

1. Die Memoiren der Baronesse Courtot

und

2. Jérome Napoleon, König von Westphalen

sind von dem Publikum mit großem Wohlwollen aufgenommen; ich hoffe bei diesem größeren Werk auf dieselbe freundliche Aufnahme.

Hannover 1901.

Der Verfasser.

dahin schreitet, fällt in seiner Figur das Eigenartige auf, daß sein Oberkörper im Verhältniß zu dem übrigen Körper viel zu groß und seine Haltung etwas vornüber gebeugt erscheint.

Sein Weg führt ihn immer von Neuem an hübschen Landhäusern vorüber, die, je näher er der Stadt kommt, immer stattlicher und schöner werden. Endlich erscheint zu seiner Linken eine mitten im Park gelegene Villa, der ein Portikus von weißen Marmorsäulen vorgelagert ist. Ein weiter Rasenplatz liegt vor der Front, aus dessen Mitte eine Fontaine in hohem Strahl aus einem Marmorbecken emporsteigt. Von diesem Platz führen schattige Alleen dunkler Lorbeerbäume in grüne Haine, aus denen weiße Marmorstatuen hervorlauschen. Die Sonne des Südens liegt heiß auf der Natur, der kühle, schattige Park, der, durch das goldene Gitterthor gesehen, wie ein stilles Märchenreich daliegt, lockt den Wanderer, kein Mensch ist rings zu sehen, es ist wie in Dornröschens Zauberschloß.

Der Offizier ist vor dem Thore stehen geblieben, er legt die Hand auf dem Griff, sie öffnet sich, er überlegt einen Augenblick, dann tritt er ein. Er prüft mit scharfem Auge die lautlos daliegende Villa und schreitet dann, den sonnigen Rasenplatz durchquerend, dem nächsten Laubgange zu. — Er folgt diesem Wege und labt sich dabei an dem dunkeln Schatten der Bäume; — da stockt sein Fuß, er hört ein leises Geräusch und stellt sich, dem ersten Impulse folgend, hinter den dicken Stamm eines der Bäume, die ein kleines, vor ihm liegendes Rondel umgeben. Es zeigt sich vor seinen erstaunten Augen ein gar liebliches Bild.

Wenige Schritte von ihm ruht auf einer Ottomane in dem Schatten einer hohen Conifere ein reizendes junges Mädchen. Sie hat den rechten Arm unter das Köpfchen gelegt, von dem dunkle, in dem durch die Blätter fallenden Sonnenstrahl fast golden glänzende Haare in krausem Gewirr über eine weiße Stirn, ja sogar über die Lehne der Bank herabhängen.

Ihr kleiner Kopf mit dem warmen, runden Gesicht ist theilweise in die Biegung des Armes, theils in ein kleines Seidenkissen vergraben, das sich die Schläferin zum Schutz gegen die Rohrstäbe der Lehne untergeschoben hat.

Ueber den vollen Purpurlippen ihres kleinen Mundes, unter dem Näschen und auf den leicht gerötheten Wangen liegt ein zarter Flaum, wie bei einer Pfirsich, und in tiefen Athemzügen hebt sich im

Der General ist bei ihren Worten erstaunt aufgefahren, dann lüftet er den Hut und sagt, sich leicht verbeugend: „Was sagst Du Bürgerin? Du bist Julie Clary? Aber wie kommst denn Du hierher? Ich denke die Clarys wohnen in Cuges, ihrem Land= gute hier in der Nähe, wo ich sie in den nächsten Tagen aufsuchen wollte? Das ist ja ein ganz unerwartetes Zusammentreffen.“ Er ist bei diesen Worten den Beiden näher getreten, schüttelt die Hände der neuen Verwandten und sagt: „So seid mir denn willkommen.“

„Also, General, jetzt erinnern Sie sich unserer wirklich?“ sagt Julie, schalkhaft lächelnd, indem sie den Händedruck kräftig erwidert. „Nun, wir wollen versuchen, Ihren Irrthum zu vergeben, denn er ist verzeihlich. Wir wohnen gewöhnlich im Sommer in Cuges; da aber Papa vor einem halben Jahre kurz vor seinem Tode*) dieses Land= haus erwarb, so sind wir im Frühjahr hierher gezogen. Es ist ja so schön hier, und außerdem haben wir ja da unten in der Stadt meine Ausstattung zu besorgen.“

„Wunderbar — ganz wunderbar,“ murmelt der General, „und gerade hierher muß mich mein Schicksal führen. Du also bist Julie, Bruder Josephs Braut, was der Mensch für ein Glück hat, solche Braut und solche Schwägerin zu haben. Und das ist also das Kind, die kleine Eugenie, die ich mir noch mit der Puppe spielend vorstellte. Aber, petite, Du bist ja schon eine kleine Dame? Reifen denn die Mädchen bei Euch hier so schnell? So viel ich weiß, bist Du doch das Nesthäkchen der Familie und erst vierzehn Jahre alt?“

Bei seinen Worten und seiner vertraulichen Anrede ist Eugenie tief erröthend zusammengezuckt und ein zürnender Blick streift den Sprechenden; aber gleich wendet sie sich ihm wieder zu und stammelt, die Hand auf ihr klopfendes Herz drückend: „Ja, mein General, ich heiße Eugenie Desirée Clary.“

Julie aber sagt: „Nun, mon grand beau-frère, nehmen Sie, bitte, Platz, Sie schenken uns natürlich den heutigen Tag. Wir lassen Sie nicht fort. Ich werde gleich Maman und die Geschwister be= nachrichtigen, die hier heute zu dem Todestage von Papas erster

---

*) Nach dieser Angabe ergiebt sich schon die Unmöglichkeit der in manchen Napoleonswerken oft angeführten Sage, nach der der Kaufmann Clary dem um die Hand Eugenies werbenden Napoleon erwidert haben soll: „Ein Bonaparte in der Familie sei gerade genug.“ Anmerkung des Herausgebers.

gebliebenen festen Plätzen ernannt und sollte Bastia, St. Fiorenza und Calvi gegen feindliche Angriffe schützen. Er versuchte als solcher noch einmal mit Hülfe der ihm günstig gesinnten Bergvölker seinen Feind Paoli zu stürzen, aber auch deren Hülfe versagte im letzten Augenblick, er mußte seinen Plan aufgeben und er, dessen Traumbild einst gewesen war, ein Nationalheld zu werden, mußte sich vor der corsischen Volkswuth flüchten. Er zog sich mit seiner Mutter und den Geschwistern zuerst nach Calvi zurück, von wo er nach Toulon flüchtete. Von dieser Zeit an wurde er ein Glücksoldat in Frankreichs Solde, der sich, gestützt auf sein Feldherrntalent, mit dem Säbel seine Zukunft erkämpfen wollte.

In Toulon begann für die Buonaparte's gewissermaßen eine neue Aera.

Sie führten sich dort als treue Anhänger des Pariser Convents ein, die durch ihre Hingabe an Frankreich ihr ganzes Vermögen in der Heimath eingebüßt haben wollten. Der Convent bestimmte, daß alle, in gleicher Lage befindlichen Corsicaner vollständig entschädigt würden und so geschah es denn. Der kluge Joseph Buonaparte hatte sich hierzu bereits in Ajaccio mit den nötigen Documenten versehen und brachte auch ein Attest des dortigen Procureurs folgenden Inhalts bei:

„Déclare en outre que la famille Buonaparte composée de dix individus, qui avaient beaucoup de crédit dans l'île, jouissaient d'une fortune le plus considérable, et qu'elle se trouve aujourd'hui dans le continent de la république."

Auf dieses Document hin wurden die erwachsenen Brüder Napoleon's sämmtlich von dem Convent versorgt und Frau Letizia erhielt für sich eine kleine Pension, mit der sie zuerst in La Valette bei Toulon kümmerlich genug lebte und später nach Marseille übersiedelte. Joseph und Lucian erhielten kleine Anstellungen. Napoleon aber begab sich zu seinem früheren Regiment nach Nizza, in das er als Lieutenant wieder einrückte.

Inzwischen hatte sich Corsica unter Paoli von Frankreich losgesagt und mit England und Genua verbündet, die auch bald die Franzosen aus ihren letzten in ihrem Besitz befindlichen festen Plätzen auf der Insel vertrieben.

Frankreich hatte ein neues Expeditionscorps gegen diese Alliirten ausgerüstet, das zu jener Zeit gerade Lyon belagerte. Zu der Artillerie

Pau. (Geburtsſt

étant un des officiers des anciens corps de quelque réputation. Ce fut ici, qu'il déploya ses talens militaires; il y fit prisonnier de sa main notre général O'Hara, commandant de nos forces à Toulon. Ce général fit le 30 Novembre une sortie avec un corps de 6000 hommes, afin de se rendre maître d'une batterie française, qui jouait sur le fort Malbosquet, il réussit, et encloua les canons, qu'il y trouva. Dégoumier, général en chef des Français, se jeta au milieu de ses troupes, et les rallia; tandisque son bras droit le commandant de l'artillerie (on l'appelle ainsi généralement) Buonaparte s'efforçait de placer quelques pièces de campagne sur différentes petites hauteurs, afin de protéger la retraite, et le disputer à nous, en cas que notre général voulût poursuivre ses succès jusqu'à Oullioules et eût intention de se rendre maître du grand parc d'artillerie de siège de l'armée française, qui se trouvait placé un peu en avant de ce village. Après avoir exécuté cette opération, il se porta vers une hauteur opposée à la batterie et occupée par nos troupes; et alors avec un bataillon de 400 hommes, il gravit le long d'une tranchée couverte de branches d'oliviers, qui communiquait à la batterie et qui avait été creusée afin d'y conduire de la poudre et des provisions. De cette manière il arriva sans être découvert au pied de la batterie, dont il commença à faire feu de droite et de gauche sur nos troupes et les Néapolitains, qui l'occupaient et sans qu'il leur fût possible, de savoir d'où il venait.

Le général O'Hara qui était dans la batterie monta sur un épaulement pour observer de quelle direction venait cette étrange attaque. Un sergent du bataillon, qui était dans la tranchée fit feu sur lui et lui cassa le bras d'une balle. O'Hara tomba au pied de la batterie du côté des Français; les soldats se jetèrent sur lui et étaient au moment de le massacrer, lorsqu'il fut sauvé par un officier français, c'était Buonaparte, qui le saisit et le préserva dans cette situation critique et si dangereuse. Alors notre général lui présenta son épée et lui déclara son nom et sa qualité. Buonaparte usa si efficacement de son influence en sa faveur, qu'il fut traité comme il convenait à un homme de son rang, nonobstant les lois inhumaines qui existaient alors contre nous Anglais. — Cécile fut nommé colonel. etc. etc. etc. . . . .

J'ai l'honneur etc.

W. Hood.

poleon bei dem Convent mit der Behauptung an, daß er monarchische
Einrichtungen zu restituiren beabsichtige. Der Convent sandte ihm
eine Vorladung, sich deßhalb in Paris zu verantworten. Napoleon
aber schickte vorsichtiger Weise zu seiner Rechtfertigung nur eine schrift=
liche Vertheidigung ein, worauf man ihn unbehelligt ließ.

Kurze Zeit hielt er sich darauf wieder in Nizza auf und kehrte
dann nach Marseille zurück.

Das ist die Zeit, in der die obige Begegnung mit der Familie
Clary stattfand.

Drittes Capitel.

Es ist gegen die Mittagsstunde des 1. August 1794, als sich die
Verwandten des Hauses Clary, die Mitglieder der Familie Buona=
parte und mehrere reiche Kaufleute aus Marseille mit ihren Frauen
in Cuges, dem Landgute der Clarys, versammelt haben, um die Hochzeit
Julies, der fünften Tochter des Hauses, mit dem bisherigen Bataillonschef
in dem Generalstabe, kürzlich zum Armeelieferanten in Marseille ernannten
Joseph Buonaparte zu begehen. An dreißig Gäste sind bereits in
dem großen Saale des Schlößchens vereint, die sich in Gruppen bei ein=
ander stehend lebhaft über die Tagesereignisse unterhalten. Der größte
Kreis steht und sitzt um die Mutter, die Citoyenne Clary herum, die mit
einigen ihrer Töchter und ihrer Schwester Victoire, in der einen Ecke
des Saales auf einem der dort stehenden Lehnstühle Platz genommen
hat. Der ungefähr zwanzig Schritt im Quadrat umfassende Saal
ist ein, den reichen Verhältnissen des Hauses entsprechendes Prachtgemach.
Seine von oben bis unten boisirten und mit zahlreichen, in die Wände
eingelassenen Gemälden bedeckten Wände sind im Style Louis quinze
gehalten. Ueber den Thüren und an dem reichvergoldeten Plafond
befinden sich Bilder spielender Putten, in deren Mitte ein großer, in
dem Sonnenlicht in Hunderten von Facetten blitzender Crystallustre
herabhängt. Die reich vergoldeten Flügelthüren zeigen in ihrer Mitte Me=
daillons mit den Bildnissen der neuen Pariser Volksbeglücker, deren theil=
weise rohe, ja beinah bestialische Züge schlecht zu dem Glanze der sie um=
gebenden vergoldeten Ranken passen. Sie scheinen erst kürzlich (viel=
leicht an Stelle der einstigen Königsköpfe) dort eingesetzt zu sein. —

Portièren von schwerem rothen Lyonersammt, mit goldenen Trobbeln
eingefaßt, hängen vor den Fenstern bis zu der Erde nieder und ein
großer Teppich in derselben Farbe bedeckt das Parkett. Große Fauteuils
mit gepreßtem Sammt überzogen, stehen theils steif an den Wänden
umher, theils sind sie zu einzelnen Gruppen zusammengeschoben. Die
Mutter Clary ist die einzige, noch in schwarze Trauergewänder ge=
kleidete Dame der Gesellschaft, die übrigen haben zu dem Feste die
Trauer um den, vor einem halben Jahre verstorbenen Bürger Clary
abgelegt und sind in leichte farbige Seidenstoffe gekleidet. Den Platz
neben der Frau Clary nehmen ihre ältesten Stieftöchter, Anastasie
Lejeans, eine schöne junge Frau, und Frau St. Joseph ein,
deren Formen schon etwas zur Fülle neigen. Frau Ernestine Bladt
de Villeneufe stützt ihren vollen weißen Arm auf die Lehne des
mütterlichen Lehnstuhles, während ihr linker Arm die zarte Taille des
Nesthäkchens Eugenie umschließt.

Diese steht aufrecht neben ihr und blickt mit ihren, für das schmale
kleine Gesichtchen fast zu großen Augen lächelnd in das Gewirr vor
sich hinein.

Sie trägt wie alle die anderen Damen eine Robe in modernem,
griechischen Geschmack, deren Rock, ihre zarte Conturen verrathend, in
schlichten Falten an ihrem jugendlichen Körper herunterfällt. Auf
ihrer Stirn, in dem dunkeln, hinten in einen griechischen Knoten zu=
sammengefaßten Haar ist vorn ein Rosenbouquet befestigt, dessen Blüthen
weit vorspringend auf ihre weiße Stirn herabhängen. Ihr Oberkleid
ist eine sogenannte robe Suisse, aus feinem rosa Mousseline, die mit
weißem Seidenband doppelt eingefaßt ist. Ein goldenes Kettchen um=
schließt ihren Hals, von dem ein Medaillon von Carnol bis auf den
nach der Mode der Zeit fast gänzlich enthüllten zarten Busen herab=
hängt. Von gleichem Edelstein sind die in den kleinen Ohren be=
festigten Ohrringe und der, ihre kurze Taille umspannende Gürtel be=
steht aus hellrothem Bande. Ihre weißen Arme sind unbedeckt und in
der linken Hand trägt sie einen glitzernden Perlmutterfächer, verbrämt
mit weißen Spitzen. Die anderen Damen sind ähnlich gekleidet und
es hat fast den Anschein, als bildete ihre Tracht schon den Uebergang
zu einer neuen Mode. Man scheint das chemisenartige Gewand des
ersten Jahres der Republik bereits satt zu haben und sich wieder kleid=
sameren Costümen zuwenden zu wollen. Waren diese enganliegenden, fast
ohne Unterkleider getragenen Gewänder für schlanke, mädchenhaft zarte

Ob er militärische Eigenschaften haben wird, läßt sich noch nicht ermessen. Er ist ein wackerer Geselle und ganz nach meinem Geschmack, ich werde ihn einst vorwärts bringen, denn er hat Talent, Pünktlichkeit im Umgang und Güte, das Alles vereinigt er in sich. Sein Feind ist der Jähzorn, vor dem er sich hüten muß."

Hinter diesem Paar folgen die Geschwister, der sechzehnjährige Bruder Louis mit der schönen Pauline *), Napoleons vorgezogener Lieblingsschwester.

Bei diesen jüngeren Geschwistern des Generals tritt die Napoleonische Aehnlichkeit mehr zurück, sie gleichen mehr der Mutter. Sie haben von ihr die regelmäßigen Züge und die schöne Figur, es ist beinah ein anderer Stamm, der in ihnen zu Tage tritt.

Ludwig hatte sich von früher Jugend an der besonderen Vorliebe Napoleon's zu erfreuen, dieser hielt ihn für talentvoll, geschickt und gutmüthig und hat ihn schon seit einem Jahr seiner Person attachirt. Ludwig machte in seinem Stabe bereits den Feldzug in Piemont mit und zeigte sich dabei stets aufgeweckten Geistes.

Er ist im Wachsthum etwas zurückgeblieben und macht neben der neben ihm gehenden Schwester Pauline beinah einen knabenhaften Eindruck, während la belle Paulette bereits die Frühreife der Creolinnen zeigt.

Diese, am 20. October 1780 geboren, also erst vierzehn Jahre alt, ist entschieden von den Schwestern die Schönste. Ihre wundervolle Figur mit den wahrhaft plastisch schönen Formen, den weißen Schultern und dem Alabasterteint der Brust hat für die Männer etwas Berückendes und die Augen der Anwesenden ruhen mit Entzücken auf ihr. Sie gilt nicht für besonders klug und hat von Jugend auf nicht viel gelernt, besitzt aber trotzdem einen gewissen schlagfertigen Witz und ihre bisweilen etwas kräftigen bonmots erregen jedesmal Napoleon's Heiterkeit; sie besitzt großen Einfluß auf ihn, den sie auch für sich auszunutzen weiß. Sie hat ein sehr liebebedürftiges Herz und trotz ihrer Jugend schon mehrere Verhältnisse gehabt, von denen das mit dem Leichtfuß Fréron wohl das innigste war. Als in der ersten Marseillerzeit die Verhältnisse der Mutter Letizia sehr dürftig waren, hätte Pauline beinah des reichen Bürgers Billon Hand an-

*) Die spätere Fürstin Borghese, war zuerst mit dem General Leclerc verheirathet. Anmerkung des Herausgebers.

über die Buonaparte's in Ajaccio, daß sie sarazenischer Abkunft
seien. Auch diese Annahme ist zweifelhaft, sie können ebenso gut Juden
gewesen sein, die sich bei deren befohlenen Namenwahl den Namen
einer bekannten Familie ohne das Adels=Prädicat zulegten. Auch
die Aehnlichkeit Napoleon's mit Marat, der bekanntlich ein Jude
war und durch die Barras zuerst auf Buonaparte aufmerksam wurde,
ist verdächtig.

Wie dem aber auch sei, Charakterköpfe haben alle die Geschwister,
deren Merkmale besonders in der stark entwickelten Stirnform zu Tage
treten. Auch bei den Töchtern, sowie bei dem jungen Jerome zeigen
sich diese Abzeichen, wenn auch in milderer Form, sie gleichen, wie
gesagt, mehr den Ramolino's.

Es findet nun eine allgemeine Begrüßung statt und das Braut=
paar wandert in dem Saal umher, um einen jeden der Gäste einzeln
zu begrüßen. Dann werden die Flügelthüren zu einem der großen
Nebenzimmer geöffnet, in dem die Vermählung durch einen Municipal=
beamten aus Marseille stattfinden soll.

Viertes Capitel.

Es hatte eigentlich in dem Wunsche der Braut Julie Clary ge=
legen, ihre Ehe mit Joseph Buonaparte auch kirchlich und zwar von
ihrem Hausgeistlichen, dem curé Meunier, eingesegnet zu sehen, dieser
Wunsch ist ihr aber von ihrem Bräutigam als mit seiner Stellung
zu dem Convent nicht vereinbar ausgeredet worden und er hat sie
damit auf eine ruhigere Zeit vertröstet.

So steht denn nur ein Notar, Namens François Desgranges,
hinter dem, wie ein Altar decorirten, grün überzogenen Tisch, der gleich
dem ganzem Zimmer mit Blumen und Guirlanden geschmückt ist. Zwei
mannshohe silberne Armleuchter verbreiten mit ihren zahllosen Kerzen
helles Licht in dem, gegen die Tageshelle verdunkelten großen Gemach,

---

reichte, so warf ihn Napoleon mit den Worten in das Feuer: „Was kann mir
das nützen? Das ist lange nicht alt genug.“

Der alte Onkel Buonaparte starb bereits 1803, ehe er Napoleon als Kaiser
sah, aber zweifelte nicht an dessen großer Zukunft und vermachte daher sein ganzes
Vermögen den anderen Verwandten der Familie.

Anmerkung des Herausgebers.

an Dich liebes Kind gedacht! — Doch verzeih" — mit diesen Worten
geht er Joseph und Julie entgegen, die sich aus dem sie umringenden
Kreise freigemacht haben und spricht ihnen seine Glückwünsche aus.
Jetzt wird er aber von all' den Uebrigen erkannt, Alles stürzt
laut rufend auf ihn zu: „Napoleon — Bürger Bonaparte — bist
Du da? — Wo kommst Du her? — Wie steht es in Paris? — So
berichte doch — erzähle." Bei ihren Rufen schwindet der zärtliche
Ausdruck aus seinem Gesicht und seine Züge nehmen wieder ihre ge=
wohnte unnahbare Kühle an. Er wehrt die Anstürmenden mit dem
Rufe „après — après" ab und beendet erst seine Glückwünsche bei der
neuen Schwägerin Julie, die ja nun ein Mitglied seiner engeren
Familie geworden ist. Er ist darin der echte Corse, die alle viel
Familiensinn besitzen und die Bande des Blutes heilig halten. Napoleon
ist namentlich seinem älteren Bruder Joseph sehr zugethan, er hegt
zwar keine große Achtung vor ihm als Politiker, oder gar als Militär,
sondern betrachtet ihn als den reinen „Salonhelden", aber Joseph hat
sich ihm stets untergeordnet, er hat immer genau des jüngeren Bruders
Instructionen befolgt und ihm schon manchen guten Dienst geleistet.
Daher liebt Napoleon ihn auch auf seine Weise, schließt ihn jetzt noch
einmal in die Arme und küßt Julie sogar auf die Wange; eine Art
von Zärtlichkeit, die ihm sonst ganz ferne liegt. Dann verläßt er das
junge Paar mit den Worten: „Ich werde stets Euere Wünsche erfüllen
und Euch glücklich zu machen suchen, falls mich mein Stern nicht
verläßt."

Damit wendet er sich den ihn noch immer mit Fragen Bestür=
menden zu. Er wehrt sie kühl von sich ab und sagt in seiner ge=
wohnten abgerissenen Sprachweise: „So hört denn. Die Ketten
sind zerrissen. — Robespierre ist todt — er ist am
10. Thermidor durch die Guillotine hingerichtet!"

Ein jubelnder Aufschrei, alle Anwesenden umarmen sich und
drücken sich die Hände und Jubelrufe: „Il est mort — Robespierre
est mort" — erfüllen den Saal. — Fällt bei dieser Bestätigung
doch Allen eine Last von der Seele, ist es doch die endliche Be=
freiung von dem Alb, der seit Jahren auf ihnen geruht hat. Der
Wärwolf ist todt — das Schreckensregiment hat ein Ende. Alles
athmet auf und die Hoffnung auf eine bessere Zeit zieht in Aller
Herzen ein.

Aber diese kurze Mittheilung der ihnen schon theilweise be=

Robespierre will auf die Tribüne eilen, wird aber mit dem Rufe: „Nieder mit dem Tyrannen!" zurückgehalten und Tallien gelingt es, sich der Tribüne zu bemächtigen. Er donnert Robespierre zu: „Tyrann, Deine Sünden sollen nicht länger verborgen bleiben. Hast Du nicht bereits gestern bei den Jacobinern die Stellvertreter der Nation Deinen besoldeten Mördern übergeben?" — Und so hält Tallien ihm Schlag auf Schlag seine eigenen Sünden vor. Robespierre rast vor Wut, er stürzt auf die Tribüne und verlangt brüllend das Wort; er versucht die Gallerien mit ihren Hunderten von Zuhörern auf seine Seite zu ziehen, aber auch von dort antwortet ihm nur Spott und Hohn. Wuthschnaubend sinkt er endlich auf seinen Platz, da ruft ihm Maillon zu: „Verruchter Bösewicht, die Tugend, deren Namen Du entweihst, wird Dich zum Schaffot schleppen."

Durch Erheben der Versammlung wurde der Beschluß gefaßt, gegen Robespierre das Anklagedecret zu stellen. Er und seine Genossen Lebas, Canthot und Saint Just wurden den Gensdarmen übergeben, um sie nach dem Luxembourg abzuführen. Sie verließen, von allen Seiten beschimpft und gestoßen, den Saal, sie, die sich soeben noch als Beherrscher der Republik betrachteten. Durch schlechte Ueberwachung gelang es den Jacobinern, sie den Gensdarmen noch an der Thür des Gefängnisses zu entreißen und sie nach der Mairie zu bringen, wo die Commune tagte.

Plötzlich erhielt der Convent die erschreckende Kunde, daß die Verhafteten von einer bewaffneten Abtheilung begleitet im Anmarsch wären.

Eine feige, elende Aufregung ergriff zuerst den ganzen Convent, Barras stürzte auf die Tribüne und rief mit lauter Stimme: „Laßt uns dem Schicksal danken, die Verschwörer empören sich gegen die Republik, sie überheben uns dadurch der Mühe, sie erst zu richten."

Das war ein Wort zur rechten Zeit, die Conventsmitglieder faßten wieder Muth und ernannten Barras zum Commandanten der Armee.

Er ließ sofort Generalmarsch schlagen. Durch die Alarmsignale wurde das Läuten der von der Commune geläuteten Sturmglocken übertönt, — nach kurzer Zeit stellten sich sechs Bataillone, denen Barras befahl, mit ihm nach dem Rathhause zu marschiren, um den Tyrannen zu verhaften.

Durch die Energie dieses entschlossenen Vorgehens verloren Robes-

„Ja, wie könnte man den Helden von Toulon verdächtigen?" ruft
da eine helle jugendliche Stimme, und kleine, zierliche Finger schleichen
sich schüchtern in die Hand des Generals, „wer könnte das? Sollte denn
die Dankbarkeit so ganz aus der Welt verschwunden sein, sollte Frank=
reich so seinen tapferen Söhnen lohnen? Ganz Frankreich wird, muß
mit uns rufen: Vive Napoleon! ich weiß es."

„Ja, es lebe Napoleon, unserer tapferer General!" mit diesem
Rufe stimmen alle Anwesenden den Worten der kleinen Eugenie zu, die
voll schwärmerischer Begeisterung ihr „Vive Napoleon!" noch mehr=
mals wiederholt. — Hold erröthend steht sie da. Napoleon's Augen
aber ruhen voll tiefer Zärtlichkeit auf dem kindlichen Mädchen, das die
Augen begeistert zu ihm aufschlägt. Er drückt ihre kleine Hand und
sagt leise: „Abermals muß ich Dir danken, holde petite, ja bleibe Du
mir immer so treu ergeben, wie heute. Du süßes Kind!"

Doch schon haben Diener die Thür zu dem anliegenden großen
Eßsaal geöffnet, in dem eine große, festlich gedeckte Tafel sichtbar wird.
Der Festordner tritt zu jedem der Citoyens heran und nennt ihm den
Namen der Bürgerin, die er zu Tisch führen soll. Napoleon ergreift
den Arm der Bürgerin Clary und folgt mit ihr dem voranschreitenden
Ehepaare, die Anderen rangiren sich hinter ihm und so gehen sie Alle
zu der Tafel, an der sie Platz nehmen; das Hochzeitsdiner nimmt
seinen Anfang.

Als der Abend dunkelte, reiste Joseph mit seiner jungen Frau nach
Marseille ab, auch einige der Gäste hatten sich bereits verabschiedet, andere
sitzen noch auf der Terrasse des Hauses plaudernd beisammen. Napoleon
aber ist mit seiner kleinen Schwägerin weiter in den Park hinein ge=
wandert und hat mit ihr auf einer kleinen Bank an dem Rande eines
stillen Weihers Platz genommen. Es ist ein wundervoller Hochsommer=
abend, die immerblühenden Rosen duften, und die Orangen= und
Citronenbäume senden ihre aromatischen Blüthendüfte über die schwei=
gende Landschaft. Ein tiefblauer Abendhimmel liegt wie eine Riesen=
glocke über der im Einschlafen begriffenen Natur. Nur bisweilen
kommt ein kühlendes Lüftchen von der nahen See herüber, auch hört
man hier und da ein etwas lauter gesprochenes Wort von der Terrasse
herüber schallen. Sonst ist tiefer Frieden ringsum und nur der ferne

von der kleinen Jugendfreundin Giacominetta und wie schwer es der Mutter mit der Erziehung ihrer vielen Kinder wurde. Er schildert ihr seinen ersten Unterricht in der Mädchenschule einer Signora Rizzi zu Ajaccio und wie dort die kleine Giacominetta sein liebster Umgang gewesen sei. Dann kommt er auf die Zeit seines Aufenthaltes in der Militärschule zu Brienne, wo er der allen Mitschülern fremde, zehn= jährige Knabe ein mühsames, nur seinen Studien geweihtes Leben ge= führt habe; und schließlich erzählt er ihr auch von der Militärschule in Paris und seinem Eintritt in das Artillerieregiment von La Fère zu Grenoble. Er spricht mit Begeisterung von dieser seiner Lieblingswaffe und erzählt von seinem Traum in Brienne, in dem er sich als Feld= herr einer großen, siegreichen Armee gesehen habe.

Eugenie lauscht athemlos seinen Worten und ihre dunklen Augen leuchten, nun unterbricht sie ihn und bricht enthusiastisch in die Worte aus: „Ja, und wie haben Sie aus dem Traum bereits Wahrheit gemacht, wie in Toulon die Bewunderung der ganzen Welt auf sich gezogen! Fragen Sie nur Ihre Schwester Paulette, wie ich bei der Nachricht von Ihren Erfolgen gejubelt habe!"

„Aber Kind — Kind," erwiderte Napoleon höhnisch, „wie lohnt es denn Frankreich mir, der ich doch für dieses mein Adoptiv= vaterland schon so Allerlei gethan habe? Glaubst Du, daß ich bei dem Convent in diesem Wirrwarr der politischen Ansichten Anerkennung fände? Wer weiß, was mir die nächste Stunde bringt? Ich habe darüber in Paris so meine Erfahrungen gemacht. Jetzt steht Keiner sicher. Deßhalb bin ich ja hierher zurückgekehrt, denn ich glaube nicht, daß man mir bei der Armee etwas anhaben wird. Bei ihr ist mein Platz und nicht in Paris, wo diese Intriganten am Ruder sind. Nur bei meinen Soldaten fühle ich mich wohl, an ihrer Spitze will ich den Lorbeer suchen."

„Wie?" ruft Eugenie entrüstet, „das Vaterland sollte gegen Sie, seinen besten Sohn, so undankbar sein? Das ist doch undenkbar! Frank= reich muß es doch ahnen, daß Ihre glorreichsten Siege noch in der Zu= kunft liegen!"

„O, mein General, wie herrlich muß es doch sein," fährt sie leuchtenden Auges fort, „ein Soldat, wie so wunderbar erst, ein Feldherr zu sein! O, wäre ich ein Mann, wie würde ich mein Leben einsetzen, um unter Ihrem Befehl gegen den Feind anzustürmen. Wenn da die Trommelwirbel erschallen, wenn die Kanonen brüllen, der

„Ich sehe Dich, wie Du an der Spitze eines großen Heeres, —
weit dahinten — in dem fernen Osten, in eine große Hauptstadt ein=
ziehest, — ich sehe Dich — wie sich die Fahnen vor Dir senken, ich
höre, wie viele Glocken läuten und sehe, wie die Augen — all der
Tausenden von Menschen nur auf Dich schauen, — ich sehe Dich an
der Spitze eines glänzenden Gefolges im einfachen Kleid dahin reiten.
— Ja, ich sehe Dich als den Begründer von — Frank=
reichs Ruhm.“

Napoleon ist mit athemloser Spannung Eugenies Worten gefolgt.

Er empfindet bei ihren prophetischen Worten ein eigenartiges
Grauen und sagt leise vor sich hin: „Was — ist — das? Ist das
nur jugendliche Schwärmerei eines kleinen Mädchens, oder ist es des
Schicksals Stimme, die da zu mir spricht? — Vielleicht ist es
aber auch nur die Liebe, die ihr diese Worte eingiebt?“

Er ist gleichfalls aufgestanden und sagt, die Hand leicht auf
Eugenies weißen Arm legend, tiefbewegt: „Ich danke Dir, Du süße
petite, für Deine Worte. Ich danke Dir für die Gefühle Deines
jungen Herzens, ja, ich danke Dir, Du liebe kleine Träumerin Du!“
— Er legt den Arm um ihre zarten Schultern, zieht sie leise an
sich und küßt sie auf die süßen rothen Lippen. Noch einmal zieht er
sie näher zu sich heran, während das Mädchen voll seligen Entzückens
zu ihm aufblickt, dann flüstert er leise: „Leb’ wohl und vergiß mich
nicht!“ —

Die letzte Dämmerung des Sommerabends ist inzwischen herein=
gebrochen, ein warmer Abendwind hat sich aufgemacht, er trägt den
Rosenduft von den Beeten des Gartens zu den Beiden hinüber. Sie
sehen sich tief in die Augen, dann neigt sich Eugenie noch einmal dem
Abschiednehmenden entgegen, abermals schließt er seine Arme fest um
ihre jugendliche Gestalt und noch einmal zum Abschied küßt er sie.

Kein Wort wird ferner gesprochen.

Napoleon geht und ein leise geflüstertes: „Lebe wohl!“ ist das
Einzige, was sie noch zu vernehmen glaubt. Sie sieht dem Scheidenden
nach, wie er in den Abendschatten dahingeht, er geht seiner Zukunft
entgegen.

Leise flüstert Eugenie: „Gott schütze Dich!“ während ihre Finger
sich betend an einander legen. — Noch ein leises Säbelklirren — dann
ist Alles still um sie her. In ihrem Herzen aber ist ein wonniges

v o r n o mit der französischen zusammen; die französische Flotte wurde
geschlagen und mußte sich in größter Eile nach dem Hafen von St. Juan
zurückziehen. Auf diese Weise mißglückte Napoleon's Kriegsplan und
das, was ihn in die Höhe bringen sollte, diente dazu, ihn bei der
Regierung zu discreditiren. Man begann seinen und seiner corsischen
Landsleute Thatendrang zu fürchten und bemühte sich, sie von der
Armee in Italien zu entfernen. Die meisten wurden nach anderen
Kriegsschauplätzen versetzt, Buonaparte aber sofort abcommandirt. Er
erhielt den Oberbefehl über die in der Vendée mit der Niederwerfung
der Chouans beschäftigte Artillerie. Napoleon hatte aber keine Lust,
sich diesem Befehl so ohne Weiteres zu fügen. Er sollte die italie=
nische Armee, er Italien, den Schauplatz seiner militärischen Er=
folge verlassen, um ein einfaches Werkzeug in dem Bürgerkriege zu
werden? Nein, nimmermehr. Er begab sich mit seinem Adjutanten
M a r m o n t nach Paris, um bei dem Convent deßhalb vorstellig zu
werden. Es sollte aber bald noch schlimmer für ihn kommen. Er fand
bei seiner Ankunft in der Hauptstadt den Posten des Delegirten für
die Kriegsangelegenheiten neu besetzt, sein bisheriger Gönner C a r n o t
hatte dem reactionären, ihm feindlich gesinnten A u b r y weichen müssen.
Das Erste, was dieser unternahm, war ein Schritt gegen Buona=
parte. Er strich den in dem Renomée der Anhänglichkeit an die
ehemaligen Schreckensmänner stehenden General aus den Listen der
Artillerie und ernannte ihn zum Brigadegeneral der J n f a n t e r i e.
Es war das zu jener Zeit eine Versetzung, die beinah einer Degra=
dation gleichkam.

Buonaparte kam aber dieser ihn verletzenden Ordre n i c h t nach,
sondern blieb in Paris, um dort bei einem vielleicht bevorstehenden
Cabinetswechsel eine bessere Chance abzuwarten. Diese Hoffnung er=
schien nicht aussichtslos, denn es gährte schon längst in den Pariser
unteren Volksclassen und ein Umsturz der Verhältnisse schien bei der
Noth der Zeit in der Luft zu liegen.

Es begann eine Hungersnoth und in den abgezehrten, bleichen
Arbeitergesichtern der Vorstädte stand bereits die Revolution geschrieben.
Die Assignate waren fast werthlos geworden und der dem Pariser Volke
von der Regierung gespendete Brodantheil sank auf sechs Loth herab.
Der Aufstand wurde von Männern wie B i l l a u t, V a r e n n e s und
B a r r è r e, die man bisher als heimliche Anhänger der Robespierre'schen
Kreise unverfolgt gelassen, nach Kräften geschürt.

So kam der 1. Prairial (20. Juni) heran und große Pöbel=
massen rückten unter dem Geschrei nach Brod aus den Vorstädten
gegen die Tuilerien vor, wo der Convent tagte. Sie drangen bis in
den Saal, aus dem sie die Abgeordneten vertrieben. Die Ausschüsse
aber verloren dieses Mal nicht den Kopf, Aubry befahl dem General
Legendres, das Militär und die Nationalgarde zu alarmiren. Dieses
Mittel versagte nicht, die Truppen besetzten den Sitzungssaal und ver=
hafteten die Rädelsführer. Die Meisten von ihnen tödteten sich selbst,
und andere, unter ihnen der an dem Aufstand betheiligte Salicetti,
retteten sich durch die Flucht.

Die Gemäßigten hatten gesiegt und man glaubte, die Letzten
der Anhänger der Schreckensherrschaft beseitigt zu haben.
Aber Buonaparte's auf diese Revolution gesetzte Hoffnung war ge=
scheitert, Aubry stand wegen seiner in dem sehr kritischen Moment ge=
zeigten Energie fester denn je. In wie weit Buonaparte selbst in die
Verschwörung von dem 1. Prairial verwickelt war, wie weit er sich
etwa mit Salicetti eingelassen, ist nie ganz klar geworden. Jedenfalls
befand er sich während des Aufstandes und kurz vorher nicht in
Paris, sondern war nach Sémur gereist, um dort mit seinem Bruder
Joseph zusammenzutreffen. Er blieb in Sémur bis zu dem 18. Floréal,
von wo er sich nach Schloß Chatillon zu den Eltern seines Adju=
tanten Marmont begab, von dort kehrte er erst am 5. Prairial nach
Paris zurück.

So hätte er wegen der Betheiligung an der Revolution leicht
sein Alibi beweisen können. Verdächtig bleibt nur, daß er stets mit
Salicetti in Verbindung stand und diesen auch, sowie er zur Macht
gelangte, sofort in seine Dienste zurückrief. — Salicetti gelang es,
sich zu der Bürgerin Permon zu retten, auf deren Wagen er als
Diener verkleidet die Grenze passirte.

Siebentes Capitel.

Joseph Buonaparte hatte bei seiner Verheirathung mit Julie
Clary ein Vermögen im Betrage von 500 000 Lires ausgezahlt er=
halten, das ihr, wie all den übrigen Kindern, als Erbe zustand. Er
war lange in Zweifel, wie er dieses Capital am besten anlegen sollte

das Auge schweift über den mit seinen dunkelgrünen Wellen tief unten dahinfließenden Strom weit in das schöne Burgunderland hinaus. Ihre Augen sehen bis zu den Gipfeln des Cote b'or im Süd=Osten, während im Vordergrund nach Westen hin die Stadt Sémur mit der alten Cathedrale von Notredame und den vier runden Thürmen des Donjon, einer aus dem XIV. Jahrhundert stammenden Burg, deutlich zu unterscheiden ist.

Eugenie's schönheitsdurstige Augen können sich an dem zauberischen Landschaftsbilde nicht satt sehen, das da in tiefem Frieden vor ihr liegt.

Es ist ein schöner, stiller Abend; der Abglanz des Sonnenscheins, der am Tage über der Natur geleuchtet, ruht noch auf den Feldern und vergoldet das dunkle Grün der Bäume des Parks. Ueber alledem schwebt melodisch der Gesang der Schnitterinnen des Burgunderlandes, die zu der Vesper heimwärts ziehen. Fast wehmüthig klingt ihr Lied. Kein Lüftchen weht und die Hitze des Tages hat sich abgekühlt — die ganze Welt ist wie von Schönheit erfüllt.

Von dem Flusse herauf klingt leise wie schläfrig das Geplätscher der Wellen und hier und da ein gurgelnder Ton, als stieße das langsam dahinfließende Wasser auf seinem Wege gegen ein Hinderniß.

Die Dunkelheit sinkt leise herab und nur am fernen östlichen Horizont zeigt sich ein leichter Schimmer, als wenn dort die Leuchte der Nacht bald aufgehen würde.

Hier und da steigen dichte Nebel aus dem Flußthal auf und bedecken mehr und mehr die einzelnen Gegenstände da unten. Die Nebel steigen höher und verhüllen bereits die Häuser von Sémur. Nun klettern sie langsam zu den Thürmen der alten Cathedrale hinauf. Die Sonne ist im Versinken.

Dann kommt ihr Scheidegruß, ihr letzter Strahl beleuchtet noch einmal die höchsten Zinnen und — sieh da — wie wunderbar! Da erscheint plötzlich über den, wie in Violett getauchten Nebelschleiern, frei in der Luft schwebend, ein hell blitzendes Etwas. — Es ist die goldig glänzende Krone auf der höchsten Spitze des Thurmes der Cathedrale. Sie scheint von dem letzten Sonnenstrahl vergoldet über den Wolken zu schweben.

Eugenie sieht mit großen Augen dieses Wunder des Sonnenunterganges, da fällt ihr Blick auf die Erscheinung in den Wolken, die vielleicht für sie da oben allein sichtbar ist, und ihre Lippen

„O nichts, mein kleiner Schatz. Auch ich träumte nur einmal von der Zukunft. Aber laß uns in die schöne Gegenwart zurückkehren. Du, mein Lieb, sollst meine goldene Krone sein."

Neuntes Kapitel.

In den nächsten Monaten änderte sich in Paris gar Mancherlei. Wie das nach Revolutionen so häufig der Fall ist, so trat bald an die Stelle der von Robespierre und Danton eingeführten Einfachheit der Formen und der ganzen Lebensweise das Gegentheil, die Genußsucht.

Es war das gerade wie in einem Waffenstillstand nach langem, blutigem Kriege. Die Leidenschaften für ein üppiges Leben erwachen nach all der Zeit der Entbehrungen von Neuem und treiben dann die seltsamsten Blüthen. Die nach Robespierre's Sturz am Ruder Befindlichen wollten jetzt auch einmal die Früchte des unter dem Königthum so oft beneideten ersten Standes genießen, die ihnen die Revolution in den Schoß geschüttelt hatte.

Moden vom Jahre 1794.

Besonders gaben sich die im Brennpunkte des republikanischen Staatslebens stehenden oder danach strebenden Männer den größten Debauchen hin. Diese jungen Lebemänner versuchten jetzt, die Sitten und Gewohnheiten jener Aristokraten nachzuahmen, die einst mit ein Grund zu der Revolution gewesen waren, ja sie versuchten sie sogar noch zu überbieten. Die Spitze dieser jeunesse dorée bildeten besonders drei Männer, und

getrieben wurde. Er fühlte sich von Anfang an besonders zu der schönen Frau Tallien hingezogen, die es in einer, ihr eigenen Weise verstand, seinem Ehrgeiz und Stolz angenehme Dinge zu sagen und so

Eine Gesellschaft bei Frau von Staël.
(Nach einer Zeichnung von Debucourt. Sammlung Hennin.)

that, als sei sie für ihn von geheimer Anbetung erfüllt. Aber sie war es nicht allein, er widmete auch anderen Frauen seine Bewunderung, wenn das auch in einer ganz verschiedenen Weise von der der anderen Courmacher geschah.

In dieser Zeit fing Napoleon, der bisher außer der kleinen Eugenie nie ein Weib besonders ausgezeichnet hatte, an, die Weiber zu lieben. Oft fragte er sich in jenen Tagen: „Ja, liebe ich denn wirklich diese Eugenie, das reizende Kind, in der Weise wie sie es verdient, ist sie denn wirklich die Frau, die ich mir in der Stellung, die ich erstrebe, an meiner Seite denken kann?" — Sein unersättlicher Ehrgeiz strebte ja hinauf. War es doch schon in Brienne und später in der Militärschule in Paris sein Traum gewesen, sich einst einen Platz in dem höheren Adel zu erwerben. War denn da diese Tochter eines kleinbürgerlichen, wenn auch reichen Hauses auch die passende Gefährtin auf seiner Ruhmesbahn? Wenn er sich Eugenie's Liebreiz, ihren kindlichen Zauber, ihre süßen Augen vergegenwärtigte, wenn er ihrer hingebenden, schwärmerischen Anbetung gedachte, dann glaubte er sie noch immer zu lieben. Stellte er sie sich aber in dem Kreise der geistreichen, bedeutenden Frauen vor, mit denen er jetzt allabendlich zusammen kam, so begann er an einer dauernden Neigung für das kleine Mädchen zu zweifeln. Er kam zu der Ueberzeugung, daß sein Gefühl für sie nur Freundschaft sei und seine vermeintliche Liebe nur in der Entgegennahme ihrer so offen ihm gebotenen Anbetung bestände.

Das war die Zeit, in der allmählich seine Neigung zu Eugenie zu verblassen begann. Und doch fanden sich auch wieder Gründe, die ihm eine Heirath mit der Tochter des reichen Hauses Clary als sehr annehmbar erscheinen ließen.

Es ging Napoleon bei dem luxuriösen Leben, in das er Eingang gefunden hatte, in jener Zeit pecuniär schlecht genug. Seine Ersparnisse resp. Beutegelder aus den Feldzügen waren bald aufgezehrt und er besaß außer seinem Gehalt als inactiver General von monatlich 300 Francs, das ihm in halb werthlosen Assignaten ausgezahlt wurde und das er theilweise noch zu der Unterstützung seiner Mutter verwandte, absolut Nichts. Da gab es denn Tage, an denen es ihm schlecht genug erging, Tage, in denen er gezwungen wurde sogar seine Uhr zu verkaufen. Aus aller dieser Misère konnte ihn sofort die Heirath mit der reichen Eugenie befreien, wußte er doch, daß sie seine Hand bestimmt annehmen und seine Noth dadurch sofort ein Ende haben würde. Und dennoch vermochte er es nicht über sich, diesen Antrag zu stellen. Auf der anderen Seite aber scheute er sich, ganz mit ihr zu brechen und wechselte mit ihr noch immer die zärtlichsten Briefe. Einer von diesen hat sich erhalten und lautet im Auszuge:

lange auf diesem Posten und mußte bereits im September dem Buona=
parte feindlich gesinnten Letourneur weichen.

Diese beiden Monate genügten Napoleon jedoch, sich mehr in die
Höhe zu bringen und sich in nähere Beziehung zu den Leitern der
Regierung zu setzen.

In Italien fingen die Zustände — unter den so wenig be=
fähigten Generälen — an, recht mangelhaft zu gehen. Die Verbindung
mit Genua war unterbrochen und es fehlte an dem geeigneten Feld=
herrn, die Karre wieder in Gang zu bringen.

Diese Gelegenheit benutzte Napoleon, sich durch fortwährendes
Petitioniren bei den Gewalthabern wieder in Erinnerung zu bringen.

Als nun eines Tages von der italienischen Armee wieder neue
Unglücksfälle gemeldet wurden, da erinnerte sich der Kriegsdelegirte
des jungen Generals Buonaparte, der einst dort so viel geleistet hatte.
Er ließ ihn zu sich kommen und befragte ihn um seine Ansicht über
die italienische Lage. Da war denn endlich der Augenblick für Napo=
leon gekommen, seine längst entworfenen Pläne zu entwickeln. Er
griff zu einem Stück Kohle und zeichnete Doulcet seinen Kriegs=
plan fertig auf den Tisch. Nach diesem Plan wollte er zuerst die
Lombardei erobern, und dann gegen Wien vordringen. Der Plan
war in allen seinen Einzelheiten so klar entworfen, daß seine Vor=
züglichkeit dem Kriegsdelegirten sofort einleuchtete, aber er fand ihn
doch so kühn, daß er glaubte, ihn bei der Jugend des Generals erst
mit beratheneren Männern durchsprechen zu müssen. — Er behielt den
Kriegsplan da, versprach Napoleon, ihn nicht aus dem Auge zu ver=
lieren, und sandte dann den Kriegsplan dem General Kellermann
zur Begutachtung nach Italien.

Dieses Verfahren ergrimmte Napoleon auf das höchste, er kannte
Kellermann's Abneigung gegen seine Person und wußte, daß der
seinen Plan schon aus diesem Grunde mißbilligen werde. — Er schilderte
daher Doulcet seine schlechte pecuniäre Lage und bat, ihn wenigstens
in irgend einem seiner Ressorts anzustellen, da er sonst den ihm an=
gebotenen Posten eines Artillerieinstructeurs in Constanti=
nopel anzunehmen gezwungen sei. Doulcet versprach, sich die Sache
überlegen zu wollen und stellte Napoleon kurz darauf auf die be=
sondere Empfehlung Jean Debry's (eines anderen Mitgliedes des
Wohlfahrtsausschusses) in der topographischen Abtheilung an und ver=
tröstete ihn auf das nächste freiwerdende Commando in der Artillerie.

in einem Briefe an seinen Bruder Joseph Ausdruck gab, war groß. Er schrieb:

Paris, Nuit du 13. Vendémiaire an III,
12 heures du matin.

„Enfin tout est terminé. Mon premier mouvement est de penser à vous et de vous donner des nouvelles. — Les royalistes formés en sections, devenaient tous les jours plus fiers; la Convention a ordonné de désarmer la section Lepelletier, qui a repoussé les troupes. Menou, qui commandait, était, disait-on, traître, il a été sur l'heure destitué. La Convention a nommé Barras, pour commander la force armée, les comités m'ont nommé pour la commander en second. Nous avons disposé nos troupes; les ennemis sont venus nous attaquer aux Tuileries; nous leur avons tué beaucoup de monde; ils nous ont tué trente hommes et blessé soixante. Nous avons désarmé les sections et tout est calme. Comme à mon ordinaire, je ne suis nullement blessé.

P. S. Le bonheur est pour moi; ma cour à E u g é n i e et à Julie. N a p o l é o n.“

Paris, Nachts vom 13. Vendémiaire, Jahr III,
12 Uhr Morgens.

„Endlich ist Alles beendet. Mein erstes Gefühl ist, an Euch zu denken und Euch die Neuigkeiten mitzutheilen. Die Royalisten in geschlossenen Reihen wurden alle Tage stolzer, der Convent hatte mir befohlen, die Section Lepelletier, die unsere Truppen zurückgeworfen hatte, zu entwaffnen. Ihr Commandeur Menou war, wie es hieß, der Verräther, er wurde sofort abgesetzt. Der Convent ernannte dann Barras zum ersten Commandeur über die Armee; mich aber ernannten die Comités zum zweiten Befehlshaber. Wir haben dann über die Truppen verfügt, die Feinde kamen, um uns bei den Tuilerien anzugreifen; wir haben viele von ihnen getötet; von uns sind nur 30 getötet und 60 verwundet worden. Wir haben dann die Sectionen entwaffnet und Alles ist ruhig. Wie gewöhnlich blieb ich gänzlich unverletzt.

P. S. Das Glück ist für mich. Ma cour à Eugénie et à Julie. N a p o l e o n.“

Sein erster Gedanke nach der Entscheidung galt also damals trotz alledem noch immer seiner kleinen Freundin Eugenie.

Da wandte sie plötzlich ihr Haupt und sah ihn an. Er sah in zwei dunkle Augen, sah ein feingebogenes Näschen, einen kleinen Mund mit zierlich geschwungenen Lippen und war sofort von ihrem Anblick wie bezaubert. Die Dame schien es gewohnt zu sein, bewundert zu werden, denn sie verharrte in ihrer Stellung, so daß sich Napoleon's Augen eine ganze Weile an ihrem reizenden Gesicht und an ihrer schlanken und doch üppigen Figur zu weiden vermochten.

Da schien Frau Josephine dieses Anstarren des ihr Unbekannten lästig zu werden, sie wandte sich kopfschüttelnd mit der Frage an Frau Recamier, wer der Offizier sei, den sie hier noch nicht gesehen, und rümpfte das Näschen, als diese ihr den Namen: „General Buona=parte" nannte.

„Wer ist dieses entzückende Weib?" fragte auch Napoleon den mit ihm zusammen gekommenen Bourrienne, „kennst Du sie?"

„Wer kennt die nicht?" war die Antwort, „es ist die Citoyenne Josephine Beauharnais, allerdings heute schöner, wie je. Ihre längere Krankheit scheint sie nur noch anmuthiger gemacht zu haben und diese war auch wohl der Grund, weßhalb Du sie hier noch nicht sahest. . ."

„Das ist die Beauharnais?" erwiderte Napoleon, auf das höchste überrascht, „ich denke, das ist eine ältere Frau und nun?"

„Ja," erwiderte Bourrienne lachend, „das ist sie an Jahren auch, aber sie bleibt ja ewig jung. Und siehst Du die dicke Citoyenne da in der Ecke? Das ist ihre Mutter, die Bürgerin Pagerie. — Wundere Dich nur nicht, die soll auch einmal schön genug gewesen sein, aber sie ist eine Creolin von der Insel Martinique und die werden im Alter immer dick. — Schade darum! Die Bürgerin Beauharnais scheint allerdings eine Ausnahme von dieser Regel zu machen."

„Was," rief Napoleon, „die schöne Frau dort soll alt sein? Das ist ja nicht möglich."

„Ja, glaub' es nur," lachte Bourrienne, „sie sieht heute, wie gesagt, sehr schön aus, aber ich glaube, es ist dabei auch vieles Mache; denn sie ist 57 geboren, also jetzt 38 Jahre alt."

„C'est impossible," murmelte Napoleon, noch immer in den An=blick der schönen Frau versunken. „Aber so sieh doch, ihre jugendliche Figur, betrachte diesen Teint und diese Augen! Da muß ein Irrthum vorliegen!"

„Ganz bestimmt nicht," betheuerte Bourrienne, „ich habe zwar ihren Taufschein nicht in Händen gehabt, aber die Taillien hat es

einer anderen Ausbrucksweise. Da aber alle Frauen sofort ein feines
Verständniß dafür haben, wenn ihre Reize Einbruck zu machen beginnen,
so entging auch Frau Josephine nicht Napoleon's Empfindung für sie.
Es schmeichelte ihr, diesen bisher als einen Frauenfeind geltenden
General sich so ergeben zu sehen und sie gab sich einem gewissen
Uebermuth hin, der sie nur noch liebreizender machte.

Sie hatte ja schon längst so Mancherlei über den General Buonaparte
und seine Eigenheiten besonders von ihrem Freunde Barras gehört,
zu dem sie seit Monaten in einem vielbesprochenen Verhältniß stand
und ahnte dadurch vielleicht Napoleon's zukünftige Bedeutung. Außerdem
aber befanden sich Beide in beinah ähnlicher Lage. Auch Josephine's
pecuniäre Situation war nach ihrer Entlassung aus dem Gefängniß
eine sehr beschränkte und auch sie intriguirte bei den Machthabern um
Gewährung einer Pension, die ihre Lage verbessern sollte.

So gab es denn zwischen Beiden so manches Gemeinsame, das
sie zusammenführte und der Einbruck, den sie bei diesem ersten
Zusammentreffen auf Napoleon machte, war ein geradezu überwäl-
tigender. *)

Das war der Tag, an dem der kleinen Eugenie Liebeszauber
zu erlöschen begann, die anmuthigen Formen der großen Dame ließen
Napoleon das liebe Mädchen vergessen.

Der erste Einbruck, den er selbst auf Frau Josephine machte,
war etwas anders und nicht gerade sehr schmeichelhaft für ihn.
— Als sie nach der beinah halbstündigen Unterhaltung zu ihrer
Freundin Taillien zurückkehrte und diese sie lachend fragte, wie ihr
denn der General gefallen habe, erwiderte sie malitiös: „Il a l'air d'un
petit chat botté et il est d'une famille de gueux que nulle personne peut estimer."

Wenn das Napoleon geahnt hätte!

----

*) Dieses oben geschilderte erste Zusammentreffen Napoleon's und Josephine's
entspricht der Wirklichkeit und nicht jenes von Napoleon in seinen Aufzeichnungen
auf St. Helena erzählte Märchen, nach dem Eugen Beauharnais Napoleon um
den Säbel seines Vaters gebeten und dadurch die Bekanntschaft zwischen dem General und seiner Mutter eingeleitet habe. Diese Sage hatte ihren Grund in Napoleon's Vorliebe alle seine Handlungen mit einem gewissen romantischen Gewande
zu umkleiden und mochte vielleicht auch auf des Kaisers Vorliebe für Eugène beruhen. Anmerkung des Herausgebers.

Brillantagraffe verzierte Schuhe getragen werden. Den Oberkörper bedeckt ein Leibrock mit sehr hohem, umgeschlagenen Kragen, der eine weit hinabgehende Weste sehen läßt, auf ihr baumelt eine Uhrkette mit vielen Berloques. An die Stelle des mächtigen Claquehutes ist ein ebenso großer Dreispitz mit mächtiger Cocarde getreten.

Auch der Anzug der Citoyennes hat sich verändert; zwar ist die kurze Taille noch immer sehr decolletirt, so daß sie fast die ganze Brust enthüllt, aber der Schnitt der Robe ist doch nicht mehr ganz so chemisenartig, als früher. Die Röcke sind weiter geworden und auch reicher besetzt, von den Damen wird auch wieder mehr Unterzeug getragen, so daß sie nicht mehr ganz so schlank aussehen. Um den gelockten, hochfrisirten Tituskopf schlingt sich ein sehr breites Band und kleine Löckchen fallen über dieses Band bis auf die Stirn herab. Es ist das eine Mode, die namentlich junge Mädchen ganz vorzüglich kleidet und besonders für die Demoiselle P a u l e t t e wie geschaffen ist, sie sieht damit ganz wunderschön aus.

Frau Clary wird bei ihren Eintritt von allen Anwesenden begrüßt und gleich mit Fragen bestürmt, was denn eigentlich diese Zusammenberufung des Familienrathes zu bedeuten habe. Dabei fällt Allen die Erregung der Mutter und Eugenie's verweinte Augen auf und Napoleon's Schwestern fragen sie zärtlich, was denn der Grund dieser Traurigkeit sei.

„Ach, es ist eine tiefbetrübende Angelegenheit," erwidert Frau Clary, „Ihr scheint Alle noch nichts davon zu wissen. Eugenie hat von Julie diesen Brief hier erhalten und sein Inhalt ist die Veranlassung zu unserem Leid. Hört zu, ich will ihn Euch mittheilen." — Dabei öffnet sie das Schreiben und beginnt es mit bewegter Stimme vorzulesen. —

Als sie zu der Stelle kommt, in der J u l i e von Napoleon's Heirathsabsichten schreibt und in der sie die Persönlichkeit der Wittwe Beauharnais schildert, wird sie von Frau Letizia mit dem entrüsteten Rufe unterbrochen: „Es ist ja nicht möglich, das kann nicht sein!" — Auch der Schwestern corsisches Blut kommt einmal wieder so recht zur Geltung, es äußert sich in lautem Schreien und macht sich in Ausdrücken und Verwünschungen über Josephine Luft. Besonders ist Pauline ganz wüthend in ihrer Erregung, sie tritt mit dem kleinen Fuße fest auf den Fußboden und ruft wuthschnaubend: „Was ist das? Mein großer Bruder will c e t t e v i e i l l e p e a u heirathen?

Deinen weißen Armen — auszuruhen und Ruhe zu finden an Deinem nur für mich schlagenden Herzen. — Aber — Eugenie, — ob Du mir genügen würdest? — Frauenliebe mag ganz schön sein, auch ich liebe ja hier und da les femmes, — aber une femme? Jamais. — Es war ein Traum, Eugenie — laß ihn vergessen sein!"

Sein Haupt ist bei diesen Gedanken tiefer in seine Hände gesunken, nach kurzer Pause fährt er fort: „Nein — das ist nicht das mir ver= heißene destin. — Was soll dieses Kind an meiner Seite, — wenn ich dereinst — das erreiche, wonach ich strebe? — Dieses liebe, einfache Kind aus der Provinz? — Meine Gattin muß eine Frau aus Paris sein, die es versteht, durch ihren Geist zu herrschen und die, wie Josephine, weiß, was ihr zukommt. — Vor Allem aber ist es Josephine's hohe Geburt und ihre Beziehungen, die mich bestimmen. Bedeutet doch die Ehe mit ihr für mich ein Emporsteigen, führt mich doch ihre Hand in die Kreise des hohen Adels ein. — Adel? ha — ha — ha —" lacht er höhnisch auf. — „Was ist denn Adel überhaupt? — Der läßt sich schaffen, wie alles Andere. — Aber es giebt da noch etwas," fügt er murmelnd hinzu, „etwas, das mir höher gilt, als ihr Adel und ihre Schönheit, das ist — die Stellung — die sie mir als Morgengabe mitbringt — und wenn auch, — diantre, durch — diesen Barras — mille tonneres, — daß es sich nicht anders machen läßt!" — stößt er mit verzerrter Miene zischend aus.

„Aber was liegt daran? Auf den Zweck kommt es im Leben an und nicht auf die Mittel. — Der Zweck aber ist," und er lacht bei den Worten höhnisch auf, „nicht die Marquise — nicht die schöne Frau, ah bah, was ist mir das Alles?

„Nein, mein Zweck ist das Obercommando über die Armee in Italien. Das muß ich haben. — Es soll mir zum Sockel meiner zukünftigen Machtstellung dienen.

„Für diese Stellung aber, die ich schon deutlich vor mir sehe, ist Josephine grade die geeignete Frau. Versteht sie es nicht, überall Verbindungen anzuknüpfen? Hat sie nicht eine seltene Schlagfertigkeit und die Gabe jener bestechenden Conversation und Coquetterie, mit der diese Frauen hier jetzt Alles erreichen? — Was scheert mich ihre Vergangenheit? — Auch ist sie etwas passée, aber so hübsch und liebenswürdig, daß sie selbst mich berückt.

„Ja, sie wird es thun — sie wird mir ein guter Kamerad auf meinem Wege nach oben sein. — Ja, ich will sie heirathen — Je le

Ihr inmitten der Gebirge gezeigt habt, sind bewunderungswürdig. Das aber allein giebt Euch keinen Ruhm, auf Euch fällt kein Glanzstrahl.

Ich will Euch in die fruchtbarsten Ebenen der Welt führen. Reiche Provinzen, große Städte werden Euch zur Verfügung stehen. Ihr werdet dort Ehre, Ruhm und Reichthümer finden.

Soldats d'Italie, werdet Ihr es an Muth und Ausdauer fehlen lassen?"

Und wahrlich, die Truppen ließen es für die Folge nicht daran fehlen; denn Buonaparte wußte sie zu nehmen und verrichtete an ihrer Spitze Wunder von persönlicher Tapferkeit und Feldherrngenie.

Die Soldaten vertrauten ihm und bald rechtfertigten die Erfolge dieses Vertrauen. Napoleon begann seinen Adlerflug; er schlug die Oesterreicher bei Montenotte und bereits am 22. April die sardinische Armee bei Monhovi. Hiermit war Sardinien genommen. Nach diesen Erfolgen folgte der Sieg bei Lodi, wo er sich mit der Fahne in der Hand an die Spitze einiger schwankender Bataillone setzte und sie über die Brücke der Abba gegen den Feind führte. Dann nahm er Mailand und zog dort mit königlichem Prunke ein. Viele Millionen Francs und Wagen voll erbeuteter Kostbarkeiten gingen nach Paris, um das über verschiedene von ihm begangene Eigenmächtigkeiten erzürnte Directorium zu versöhnen.

Bald folgten neue Siege über die Oesterreicher. So schlug er am 5. August den neuernannten General Wurmser bei Castiglione und wurde durch diese, sich so schnell auf einander folgenden Siege, Erfolge, wie sie die Welt bis dahin nicht kannte, bald die Hoffnung der Republik, wie er bereits der Schrecken von deren Feinden geworden war. Was half es den Oesterreichern, daß sie ein neues Heer unter dem General Alvinzi nach Italien sandten? Napoleon schlug auch diesen am 14. November bei Arcole und vernichtete ihn vollständig in den Schlachten bei Rivoli und Corona. Schließlich fiel auch die letzte Reserve der Oesterreicher, die lange vergeblich belagerte Festung Mantua. Dann kündigte Buonaparte den Waffenstillstand mit dem Papste und wandte sich mit seinen siegreichen Truppen gegen Rom. Der Papst aber fühlte sich zu einem Widerstand zu schwach und schloß am 19. Februar den Frieden zu Tolentino.

Napoleon hatte bereits seit der Eroberung Mailands sein Hauptquartier dorthin verlegt. Als zum ersten Mal eine verhältnißmäßig längere Pause in den kriegerischen Ereignissen eintrat, beschloß er,

Erster Brief.

Gouvernement
de l'armée d'Italie.

Ohne Ortsbestimmung.
13 Germinal, neuf heures de matin.

„Je vous ai quitté emportant avec moi un sentiment pénible.
Je me suis couché bien fâché. Il me semblait que l'estime, qui
est due à mon caractère devait éloigner de votre pensée la dernière,
qui vous agitait hier au soir. Si elle prédominait dans votre esprit,
vous seriez bien injuste, Madame, et moi bien malheureux.

Vous avez donc pensé, que je ne vous aimais pas pour vous!!!
— Pour qui donc? Ah, Madame, j'aurais donc bien changé. Un
sentiment si bas a-t-il pu être conçu dans une âme si pure? J'en
suis encore étonné, moins encore, que du sentiment, qui à mon
reveil, m'a ramené sans rancune et sans volonté à vos petits pieds.
Certes, il est impossible d'être plus faible et plus dégradé. Quel est
donc ton étrange pouvoir, incomparable Joséphine? Une de tes
pensées empoisonne ma vie, déchire mon âme par les volontés les
plus opposées, mais un sentiment plus fort, une humeur moins
sombre me rattache, me ramène et me conduit encore coupable.
Je le sens bien, si nous avons des disputes ensemble, je devrais
récuser mon cœur, ma conscience, tu les as séduits, ils sont toujours pour toi.

Toi cependant, mio dolce amor, tu as bien reposé. As-tu seulement pensé deux fois à moi?

Je te donne trois baisers, un sur ton cœur, un sur ta bouche,
un sur tes yeux.   Napoléon.“

A la citoyenne Buonaparte,
chez la citoyenne Tascher,

   Paris,
   rue Chantereine.

Der erste Brief Napoleon's lautet in der Uebersetzung:

13. Vendémiaire, 9 Uhr Morgens.

„Ich habe Dich mit einem peinlichen Gefühl im Herzen verlassen
und mich sehr verdrießlich schlafen gelegt. Es schien mir, daß die
meinem Charakter eigene Achtung hätte Alles entfernen müssen, welches
Dich gestern so heftig bewegte. Wenn es in Ihrer Seele die Ober=

jours; tu es alors légère et dès lors tu n'es affectée par aucun sentiment profond. Comme tu vois, je ne suis pas facile à me contenter, mais, ma bonne amie, c'est bien autre chose si je crains que ta santé ne soit altérée, ou que tu aies des raisons d'être chagrinée, que je ne puis deviner. Alors je regrette la vitesse, avec laquelle l'on m'éloigne de mon cœur. Je sens vraiment, que ta bonté naturelle n'existe plus pour moi, et que ce n'est, que tout assuré, qu'il ne t'arrive rien de fâcheux, que je suis être content. Si l'on me fait la question si j'ai bien dormi, je sens qu'avant de répondre j'aurais besoin de recevoir un courrier qui m'assurât, que tu as bien reposé. Les maladies, la fureur des hommes ne m'affectent que par l'idée, qu'ils peuvent te frapper, ma bonne amie. Que mon génie, qui m'a toujours garanti au milieu des plus grands dangers, t'environne, te couvre et je me livre couvert. . . . Ah, ne sois pas gaie, mais un peu mélancolique et surtout que ton âme soit exempte de chagrin, comme ton beau corps de maladie. Tu sais ce que dit là-dessus notre bon Ossian. — Ecris moi, ma tendre amie, et bien longuement et reçois les mille et un baiser de l'amour le plus tendre et le plus vrai. B o n a p a r t e."*)

Zweiter Brief (Uebersetzung).

Chanceau, ben 24., am Abend.

„Ich habe Dir von Chatillon aus geschrieben und Dir eine Vollmacht gesandt, auf die Du die verschiedenen Summen erheben kannst, die mir gut stehen, und zwar 70 Louis in Gold und 15 000 Livres in Assignaten. Jeder Augenblick entfernt mich mehr von Dir, Du meine anbetungswerthe Freundin, und ich empfinde in jedem Augenblick weniger die Kraft der Ertragung, Dir fern zu sein. Du bist der stete Gegenstand meiner Gedanken und meine Phantasie erschöpft sich, um zu errathen, was Du thust.

Sehe ich Dich traurig, zerreißt sich mein Herz und es wächst mein Schmerz. Bist Du lustig und muthwillig mit Deinen Freunden, werfe ich Dir zu schnelles Vergessen unserer so schmerzlichen Trennung

---

*) Es ist das erste Mal, daß Napoleon hier bei seiner Unterschrift das „u" aus seinem Namen fortläßt, als Zeichen, daß er seine italienische Abkunft nicht mehr betont, sondern sich als Franzose, wenn nicht fühlt, so doch zeigt.

Anmerkung des Herausgebers.

du mouvement, ne t'afflige, va à bien petites journées. Je me figure sans cesse te voir avec ton petit ventre; cela doit être charmant. Mais ce vilain mal de cœur, est-ce que tu en as encore?

Adieu, belle amie, pense quelquefois à celui, qui pense sans cesse à toi. Bonaparte."

Dritter Brief.

Mailand, 4. Prairial, Jahr IV.

„Josephine, kein Brief seit dem 28. von Dir! Ich empfing den Courier, der Paris am 27. verließ, und keine Antwort, nichts Neues von meiner theueren Freundin. Kann sie mich vergessen haben? Oder vergißt sie, daß es keine größere Qual giebt, als keine Nachricht von seiner süßen Liebe zu haben?

Man gab mir hier ein großes Fest, 500 bis 600 reizende und elegante Persönlichkeiten bemühten sich, mir zu gefallen, aber keine glich Dir, keine hatte diese süße, liebliche Physiognomie, die so fest in meinem Herzen steht. Ich sah nur Dich, ich dachte nur an Dich, das machte mich gegen die Anderen unausstehlich und eine halbe Stunde nach meinem Eintritt zog ich mich zurück und ging traurig zur Ruhe, indem ich mir sagte: ‚O, dieser Platz neben mir, der meiner angebeteten kleinen Frau, ist leer.' So komm' doch! — Wie geht es Deiner Schwangerschaft? — Meine theuerste Freundin, gieb wohl auf Dich acht, sei fröhlich, mache Dir viel Bewegung, strenge Dich nicht zu sehr an, mache ja nur kleine Tagesreisen. Ich vergegenwärtige mir immer Deinen Anblick mit ton petit ventre. O, das muß ganz reizend sein. Aber dieser häßliche Herzschmerz, hast Du ihn noch immer?

Lebe wohl, meine schöne Freundin, denke zuweilen an den, der immer denkt an Dich! Bonaparte."

Vierter Brief. (Einige Zeit nachher.)

Au quartier général à Milan,
20 Prairial, an IV de la République une et indivisible.

„Joséphine! Tu devais partir le 5 de Paris, tu devais partir je 11, tu n'étais pas partie le 12. Mon âme s'était ouverte à la oie, elle est remplie de douleur. Tous les courriers arrivaient sans m'apporter de tes lettres. Quand tu m'écris le peu de mots, ton style n'est jamais celui d'un sentiment profond. Tu m'as aimé par un léger caprice, tu sais déjà combien il serait ridicule, qu'il arrête ton cœur, il me parait, que tu as fait ton choix et que tu sais à qui t'adresser pour me remplacer. Je te souhaite bonheur . . .

. . . Si l'inconstance peut en obtenir, je ne dis pas la perfidie. . . . Tu n'as jamais aimé. . . .

J'avais pressé mes opérations, je te calculai déjà le 13 à Milan et tu es encore — à Paris.

Je rentre dans mon âme, j'étouffe un sentiment indigne de moi, et si la g l o i r e ne suffit pas à mon bonheur, elle forme l'élément de la mort et de l'immortalité . . . Quant à toi — que mon souvenir ne te soit pas odieux . . .

Mon malheur est de t'avoir peu moins connue, le tien, de m'avoir jugé comme les hommes, qui t'environnent! — Mon cœur ne sentit jamais rien de médiocre . . . Il s'était défendu de cet amour; tu lui as inspiré une passion sans borne . . . une ivresse, qui le dégrade. Ta pensée était dans mon âme avant celle de la nature entière, ton caprice était pour moi une loi sacrée. Pouvoir te voir était mon souverain bonheur. Tu es belle, gracieuse, ton âme douce et céleste se peint sur ta physionomie. J'adorais tout en toi, plus naive, plus jeune, je t'eusse aimé moins. Tout me plaisait jusqu'au souvenir de tes erreurs, et de la scène affligeante, qui précéda notre mariage, la vertu était tout ce que te faisait: la gloire n'avait d'attrait dans mon cœur, que parce qu'elle t'était agréable et flattait ton amour-propre.

Ton portrait était toujours sur mon cœur, jamais une pensée sans le voir; une heure sans le voir et le couvrir de baisers. — Toi, tu as laissé si longtemps mon portrait sans le retirer, rien ne m'a échappé. Si je continuais, je t'aimerais seul et de tous les rôles, c'est le seul, que je ne puis adopter. Joséphine, tu eusses faire le bonheur d'un homme moins bizarre. Tu as fait mon malheur, je le sentis, lorsque mon âme s'engageait. Lorsque la tienne gagnait journellement un empire sans bornes et asservissait tous mes sens.

Cruelle! Pourquoi m'avoir fait espérer un sentiment que tu n'éprouvais pas!!! — Mais le reproche n'est pas digne de moi!... Je n'ai jamais cru au bonheur.

Tous les jours la mort voltige autour de moi — la vie vaut-elle la peine de faire tant de bruit?

Adieu, Joséphine, reste à Paris, ne m'écris plus et respecte
au moins mon asile. Mille poignards déchirent mon cœur; ne les
enfonce pas davantage.

Adieu, ma bonheur, ma vie, tout ce qui existait pour moi sur
la terre. 　　　　　　　　　　　Bonaparte."

Vierter Brief. (Einige Zeit nachher.)

Im Hauptquartier zu Mailand,
20. Prairial, Jahr IV der einen und untheilbaren Republik.

„Josephine! Du mußtest am 5. von Paris abreisen, Du solltest
am 11. reisen, aber Du bist selbst nicht einmal am 12. gereist. Meine
Seele, soeben noch freubeerfüllt, ist jetzt voll von Schmerz. Alle Cou=
riere sind angekommen, aber alle ohne einen Brief von Dir. Wenn
Du mir nur ein Wort geschrieben hättest, aber Deine Ausdrucksweise
drückt ja selten viel Gefühl aus. Du hast mich nur aus reiner Laune
geliebt, schon weißt Du, wie lächerlich es wäre, wenn Dein Herz
dabei verharre. Es scheint mir sogar schon Deine Wahl getroffen, und
weißt, wohin Du Dich wenden willst, um mich zu ersetzen. — Nun,
ich wünsche Dir Glück dazu. . . .

. . . Wenn Du unbeständig, um nicht zu sagen falsch sein willst
— gut — Du hast nie geliebt.

Ich hatte meine Operationen beeilt, denn ich rechnete darauf, daß
Du bereits am 13. in Mailand sein würdest, und Du bist noch immer
— in Paris.

Ich kehre zu mir selbst zurück, und ersticke ein, meiner unwürdiges
Gefühl; und wenn der Ruhm nicht für mein Glück genügt, so schafft
er doch ein erhabenes Gefühl für den Tod und die Unsterblich=
keit . . . Für Dich aber sei die Erinnerung an mich wenigstens nicht
verhaßt. Es ist mein Unglück, daß ich Dich zu wenig gekannt habe,
das Deine, daß Du mich nach dem Maßstabe der Menschen aus Deiner
Umgebung beurtheilt hast. Mein Herz verstand niemals die Mittel=
mäßigkeit. Es hat sich von Anfang an gegen diese Liebe gewehrt,
Du hast ihm eine grenzenlose Leidenschaft eingeflößt . . . eine Trunken=
heit, die es erniedrigt. Der Gedanke an Dich war in meiner Seele,
selbst vor dem der Natur, und Deine Laune für mich ein geheiligtes
Gesetz. Die Erlaubniß, Dich zu sehen, war mein höchstes Glück. Du
bist so schön, so anmuthig, und Dein süßer, himmlischer Geist zeigt
sich in Deinen Zügen. Ich würde Alles an Dir verehrt haben. Wärest

ne puis m'accoutumer à ne plus t'estimer, mais non ce n'est pas possible, ma Joséphine est en route; elle m'aime au moins un peu. tant d'amour promis ne peut pas être evanoui en peu de mois. Je déteste ce Paris — les femmes et l'amour. . . . Cet état — est affreux . . . Et ta conduite. . . .

Mais dois-je t'accuser? — Non, ta conduite est celle de ton destin. Si aimable, si belle, si douce devrais-tu être l'instrument auteur de mon désespoir?

Celui-ci qui te remettra cette lettre est monsieur le duc de Lesbeloni, le plus grand seigneur de ce pays-ci, qui va, député à Paris, présenter ses hommages au gouvernement.

Adieu, ma Joséphine, ta pensée me rendait heureux, tout a bien changé, embrasse tes aimables enfants, ils m'écrivent des lettres charmantes. Depuis que je ne dois plus t'aimer, je les aime davantage.

Malgré le destin et l'honneur, je t'aimerai toute ma vie.

J'ai relu cette nuit toutes tes lettres, même celle écrite de ton sang! Quels sentiments elles m'ont fait éprouver!!!

Bonaparte."

Fünfter Brief.

Generalquartier Mailand,
23. Prairial, Jahr IV der einen und untheilbaren Republik.

„Josephine, wo wird Dich dieser Brief erreichen? Trifft er Dich noch in Paris, so ist mein Unglück bestimmt, Du liebst mich nicht mehr. Es bleibt mir denn nichts mehr, als zu sterben. . . . Könnte es möglich sein? . . . Alle Furienschlangen sind in meinem Herzen und ich bestehe nur noch zur Hälfte. — O Du — Du . . .

Meine Thränen fließen, es giebt keine Ruhe für mich, keine Hoffnung mehr.

Ich achte Deinen Willen. Nach der unwandelbaren Bestimmung des Geschickes bin ich so mit Ruhm überhäuft, daß ich desto mehr die Bitterkeit meines Unglückes empfinde. Ich kann mich an Alles in diesem neuen Zustand gewöhnen, nur nicht daran, Dich nicht zu achten.

Aber nein, das ist ja Alles unmöglich, meine Josephine ist ja bereits auf dem Wege zu mir, sie liebt mich, wenigstens ein wenig, so viel, mir versprochene Liebe kann nicht in wenigen Monaten verschwinden.

Aber wenn Du nicht kommst!!

Nimm mit Dir Deine Kammerfrau, die Avrillon, Deine Kochfrau und Deinen Kutscher. Ich habe hier vier Carossiers für Deinen Dienst und einen sehr schönen Wagen. Bringe nichts mit, als was Du durchaus nöthig brauchst. Ich habe hier ein Silberzeug und auch prachtvolles Porzellan, die für Dich bestimmt sind.

Lebe wohl. Die Arbeit befiehlt. — Aber ich kann ja die Feder nicht niederlegen. — Ach, wenn ich heute Abend keinen Brief von Dir habe, bin ich in Verzweiflung. Denk' an mich oder sage mir mit Geringschätzung, daß Du mich nicht liebst; ich finde mich dann vielleicht weniger zu bedauern.

Ich schrieb Dir durch meinen Bruder, daß dieser 50 Louis von mir habe, worüber Du verfügen kannst. Durch Murat schicke ich Dir außerdem 200 Louis, auch dieser magst Du Dich bedienen, wenn Du sie gebrauchst, oder willst Du sie zu der Ausstattung des für mich bestimmten Gemaches verwenden. Wenn Du vielleicht dort Dein Porträt anbringen kannst! Aber nein, das, was ich in meinem Herzen trage, ist so schön, daß Du, so schön Du auch bist und so geschickt die Maler auch sein mögen, doch verlieren würdest.

Schreibe nur — o, so komm doch schnell. — Das wird ein Glückstag werden . . ., der Tag, an dem Du die Alpen überschreitest, es ist das ja die schönste Belohnung aller der Mühen und der Siege, die ich durchgemacht habe.

Bonaparte."

Wie spricht aus allen diesen Briefen die glühendste Sehnsucht Napoleon's nach seiner Josephine; wie flammt seine Eifersucht bei ihrem langen Schweigen auf; wie empört ihn der Gedanke, daß sie Andere ihm vorziehen könnte und wie resignirt er sich trotzdem, wenn sie ihn nur noch lieben will! Er, der heftige, bei dem Gedanken an die Untreue eines Anderen in größten Zorn gerathende, jähzornige Mann! Wie zart ist dann wieder die Sorge, mit der er sie umgiebt, wie er sie bittet, sich bei ihrem Zustande zu schonen, wie bequem er ihre Reise einrichtet, wie er sie dazu ausstattet und wie er gedenkt, sie mit allerlei schönen Sachen zu überraschen, von denen er weiß, daß sie ihr Vergnügen bereiten!

Wenn man alle diese Worte seiner Zärtlichkeit liest, so muß man zu dem Glauben kommen, daß Napoleon, bis er die Bekanntschaft

Die höchsten Würdenträger des Staates, die ganze Aristokratie huldigten ihr wie einer Königin, und mit der Würde und Anmuth einer solchen nahm Josephine auch diese Huldigungen entgegen. Die impulsiven Italiener waren schon bei dem ersten Anblick von ihr bezaubert, und die Evivas! wollten nicht enden.

Aber sie sah bei der ersten Cour auch wahrhaft königlich in ihrem reichen Gewande aus. Sie trug eine Robe von weißem Sammet, bedeckt mit Edelsteinen und es fehlte nur die Krone, um sie ganz zu einer Königin zu machen. (Wahrscheinlich hatte sie zu diesem Schmuck mit die 200 Louis verwandt, die ihr Napoleon für die Einrichtung des zukünftigen Heims geschickt hatte.) — Diese Königskrone von Italien aber lag damals Napoleon wie eine reife Frucht zu Füßen, er hätte sie nur aufnehmen brauchen, um mit Hülfe der ihm ganz ergebenen Armee König von Italien zu werden. Er strebte aber schon zu jener Zeit nach höheren Zielen und vertraute dem destin, seinem Stern, der ihn zu Frankreichs dereinstigem Herrscher bestimmte.

Für Josephine bildete die nun folgende Mailänderzeit eine der angenehmsten Erinnerungen ihres ganzen Lebens. Berauschende, glänzende Feste, Vergnügungsparthien, Huldigungen aller Art, Gold und Geschenke in Fülle standen ihr zu Gebote. Napoleon stellte ihr so unbeschränkte Gelder zur Verfügung, daß sie vollständig im Golde wühlen konnte und nach ihrer liebenswürdigen Art aller Welt Geschenke machte. — Dazu kam die Anbetung eines ganzen Volkes, der blaue Himmel Italiens und dieses Italien lag, durch ihren Gemahl aus seinen Banden befreit, ihr zu Füßen. Wie angenehm wurde ihrer Eitelkeit geschmeichelt, wenn ihr die höchsten Würdenträger von den Siegen Napoleon's sprachen, die er zu der Befreiung ihres Landes errungen, Siegen, wie sie die Weltgeschichte noch nicht kenne.

Das Alles mußte Josephine berauschen. Der Traum ihrer Jugend schien ihr erfüllt zu sein, sie fühlte sich vollständig glücklich. Mit diesem Glücksgefühl aber kam auch ein warmes Gefühl der Dankbarkeit und der Liebe für den Mann über sie, für Napoleon, dem sie all' dieses Glück verdankte. Sie begann ihn, dessen wilde Zärtlichkeit sie bis dahin nur geduldet, vor dem sie sogar oft eine Art von Grauen empfunden hatte, zu bewundern und — zu lieben.

Napoleon aber war durch ihre Gegenliebe wahrhaft entzückt und sah ihr einen jeden Wunsch von den Augen ab. Auch in anderer Beziehung erfüllte sie seine Wünsche.

Sie organisierte für sich eine Art von Hofstaat, war aber in
der Wahl der sie umgebenden Damen nicht ganz glücklich, wenig=
stens wurde viel über zwei mit ihrer besonderen Huld begnadigte
Signoras Bisconti und Buga spektakelt, deren Moralität in Mai=
land als nicht ganz einwandsfrei galt. Dieses etwas zweifelhafte
Renommée ihrer Umgebung ging auch auf Josephine selbst über und
man sprach so Mancherlei über ihren Verkehr mit Herren, wenn
Napoleon auf seinen erneuten Kriegszügen fern von Mailand war.
Erwiesen ist aber Nichts von diesen Gerüchten, wenn auch noch so
viel über ihre Beziehungen zu dem schönen Chasseur à Cheval=Offizier
Charles Botot geredet wurde, so muß man doch auch nicht Alles glauben.
Außerdem wurden ihre Vergnügungen auch in etwas durch ihren Ge=
sundheitszustand und die damit verknüpften Hoffnungen beeinträchtigt.
Trotzdem aber amüsirte sie sich doch, so gut sie nur konnte und muthete
sich dabei vielleicht zu viel zu, was dann nach einigen Monaten, zu
Napoleon's größtem Kummer, auch zu der Vereitelung obiger Hoff=
nungen führte.

Wie groß Bonaparte's Machtstellung bereits damals in Mailand
war, geht unter Anderem daraus hervor, daß die Bourbon's es in
jener Zeit versuchten, bei ihm wegen ihrer Restituirung Anträge zu
stellen.

Diese Partei bemühte sich von England, Warschau und vom Rhein
aus Anhänger zu gewinnen und suchte auch den General Pichegru
zu sich herüber zu ziehen. Vor Allem aber trachtete sie danach, Bona=
parte auf ihre Seite zu bringen. Sie sandte deßhalb Agenten über
Paris nach Mailand, um dort ihre Intriguen zu spinnen und den
Besieger Italiens für ihre Pläne zu gewinnen. Die Agenten hatten
vorher in Paris eine Besprechung mit Pichegru, wobei dieser ihnen
aber in jeder Weise zuredete, diese Bemühungen einzustellen. Er soll
dabei lächelnd gesagt haben:

„Doucement, messieurs, doucement, pesez ce que vous allez faire.
je connais Bonaparte dès l'âge de 10 ans, vous ne reussirez point
auprès de lui. S'il eut été pour les Bourbons, il aurait émigré,
mais ayant adopté une autre manie de penser, il n'y a en rien à
espérer." — —

Die Abgesandten hatten denn auch in Mailand absolut kein Glück,
Napoleon empfing sie nicht einmal. Sie verschoben daher ihre Versuche
auf eine günstigere Zeit und reisten unverrichteter Sache wieder ab.

Es liegt nicht in der Tendenz dieses Werkes, Napoleon auf seinen ferneren Siegen in Italien zu begleiten. Er unternahm im Weiteren seinen kühnen Vormarsch gegen Wien und beendete den ganzen Feldzug durch den am 18. April 1797 abgeschlossenen Frieden von Leoben, ein Meisterwerk diplomatischer Schlauheit. Auch Venedig fiel bald in die Hände der Franzosen und der Friede von Campo Formio machte am 17. October 1797 dem ganzen für Frankreich so glorreich verlaufenen Kriege ein Ende.

Madame Visconti.

Bonaparte stand größer da, als je zuvor. Aber auch Frau Josephine hatte ihren Antheil an dem Ruhme ihres Gemahls, ihre Stellung in Paris zeigte sich bei ihrer Ende März 1797 erfolgten Rückkehr vollständig geändert und die Directoren begegneten ihr mit größter Hochachtung. Sie hatte sich vom Juli bis zum November 1796 in Mailand, dann in Genua und vom Februar bis März 1797 in Boulogne aufgehalten. Barras schrieb ihr bereits vor ihrer Abreise nach Mailand den folgenden Brief:

Paris, 12 Floréal, an IV
de la république une et indivisible.

„A la citoyenne Buonaparte!

Recevez, aimable citoyenne, mon bien sincère compliment sur les succès éclatans obtenus par votre mari. Près de dix mille ennemis sont prisonniers ou tués. Je n'en restera pas là et bientôt nous recevrons les détails des suites de ces combats. Le général Buonaparte répond parfaitement à la confiance du Directoire et à

als einen talentvollen, dem Directorium treu ergebenen Mann, konnte ihn aber nicht leiden und glaubte, daß er unter Augereau seine Stellung ausfüllen würde.

Das Directorium ernannte Augereau zum Commandeur aller im Umkreise von Paris stehenden Truppen der Division und ertheilte ihm die genauesten In= structionen.

P. Fr. Charles Augerau.
Herzog von Castaglione.

In Folge des= sen zog dieser in der ersten Frühe des 18. Fructidor seine Division be= hufs einer fingir= ten Kriegsübung in Paris zusammen. Anstatt jedoch dazu auszurücken, ließ er sofort die Tuile= rien, in denen die Generäle Piche= gru und Willot nebst anderen De= putirten über einen Widerstand gegen das Directorium tagten, besetzen und nahm sie sämmtlich gefangen. Darauf räumte er durch die Gewalt der Bajonet= te die Säle, in denen die beiden Räthe ihre Sitzungen abhielten, ohne auf Widerstand zu stoßen.

Es wurden eine Menge von royalistisch verdächtigen Verschwörern, viele andere Gegner des Directoriums, Journalisten und sonstige Miß= liebige verhaftet, in den Tempel abgeführt und später zur Deportation verurtheilt. Die Herrschaft der Triumvirn ging neu gekräftigt aus diesem Staatsstreich hervor. Bonaparte aber, der diesen Tag im Stillen durch seine Intriguen vorbereitet und die italienische Armee durch

Das war sehr unhöflich von ihm, das durfte er nicht thun. Da er nun nicht Napoleon's Schwager werden wollte, so mußte er gestürzt werden, und das wurde er denn auch.

Vielleicht hätte Napoleon schon in jenen Tagen mit Hülfe der Armee die Staatsgewalt an sich reißen können, aber der Augenblick schien ihm noch nicht gekommen, „die Birne war," wie er sagte, „noch nicht reif genug." Er wollte sich keinem Accident aussetzen, sondern die Verhältnisse sollten sich in dem Staate erst so verschlechtern, daß man ihn, der inzwischen neue Ruhmesthaten plante, schließlich als Retter aus der Noth herbeirufen müsse.

Die Lage des Staates war schon jetzt eine beängstigende. An der Spitze der Regierung stand Barras, dessen Verworfenheit dem Volke hinlänglich bekannt war. Die Finanzen befanden sich in der traurigsten Verfassung und konnten nur durch die zu erwartenden Beutegelder eines neuen glänzenden Feldzuges künstlich erhalten werden. Die Oesterreicher standen wieder zum Kriege gerüstet an der Grenze, und eine Hungersnoth drohte auszubrechen, da blieb denn nur die Armee oder vielmehr ihr großer Oberfeldherr, dem sie, durch Ruhm und Geld geblendet, völlig zu eigen war, die einzige Hoffnung der französischen Republik.

Napoleon aber wußte dem Directorium einen Plan vorzulegen, so abenteuerlich und wunderbar in seiner Anlage, aber auch so vielversprechend in seinen Consequenzen, daß sich ein wahres Goldfieber des Directoriums bemächtigte, und es sich schon in dem Besitz von Golconda's Reichthümern träumte. Er wollte Aegypten erobern, um sich dadurch den Weg nach Indien zu bahnen; er wollte seine unbesiegliche Armee einschiffen, um sie außer Landes zu führen und die Türken schlagen.

Dieser Plan wirkte berauschend auf die Regierung ein, Napoleon aber hatte noch seine besonderen Gedanken dabei. Fehlte er, fehlte die Armee im Lande, so war Frankreich verloren. Diesen Zustand herbeizuführen, und so die Birne für sich reifen zu lassen, das war Napoleon's Plan. Er wollte zur Erreichung dieses Zweckes die gegen England gerüstete Flotte, die Kerntruppen aus Italien und seine besten Generäle aus Frankreich entfernen und außer Landes führen. Er kannte aber auch das französische Volk und glaubte, dessen sicher zu sein, wenn der richtige Augenblick gekommen wäre.

Sein Ruhm als Feldherr und Politiker war durch seine Erfolge

Freudenfeuer waren auf den Höhen angezündet. Es war der Empfang eines Königs, der in sein Land zurückkehrte.

Doch all diesen Jubel übertraf Napoleon's Einzug in die Hauptstadt Paris, er war schon vorher in Scene gesetzt und spielte sich genau nach dem aufgestellten Programm ab. Der Banquier Callot hatte zwei Millionen für den Empfang vorgeschossen und der Polizeiminister Savary die Rollen sorgfältig vertheilt. Auf Napoleon's directen Befehl war aber auf den Elyséeschen Feldern in der Nähe der Tuilerien für alle Fälle eine große Parade sämmtlicher Truppentheile aus Paris und Umgegend angesetzt, damit er für den Nothfall Soldaten zur Verfügung hätte. — Napoleon kannte die Pariser und wußte, was ihnen Noth that. So mußte der Moniteur und die anderen Blätter vor seinem Einzug das Siegesbulletin der Schlacht von Abukir veröffentlichen, in dem an der Zahl der gemachten Gefangenen, eroberten Schätze und tapferen Thaten nicht gespart wurde. Auch sonst hatte es der gewandte Salicetti als Regisseur des Einzuges verstanden, dadurch Stimmung für Napoleon zu machen, daß man das Gerücht verbreitete, die Regierung habe den siegreichen Feldherrn und großen Staatsmann Bonaparte durch den abenteuerlichen ägyptischen Feldzug bei Seite schaffen wollen, er sei aber jetzt zur Rettung der Republik zurückgekehrt. So war denn Alles sorgfältig für das zu erwartende Schauspiel vorbereitet und der Vorhang konnte in die Höhe gehen.

Zahllose Zuschauer füllten schon lange vor Napoleon's Eintreffen alle Straßen und eine große, sich durchaus in den Formen der Ordnung haltende Menge sah erwartungsvoll seiner Ankunft entgegen.

Endlich wurde die Spitze des Zuges signalisirt und ein brausender Jubelruf ertönte. Der so sehnlichst Erwartete erschien. Was aber die Volksmassen zu sehen bekamen, das mußte ihren Enthusiasmus auf das höchste entflammen.

Den Zug eröffnete eine Abtheilung von Napoleon's reichgekleideter Leibwache, der „Guiden", die an hundert erbeutete Türkenfahnen und Halbmonde trugen.

Hinter diesem Zuge folgte er selbst auf einem reich geschirrten, mit einer Purpurschabracke bedeckten türkischen Schimmelhengst. Er trug die schlichte Interimsuniform eines Generals, während hinter ihm die Generäle seiner Suite in ihren goldgestickten Uniformen paradirten. Unter ihnen that sich besonders der General Murat durch seine

wurde hierin durch ihr liebenswürdiges und einschmeichelndes Wesen auf das Beste unterstützt, und Keiner ahnte in der, für so oberflächlich und nicht gerade zu gescheidt geltenden Salondame die zielbewußte, schlaue Intrigantin.

So wußte sie ihren Freund Barras, der während seiner Regierung Millionen bei Seite gebracht hatte und sich damit in das Privatleben zurück zu ziehen gedachte, zu bewegen, noch etwas auf seinem Posten zu verharren, um seinen Platz für Bonaparte offen zu halten.

Auch den einflußreichen Talleyrand wußte sie zu beeinflußen. Besonders war es aber Gohier, der Präsident des Directoriums, dem sie Napoleon's Abreise von der ägyptischen Armee als ein Zeichen der außerordentlichsten Ergebenheit darzustellen wußte, während dieses Verlassen seines Postens von vielen Seiten als Auflehnung gegen die Befehle des Directoriums betrachtet wurde.

Man sieht hieraus, wie Josephine ihre Leute zu nehmen wußte und in dieser Beziehung den von Napoleon an sie gestellten Anforderungen entsprach.

Auch die übrigen Schwestern hatten ihren besonderen Wirkungskreis. So die seit dem 1. Mai 1797 mit Pachal Baciochi verheirathete Elisa. Sie stand, wenn auch körperlich von der Natur am wenigsten günstig ausgestattet, doch an Geistesgaben ihrem großen Bruder am nächsten, und ihrer Begabung vertraute er oft die schwierigsten Aufgaben an. Sie wohnte während ihrer Anwesenheit in Paris zuerst bei ihrem Bruder Lucien, in der Grande rue verte, später bei Joseph, und hatte den Auftrag, Lucien's Jähzorn und Leidenschaftlichkeit möglichst im Zaume zu halten und ihn vor unüberlegten Schritten zu bewahren.

Sie war es auch zuerst, die den, wegen der Vorgänge vom 13. Vendémiaire immer noch erzürnten Salicetti wieder zu versöhnen und ihn zum thätigen Mitwirker der napoleonischen Intrigue zu machen wußte.

Die jüngste Schwester Karoline wohnte seit 1797 mit ihrer Mutter in der Rue Rocher. Sie war neben Pauline die hübscheste der Schwestern und besaß bei schönen dunkeln Augen und hellbraunen Locken einen wundervollen Teint. Sie hatte viel Verstand und bezauberte alle jungen Männer der verschiedensten politischen Richtung, die in ihrem Hause verkehrten. Es herrschte dort oft eine tolle Lustigkeit; Jérôme, Eugène Beauharnais, die Montesson und

Zweiter Abschnitt.

Da mußte denn schleunigst vorgesorgt werden, um ein Wohn-
zimmer und einen Raum für das kleine, zu erwartende Wesen zu
schaffen. Père Bernadotte mußte sich auf die Suche nach einer kräftigen
Amme begeben, genug, es mußte an so Mancherlei gedacht werden, an
dessen Möglichkeit die Beiden nie mehr geglaubt hätten. Es öffnete
sich hierdurch für die zwei, nicht mehr jungen Leute ein ganz neuer
Gesichtskreis und wenn der Père Bernadotte Abends mit seiner Frau
in dem, hinter dem kleinen Hause gelegenen Gärtchen und auf den
schmalen Pfaden des anstoßenden Weinbergs spaziren ging, in dem
die berühmten Turancontrauben reisten, dann träumten sie oft von
dem kleinen, zu erwartenden Etwas und ein Jeder malte sich die
Zukunft nach seiner Weise aus. Jeanne hoffte, daß es eine Tochter
sein würde, die sie dereinst zu einem braven, schönen Mädchen erziehen
wolle, der Père Jean aber wünschte sich wie alle Väter natürlich einen
S o h n , der gleich ihm einmal ein tüchtiger Beamter des Königs
werden solle.

Je näher ihre Stunde herankam, desto ängstlicher wurde Frau
Jeanne; fürchtete sie doch bei ihrem fortgeschrittenen Alter alle mög-
lichen Eventualitäten und der liebende Gatte mußte sie oft zu der
schönen Cathedrale auf dem Königsplatze begleiten, wo Beide dann ein
inniges Gebet zu Gott emporsandten, daß er sie beschützen und Alles
zum Besten leiten möge. Sie wanderten nachher getröstet und voll
festen Glaubens über den Cours Bayard wieder ihrer Wohnung zu
und träumten von einer frohen, glücklichen Zukunft.

So gingen die Monate dahin und endlich kam der Tag des längst
erwarteten Ereignisses heran. Am 20. Januar 1763 wurde ihnen ein
kräftiger, gesunder Sohn geboren, der mit lauter, krähender Stimme
seine Ankunft auf der Erde verkündete. Die Freude der Eltern war
grenzenlos und die kleine Mutter jubelte, nach guter Frauen Art, daß
dadurch ein Herzenswunsch des geliebten Mannes erfüllt sei.

Wenige Tage darauf fand die Taufe des Jungen statt, bei der
der Herr Procureur Gevatter stand und der Kleine erhielt die Namen
J e a n Baptiste Jules, die in das Kirchenbuch eingetragen wurden.

Die Jahre seiner Kindheit gingen dahin, der kleine Jean wuchs
zu einem kräftigen, intelligenten Knaben heran, der später die Kloster-
schule in Pau besuchte und dort bald einer der besten Schüler wurde.
Schnell genug wuchs er geistig und körperlich seinem kleinen, allmählich etwas rundlichen Vater über den Kopf und die Zeit kam

gegen die Aufständigen kämpften. Er zeichnete sich auch hierbei ganz besonders aus und wurde in Folge der bewiesenen Tapferkeit bereits 1793, kaum 30 Jahre alt, zum Capitän befördert. Von da an ging es in seiner Carrière reißend schnell hinauf. Er ward bereits 1794 Brigadechef und befehligte bei Fleurus unter Jourdan am 26. Juni eine Division.

Die Avantgarde der Alliirten streifte damals nach dem Falle Landrecy's bereits bis vor die Thore von Péronne, als sich die Division des jungen, kaum 31 jährigen Generals Bernadotte ihrem Siegeslauf entgegenstellte und sie zurückwarf. Pichegru drang dann mit der Nordarmee in Westflandern ein und warf Clairfaut bei Courtrey und den Herzog von York bei Tourcoing über den Haufen, wodurch die Früchte früherer, glänzender Gefechte für die Alliirten wieder verloren gingen. Indeß drang das von der Moselarmee verstärkte Heer der Ardennen unter Jourdan über die Sambre und nahm am 25. Juni Charleroy ein. Der Prinz von Coburg, dem diese Eroberung nicht bekannt geworden war, rückte zum Ersatz der Stadt heran und es kam zu der blutigen Schlacht bei Fleurus. Der Verlauf dieser Schlacht war der folgende:

Die Avantgarde der Alliirten unter dem Erzherzog Karl drängte bereits die Franzosen zurück, der rechte Flügel unter dem Curfürsten von Oranien drang sogar schon siegreich bis Marchienne an der Sambre vor, Beaulieu an der Spitze des linken Flügels eroberte die Redouten bei Fleurus und nahm die Brücken von Auveloy.

Da rückte Bernadotte mit dem französischen Centrum vor und entschied die Schlacht. Der Herzog von Coburg, dem erst jetzt der Fall von Charleroy bekannt wurde, ließ zum Rückzug blasen, er fürchtete umgangen zu werden und wollte lieber sein Heer, als die Niederlande zu erhalten suchen.

So wurde dieser Theil des Feldzuges durch Bernadotte entschieden, und seine Folgen waren für die Republik von der größten Wichtigkeit. Die republikanische Armee gewann dadurch Belgien und die deutschen Lande bis zum Niederrhein. Die Lahnufer wurden Zeuge der weiteren Erfolge Bernadottes, die Blokade von Mainz, der Uebergang über den Rhein, die Schlachten bei Neuhof und Rednitz, die Eroberung von Altorf und Neumark und schließlich die Wegführung der österreichischen Magazine über den Rhein erhoben Bernadotte zu

in einen griechischen Knoten zusammengerafften Haar in einem eigen=
artigen Gegensatz. Da wandte Eugenie, durch ein Geräusch in dem
Hause aufmerksam gemacht, den schönen Kopf, so daß Bernadotte ihre
Augen sehen konnte, und da kam es wie eine plötzliche Eingebung
über ihn. Unwillkürlich faßte er nach dem Herzen, glaubte er doch
auf einmal zu wissen, wo und wann er diesen reizenden Zügen,
diesen wunderbaren Augen schon einmal begegnet sei.

Fassungslos stand er da. Er konnte seine Blicke nicht von ihr
wenden, und plötzlich fiel ihm Alles wieder ein.

Diese dunkeln Augen mit den starken Brauen waren ja die eines
Kindes, das er im Jahre 1785 aus den Fluthen des Etang de
Berre bei Les Martigues gerettet, dessen Namen er zwar nie erfahren,
das er aber auch niemals vergessen hatte. Konnte dieses Kind, dem
er den Namen „l'enfant de Les Martigues" gegeben, konnte
Desirée dieses Mädchen sein?

Und es fiel ihm Alles wieder ein. Es war einmal an einem Herbst=
tage, als der damals 22jährige Freiwillige des Regiments Royal
Marine, bei dem Citoyen Saint Jean, dem Bruder seiner Mutter in
Vitrolles, am Etang de Berre gelegen, zum Besuch weilte. Er war
an einem Nachmittage mit drei anderen jungen Leuten seiner Bekannt=
schaft zum Fischen auf den See hinausgefahren und hatte ein Netz
voll silbern glänzender Schollen als Beute eingefangen. Auf dem
Rückweg nach dem Ufer hatte sich ein heftiger Sturm aufgemacht, der
ihr kleines Boot wie eine Nußschale auf den hochgehenden Wellen
tanzen ließ. Die Wogen stiegen höher und höher und es bedurfte der
ganzen Geschicklichkeit der vier Ruderer, um das Boot vor dem Kentern
zu bewahren und es in der Richtung des Landes vorwärts zu treiben.
Doch sie kamen weiter und schon winkte das rettende Ufer in einiger
Entfernung.

Da sahen sie auf einmal ein kleines, weiß angestrichenes Boot
unter dem Druck eines winzigen, von dem Sturme gepeitschten Segels
aus der Richtung von Les Martigues her kommen, in dem eine alte
Frau mit einem Kinde und ein junger Schiffer saßen. Die alte Frau
hielt das Kind mit ihren Armen umschlungen, während der Schiffer
sich vergeblich bemühte, das viereckige Segel zu reffen. Immer von
Neuem riß es der Sturmwind aus seinen Händen, so daß er endlich
seine Bemühungen aufgab und, zu dem Steuer zurückkehrend, ver=
suchte, das Boot in der Richtung auf Les Martigues zurück zu wenden.

das Kind auf die blassen Lippen. Da verklärte ein leichtes Lächeln die kindlichen Züge und, einen tiefen Seufzer ausstoßend, schmiegte es sich, wieder in den Schlaf zurücksinkend, fest an seine Brust.

Als sie den Hütten näher kamen, stürzte ein alter Herr mit weißen Haaren mit dem Geschrei: „Oh, mon enfant, mon enfant!“ ihnen entgegen.

Die Kleine öffnete bei dem Klang dieser Stimme die Augen, der Vater aber riß sie in seine Arme und bedeckte ihr Gesicht mit seinen Küssen.

Auch die alte Wärterin war inzwischen wieder zu sich gekommen, sie machte sich aus den Armen ihrer Träger frei und warf sich dem alten Herrn zu Füßen, hob flehend die Arme zu ihm auf und be=theuerte ihre Unschuld an dem Unglücksfall. Die Fischer hätten ihr die Fahrt auf dem See als ganz gefahrlos geschildert. Da klang in ihr Weinen hinein der leise Ruf: „Françoise, chère Françoise!“

Die Alte sah die zärtlichen Augen ihres Schützlings freundlich lächeln und brach in lauten Jubel über seine Rettung aus.

Es war aber die höchste Zeit, daß die Geretteten aus den nassen Kleidern hinaus kamen, und der alte Herr begab sich schleunigst mit ihnen in das nahe Haus der Fischersleute.

Dann erschien er wieder und drückte Bernadotte mit Worten heißen, innigen Dankes eine mit Gold gefüllte Börse in die Hand. Er forderte die jugendlichen Retter auf, gleichfalls die Kleider zu wechseln und wieder zurückzukehren, damit er ihnen weiter danken könne.

Als diese jedoch nach einer Stunde in trockenen, von den anderen Fischern entliehenen Kleidern zurückkamen, fanden sie weder den alten Herrn noch die Geretteten mehr vor. Sie sollten alle Drei zu dem Doctor nach Estagnes gefahren sein, da das kleine Mädchen zu fiebern angefangen hatte.

Der alte Herr ließ ihnen sagen, daß er in wenigen Tagen zurückkehren werde, um sie durch die That für die Rettung seines Kindes zu belohnen.

Das war damals Jean's Rettungsthat gewesen.

Er ließ das Geld seinem Gefährten und kehrte bereits am nächsten Tage, da sein Urlaub abgelaufen war, nach Toulouse zurück.

sich beruhen lassen und später erst einmal Villeneuve fragen, ob ihn nur eine Aehnlichkeit täusche oder ob Desirée wirklich das Kind von damals sei.

Er gab sich denn auch in dem weiteren Gespräch als der interessante Mann, der er sein konnte, erzählte von seinen Erlebnissen in dem Rheinfeldzug, von seinem Commando nach Italien, und bezauberte die Anwesenden durch die Schilderung seiner Thaten.

Auch Desirée wurde dadurch gefesselt, und ihre Augen ruhten oft forschend auf Bernadotte's interessanten Zügen, die auch in ihr eine unbestimmte Erinnerung erweckten.

Das Gespräch kam dann auf die neuen Ereignisse in Italien und auf Bonaparte's große Kriegsthaten. Bernadotte war in seinem Urtheil über Napoleon sehr zurückhaltend, kannte er doch dessen nahen verwandtschaftlichen Verhältnisse zu der Familie und wußte auch, wie Napoleon sich gegen das schöne Mädchen benommen hatte. Als er sie nun aber immer von Neuem betrachtete, als er die zarten Falten um ihre Augen und den Schmerzenszug um ihre Mundwinkel sah, da empfand er ein zärtliches Gefühl des Mitleids für sie und das führte ihn dahin, eine schärfere Kritik über den großen Mann, unter dessen Commando er jetzt treten sollte, abzugeben, als es ursprünglich in seiner Absicht lag. Er sprach sich über seinen Egoismus und seine Herrschsucht aus und mußte dabei zu seinem Leidwesen bemerken, daß das schöne Mädchen Napoleon noch immer nicht vergessen hätte. Ihre blassen Wangen rötheten sich und ihre dunkeln Augen blitzten, als sie für Napoleon eintrat und Bernadotte's Ansicht nicht theilen wollte, daß der große Mann die Republik nur als einen Sockel seiner Zukunft zu betrachten schiene.

Er lenkte bei dem Anblick der in Desirée's Augen aufsteigenden Thränen auch schnell genug ein, und als sie bat: „O, so beschimpfen Sie mir doch meinen Helden nicht!" meinte er, daß er Napoleon ja persönlich noch gar nicht kenne und sein Urtheil bis dahin zurückhalten wolle.

Je länger er aber das schöne Mädchen an dem Abend sah, desto zärtlicher wurden auch seine Gefühle für sie. Die unaufgeklärte Frage, ob sie das gerettete Kind von damals sei, vereinigte sich mit der Bewunderung ihrer Schönheit und dem Mitleiden für ihre Verlassenheit. Ja, sein Interesse für sie wurde so groß, daß er bei dem Scheiden am späten Abend, Desirée's kleines Händchen mit seinen Küssen

barbarischen Plünderung unterzog und wie er seine Generäle geradezu aufforderte, sich zu bereichern, um sie dadurch besto fester in seine Hand zu bekommen. Er erkannte, wie der Schlaue das Directorium stets mit salbungsvollen, republikanischen Phrasen fütterte, dabei aber that, was ihm beliebte. Napoleon schaltete und waltete in Italien ganz, wie es

I. M. Ph. Serrurier.
Marschall des Kaiserreiches.

ihm paßte, sagte dem Directorium, daß er nur das Wohl des Vaterlandes im Auge habe, dachte aber nur an sein eigenes Wohl und betrachtete einen jeden seiner Siege nur als eine neue Sprosse auf der Leiter seines Ruhmes und seiner erstrebten Popularität.

Aber Bernadotte verhehlte sich auch nicht, daß es ein gewagtes Spiel sei, dem Allgewaltigen entgegenzutreten.

Napoleon hatte bereits Anfang März 1797 den Feldzug gegen Oesterreichs Heer unter dem Erzherzog Karl von Neuem eröffnet und drang gegen den Feind vor, der eine entscheidende Schlacht vorläufig gern vermieden hätte, um erst die, von der Rheinarmee erwarteten Verstärkungen ankommen zu lassen. Er fügte dem, langsam vor ihm zurückweichenden Feinde mancherlei Niederlagen zu. Hierbei eroberte General Bernadotte die Festung Grabisca, wodurch er sich die Zustimmung des Obergenerals erwarb.

Da dieser Tag von Grabisca die erste Waffenthat Bernadotte's bei der italienischen Armee war, so ist es von Interesse, die Aufzeichnung eines Augenzeugen über diese Schlacht zu hören. General Serrurier schreibt:

„Den 19. März 1797 hatte Bernadotte's Division auf den Höhen links von Medea, einem Dorfe vor Palma Nova auf der Straße nach Grabisca Aufstellung genommen. Der General wollte in dieser Stellung neue Befehle erwarten.

Gegen 10 Uhr Morgens meldete man ihm die Ankunft Bonaparte's mit seinem Stabe, bestehend aus circa vierzig Offizieren und der neu errichteten Guidengarde. Bonaparte ritt im vollen Galopp die Front der Division entlang, hielt dann auf dem linken Flügel an und musterte von dort mit dem Glase das Vorterrain. Plötzlich rief er den General Bernadotte zu sich heran und sagte, auf die in der Ebene zwischen Medea und Grabisca vorgehenden Oesterreicher zeigend, barsch: „Voilà l'ennemi. Vous allez attaquer, vous prendrez ou vous bloquerez Gradisca et vous me rejoindrez avant la nuit sur ces hauteurs, où je vais me rendre avec le général Serrurier."

Nach diesen Worten wendete er sein Pferd und ritt im Carrière zu den Truppen, die gerade Isonzo passirten, um sich auf die Höhen zwischen Grabisca und Gorizia zu begeben, von denen er zu Bernadotte gesprochen hatte.

Dieser, bisher nicht gewohnt, derartige kurze, lakonische und drohend ausgesprochene Befehle zu erhalten, war darüber in tiefer Trostlosigkeit und sagte mit Thränen der Wuth im Auge zu mir: „Je vois, qu'on me jalouse et qu'on veut me déshonorer. Il ne me reste qu'à em brûler la cervelle. Point d'ordre par ecrit qui mette à couvert ma responsabilité." Ich tröstete ihn, indem ich ihm sagte, daß diese Art von Befehlsertheilung wohl eine andere als die des Generals Jourdan sei, der mit Hülfe seines Generalstabschefs stets einen vier Seiten langen Generalbefehl zu einem Angriff zu geben pflegte, und es liege in der Kürze, die Napoleon anwende, nie etwas Beleidigendes. — In diesem Augenblick ließ sich das Feuer des rechts vorgehenden Flügels vernehmen, es war die Division des rechten Flügels, die den Kampf begann, um sich des Ueberganges über den Isonzo zu bemächtigen.

Da trat auch Bernadotte seinen Vormarsch an und marschirte direct auf Grabisca, warf den Feind mit Bravour in diesen befestigten Platz zurück und forderte den Commandaten nach zweimaligem vergeblichen Versuch, in die Festung einzubringen, auf, zu capituliren. Was dann auch geschah, die Festung ergab sich.

Als sich Bernadotte zur Meldung über den gelungenen Coup auf die ihm angegebenen Höhen begab, glaubte er von Napoleon mit Anerkennung empfangen zu werden. Napoleon aber nahm seine Meldung kühl und ohne ein Wort zu sagen, auf. Bernadotte berichtete ihm darauf die Einzelheiten seines Vormarsches und Angriffes und fügte hinzu, daß er bei der Wichtigkeit der Einnahme Grabiscas nur einen Verlust von höchstens 500 Todten und Verwundeten habe.

Napoleon hörte stirnrunzelnd und die Nase rümpfend zu und er= wiederte dann kopfschüttelnd: „Il n'aurait pas dû perdre un seul homme, qu'il suffisait de bloquer la place ainsi, qu'il lui en avait donné l'ordre, et que la garnison se serait rendue sans délai, étant sans vivres.“

Hiermit hatte Napoleon Recht. Wenn aber Bernadotte seinen Ober= general besser gekannt und dessen Vertrauen gehabt hätte, so würde er erkannt haben, daß Napoleon mit ihm zufrieden war, denn es wäre sehr tadelnswerth gewesen, die Truppen gegen die Wälle und Gräben Gra= bisca's zu führen, die ohne Leitern nicht einzunehmen waren. Aber Bernadotte kannte Napoleon's Art und Weise eben nicht. Er war mit seinem Erfolge sehr zufrieden und hatte zu Napoleon in sehr selbst= bewußter Weise gesprochen und das verdroß den Oberfeldherrn. Napoleon blieb einen Augenblick stumm und überlegte, gab dann aber Bernadotte zu, richtig gehandelt zu haben und lobte die Einnahme Grabisca's als ein Meisterstück.“

Trotz dieser Anerkennung blieb die Stimmung zwischen Beiden eine gespannte und wurde noch gereizter, als Bernadotte sich eines Tages erlaubte, Napoleon Vorstellungen über die Plünderung der Städte und die Bereicherung der Generäle zu machen. Er hatte dabei die Dreistigkeit, ihm zu sagen: „Sie gewinnen Siege über Ihre Feinde, wegen derer Sie die Welt anstaunt, und ich beglückwünsche Sie dazu von ganzem Herzen, nun sorgen Sie aber auch für die Disciplin in der Armee und schaffen darin Ordnung, dann erst werden Sie des Ruhmes eines republikanischen Helden theilhaftig werden.“ — Napoleon wüthete vor Zorn und schrie ihn an: „Du wagst es mir, so etwas zu sagen? Du schweigst sofort, oder ich werde Dich vor das Kriegs= gericht stellen.“

Einen General, der sich unterstand, ihm solche Sachen in das

Gesicht zu sagen, wollte er nicht länger in seiner Nähe haben.
Da er nun außerdem annahm, Bernadotte stecke mit den, ihm so
lästigen Kriegscommissaren unter einer Decke, so wollte er ihn bei der
ersten Gelegenheit los werden. Bernadotte fiel ihm geradezu auf die
Nerven, er genirte ihn und wenn Napoleon einmal irgend ein Coup
mißlang, so brachte er das bestimmt mit Bernadotte's Anwesenheit
in Verbindung. Er mußte daher fort, da Napoleon ihn nach corsischer
Anschauung mit dem „bösen Blick" behaftet glaubte.

Die Gelegenheit fand sich denn auch bald genug. Napoleon schickte
ihn, wie wir wissen, zusammen mit Augereau nach Paris, um dort
den 18. Fructidor in die Wege zu leiten.

Die Wahl Bernadotte's hierzu erscheint nicht recht begreiflich, da Napoleon doch wissen mußte, wie wenig gerade dieser General zu der Aufgabe geeignet war, und ein Zusammenwirken mit dem unüberlegten
Heißsporn Augereau dem Directorium Schwierigkeiten bereiten konnte.
Vielleicht aber lag es auch nur in Napoleon's Absicht, das Directorium
zu discreditiren, um dann später besser mit ihm fertig zu werden.
Wer konnte damals die weitreichenden Pläne eines Napoleon verstehen? Auch Augereau selbst begriff die Auswahl Bernadotte's nicht
und glaubte, daß ihm dieser gewissermaßen zu einer Art von Ueberwachung beigegeben sei. Wenigstens schrieb er in jenen Tagen an
Lavalette:

Je ne comprends plus Bonaparte depuis quatre mois. Il se
fait beaucoup de tort par ses éloges donnés à Bernadotte. Il est
imprudent d'avoir envoyé Bernadotte. Il sait bienqu'il n'y a que lui
et moi, qui puissent sauver la république et que je suis seul le mettre
au fait de ce qui se passe.

Au reste, qu'il fasse ce qu'il voudra, je ne lui écrirai plus."

Der Staatsstreich des 18. Fructidor glückte bekanntlich und Bernadotte selbst mag in jenen Tagen von der Plötzlichkeit der militärischen
Ausführung überrascht worden sein, sonst wäre er als guter Republikaner
wahrscheinlich dagegen eingeschritten. In jenen Tagen beabsichtigte das
neugesicherte Directorium bereits, Bernadotte zum Kriegsminister zu
ernennen und unterblieb das nur, weil man ihm nicht recht traute.

* * *

„Nos rêves de république ont été des illusions de jeunesse. Depuis le 9 Thermidor l'instinct républicain s'est affaibli tous les jours; le travail des Bourbons, des étrangers, soutenu par le souvenir de 93 a réuni contre le système républicain une majorité importante. Sans le 13 Vendémiaire, sans le 18 Fructidor elle eût triomphé depuis longtemps; la faiblesse, les dissensions du Directoire ont fait le reste. Aujourd'hui c'est sur moi, qu'on a les yeux, demain ce sera peut-être sur un autre. En attendant, que cet autre arrive, s'il doit arriver, mon intérêt me dit, qu'il ne faut pas violenter la fortune; laissons le champ ouvert. Beaucoup de personnes espèrent encore dans la république, peut-être ont-elles raison. Je pars pour l'Orient avec tous les moyens de succès. Si mon pays a besoin de moi, si le nombre de ceux, qui peuvent comme Talleyrand, comme Siéyès, comme Roederer, s'accroît, que la guerre se rallume, qu'elle ne soit pas heureuse pour la France, je reviens plus sûr de l'opinion de la nation. Si au contraire la guerre est heureuse pour la république, si un guerrier civil comme moi, s'élève et reunit autour de lui les vœux populaires, eh bien, je rendrai peut-être encore plus de services au monde, en Orient que lui. Je ruinerai probablement la domination anglaise et arriverai plus surement à la paix maritime, que par les démonstrations, que fait le Directoire sur les côtes de la Manche. Le système de la France doit devenir celui de l'Europe, pour être durable. — Voyons donc bien évidemment ce qu'elle veu. Tu sais, que je fais toujours mon thème en divers modes, je veux ce que veut la nation; je ne sais pas en conscience ce qu'elle veut aujourd'hui, nous en saurons davantage un jour; jusque-là étudions sa volonté et ses besoins: je ne veux pas m'exposer à rien usurper; je trouverai au pis-aller de la gloire en Orient; et si elle peut-être utile à mon pays, je reviendrai avec elle. Alors je tâcherai d'assurer la stabilité du bonheur de la France, en assurant, s'il est possible, celui de l'Europe par la paix maritime, et en répandant nos principes libéraux dans les Etats, qui nous avoisinent dont notre exemple pourrait finir par faire des amis, s'ils profitaient de l'expérience de nos malheurs."

Embrasse ta femme et Eugénie.

N."

Napoleon's wirkliche Ansicht über die Republik:

Uebersetzung.

„Unsere Träume über die Republik waren jugendliche Illusionen. Seit dem 9. Thermidor hat sich der Sinn für die Republik alle Tage mehr abgeschwächt. Die Arbeit der Bourbons und der Fremden, unterstützt durch die Erinnerung an das Jahr 93 haben gegen das republikanische System eine großartige Majorität entstehen lassen. Ohne den 13. Vendémiaire, ohne den 18. Fructidor hätten diese schon längst triumphirt, die Schwäche und die Uneinigkeit des Directoriums geben ihr den Rest. Heute hat man seine Augen auf mich als den Helfer gerichtet, morgen kann es vielleicht ein Anderer sein. In der Erwartung, daß dieser Andere kommt, daß er kommen muß, erheischt es mein Interesse, daß man das Glück nicht zwingen darf; lassen wir daher das Feld frei. Es giebt viele Menschen in der Republik, die noch hoffen, vielleicht mögen sie Recht haben. Ich gehe mit allen Hoffnungen auf den Erfolg nach dem Orient. Bedarf mein Land meiner, wächst die Zahl Derjenigen, wie Talleyrand, Siéyès, Roederer, die glauben, daß der Krieg wieder ausbricht, so komme ich fester als je in der nationalen Meinung über mich, zurück. Ist aber dieser Krieg glücklich für die Republik — wenn ein bürgerlicher Krieger gleich mir erscheint und die Stimmen des Volkes für sich hat, wohlan — dann erweise ich der Welt am Ende einen größeren Dienst hier im Orient, als er. Vielleicht gelingt es mir dann, die englische Oberherrschaft zu vernichten und ich komme dadurch sicherer zu einem Frieden auf dem Meere, als das Directorium mit seinen Demonstrationen an den Küsten des Canals. Das System Frankreichs muß das der Welt werden, um von Bestand zu sein. Sehen wir doch klar, was es will. Du weißt, daß ich meine Aufgabe stets in verschiedener Weise löse, ich will das, was die Nation will; wir werden eines Tages mehr darüber hören; bis dahin studiren wir ihren Willen und ihre Bedürfnisse. Ich werde mich nicht exponiren und mir auch Nichts widerrechtlich zueignen, vielleicht finde ich im Nothfall meinen Ruhm im Orient, und der kann dann, wenn ich zurückkehre, meinem Lande nur von Nutzen sein. Ich werde dann versuchen, die Beständigkeit von Frankreichs Glück zu sichern und wenn es möglich ist, die von Europa durch einen maritimen Frieden und, indem ich unsere freisinnigen Principien in den uns benachbarten

Napoleon hatte es bei dem Directorium von Aegypten aus durch=
gesetzt, daß Josephine dort ihre Wohnung nehmen durfte. So war er
voller Aufmerksamkeit gegen seine Frau, die ihn zum Dank dafür
während seiner Abwesenheit nicht mit einem, sondern mit vielen Lieb=
habern betrog. Man sollte diese Untreue nicht für möglich halten, und
es erscheint fast unbegreiflich, daß sich eine Frau in dem Alter Josephines,
die von einem Napoleon geliebt wurde, derartiger geschlechtlichen Aus=
schweifungen hingeben konnte. Napoleon erfuhr bereits in Aegypten
ihre Vergehungen, wovon der nachstehende an seinen Bruder Joseph
gerichtete Brief vom 25. Juli Zeugniß giebt.

Mon frère.   Le Caire, 25 Juillet 98.

Tu verras dans les papiers publics le résultat des batailles et
la conquête de l'Egypte, qui a été assez disputée pour ajouter une
feuille à la gloire militaire de cette armée. L'Egypte est le pays
le plus riche en blé, riz, legumes, viande, qui existe sur la terre.
La barbarie y est à son comble. Il n'y a point d'argent, pas même
pour solder les troupes.

Je puis être en France dans deux mois. Je te recommande
mes intérêts. J'ai beaucoup de chagrins domestiques. . . . . Ton amitié
m'est bien chère: il ne me reste plus, pour devenir misanthrope, qu'à
la perdre et de me voir trahi. C'est une triste position d'avoir
à la fois tous les sentiments pour une même personne dans un
seul cœur.

Fais en sorte que j'aie une campagne à mon arrivée, soit près
de Paris, soit en Bourgogne, je compte y passer l'hiver et m'y
enfermer: je suis ennuyé de la nature humaine. J'ai besoin de
solitude et d'isolement; les grandeurs m'ennuyent, le sentiment est
desséché. La gloire est fade à vingt-neuf ans, j'ai tout épuisé: il
ne me reste plus qu'à devenir bien vraiment égoiste. Je compte
garder ma maison: jamais je ne la donnerai à qui ce soit. Je n'ai

---

Spanien, dann wurde ein Museum daraus gemacht und jetzt besitzt es ein Millionär
Amerikas, Mstr. Tuck. Dieser Dollarkönig hat den Palast renoviren und derart
verschönern lassen, daß kein anderes Schloß Frankreichs sich mit La Malmaison
messen kann. Die seltenen Bäume und Sträucher, die einst Napoleon aus fernen
Ländern kommen ließ und die Josephine dort anpflanzte, sind noch vorhanden.

Anmerkung des Herausgebers.

spricht, wohl entschieden auf Josephine und deren Lebenswandel ge=
münzt, der ihm nicht verborgen bleiben konnte.

Josephine würde bei Napoleon's Rückkehr ihre ganze Liebenswürdig=
keit aufbieten müssen, um ihren Gatten zu versöhnen. Aber liebens=
würdig genug war sie ja, vielleicht dürfte es ihr gelingen.

*　　*　　*

Es war ein wundervoller klarer Herbsttag, der des 10. October
1799, als sich Désirée einmal wieder bei Frau Josephine in Mal=
maison befand, so recht ein Tag, an dem uns die Natur zum Trost
noch einmal den Sommer zeigt, ehe sie sich in ihr Winterkleid hüllt.
Das Laub der exotischen Bäume und Pflanzen in dem Park von Mal=
maison schimmerte in allen Farben vom satten Roth bis zum dunkelsten
Grün und die Sonne schien so warm von dem Himmel herab, daß
die beiden schönen Frauen den Schatten der Bäume aufgesucht hatten.
So wandelten sie mit in einander verschlungenen Armen in einer
breiten Platanenallee auf und nieder und sprachen von Napoleon's
bevorstehender Rückkehr. Die Nachricht seiner Landung war Josephine
zuerst durch den Präsidenten Gohier mitgetheilt, dem Napoleon an
dem Abend vorher aus Aix ein Telegramm gesandt hatte, während
Josephine sie erst am Morgen durch Courier erhielt. — Beide Damen
waren sehr erregt über die bevorstehenden Ereignisse. Sie plauderten
eifrig mit einander und ihre geröthten Wangen und blitzenden Augen
bezeugten ihre Aufregung. Besonders war es Frau Josephine, die
ihre Angst vor Napoleon's Ankunft nicht verleugnen konnte. Sie
hatte sich ja so Mancherlei vorzuwerfen, wußte, wie zornig Napoleon
auf sie war und sah daher mit einiger Furcht der ersten Begegnung
entgegen. Sie hatte in der letzten Zeit nur wenige kurze Briefe von
ihrem Gemahl erhalten, die Alles auf eine mündliche Auseinander=
setzung verschoben.

Ein Brief Napoleon's an Josephine liegt uns vor, er lautet im
Auszuge:

Tu n'as pas le temps de m'écrire Joséphine, je le sens facile-
ment. Environné de plaisirs et de jeux tu aurais tort de me faire
le moindre sacrifice. Mon intention n'est pas, que tu déranges rien
à tes calculs, ni aux parties de plaisir, qui te sont offertes, je n'en
vaux pas la peine et le bonheur ou le malheur d'un homme, que

tu n'aimes pas le droit d'intéresser. Pour moi t'aimer seule, te
rendre heureuse, ne rien faire, qui puisse te contrarier, voilà le

Frankreich ruft Napoleon aus Aegypten zurück.
(Nach Appiani.)

destin et le but de ma vie. Sois heureuse, ne me reproche rien,
ne t'intéresse pas à la félicité d'un homme, qui ne vit que ta vie, ne
jouit que de tes plaisirs et de ton bonheur. Quand je te sacrifie
tous mes désirs, toutes mes pensées, tous les instants de ma vie,

j'obéis à l'ascendant que tu charmes, ton charactère et toute ta
personne ont su prendre sur mon malheureux cœur. J'ai tort, si
la nature ne m'a pas donné les attraits pour te captiver, mais ce
que je mérite de la part de Joséphine ce sont des é g a r d s, de
l'estime, car je t'aime à la fureur et uniquement. — Adieu femme
adorable, adieu ma Joséphine. Puisse le sort concentrer dans mon
cœur tous les chagrins et toutes les peines, mais qu'il donne à
ma Joséphine des jours prospères et heureux. Qui le mérite plus,
qu'elle? Quand ce sera constaté, qu'elle ne peut plus aimer, je ren-
fermerai ma douleur profonde et je me contenterai pouvoir lui être
et bon à quelque chose.

Je rouvre ma lettre, pour te donner un baiser.....

Ah Joséphine! ..... Joséphine!!

B o n a p a r t e.

Ueberſetzung eines Briefes Napoleon's an Joſephine.

Du haſt nicht Zeit mir zu ſchreiben, Joſephine; ich begreife es.
Umgeben von Vergnügungen und Spielen, hätteſt Du Unrecht mir das
geringſte Opfer zu bringen. Es liegt nicht in meiner Abſicht, daß Du
irgend etwas an Deinen Plänen änderſt, weder in den Vergnügungs=
partien, die Dir angeboten werden, ich mache nicht das Recht geltend,
Dich für einen Mann zu intereſſiren, den Du nicht liebſt. Für mich
iſt es das Schickſal und der Zweck meines Lebens, Dich allein zu lieben,
Dich glücklich zu machen und Nichts zu thun, was Dir hinderlich ſein
könnte. Sei glücklich, wirf mir Nichts vor, und kümmere Dich nicht
um die Glücklichkeit eines Mannes, welcher Nichts will, als daß Du
Dein Leben genießt, nichts, als Deine Vergnügungen und Dein Glück.
Wenn ich Dir alle meine Wünſche, alle meine Gedanken opfere, alle
Augenblicke meines Lebens gebe ich zu, daß Deine Reize, Dein Charakter
und Deine ganze Perſon mich und mein unglückliches Herz eingenommen
haben. Ich habe Unrecht; wenn die Natur mir die Reize gegeben hat,
um Dich zu gewinnen, aber Eins verdiene ich von Joſephine's Seite,
das iſt die A c h t u n g, die R ü c k ſ i c h t e n auf mich, denn ich liebe Dich
wüthend und einzig. — So leb denn wohl, Du angebetetes Weib, lebe
wohl, meine Joſephine. Möge das Schickſal auf mein Herz alle Sorge
und allen Kummer häufen, aber dagegen für Joſephine nur glückliche
und frohe Tage haben. Wer verdient es mehr, als ſie?

Die kleine zierliche Josephine neigte bereits etwas zu der Fülle
der reifen Frau, aber die Züge ihres Gesichtes mit dem kleinen reizen=
den Munde, der zierlich gebogenen Nase und den dunklen Augen waren
noch immer entzückend. Auf ihrer weißen Stirn kräuselte sich das feine,
kastanienbraune Haar, das in der Sonne wie Gold glänzte. Dieses
Haar war von einer capote en crêpe wie von einer duftigen Wolke
halb umgeben; dieser Schleier konnte aber nicht zarter und weißer
sein, als der Teint ihres Halses und ihrer darunter sichtbar werdenden
schönen Schultern.

Auch Desirée war nach der Geburt ihres an dem vergangenen
4. Juli geborenen Sohnes Oscar*) etwas stärker geworden, die
Seligkeit der Gatten= und Mutterliebe verklärte ihre schönen Züge
und aus ihren dunkeln Augen strahlte das Glück. Auch sie trug ihr
schönes Haar gekräuselt, und schwere Locken fielen auf ihren weißen
Hals herab. Die Farben ihrer jugendlichen Schönheit zeigten sich
natürlich in größerer Frische, als die künstlich restaurirten Josephine's,
wie ihr ja überhaupt die Jugend und das reine Glück noch einen
besonderen Reiz verliehen.

Beide Damen trugen die sogenannte robe à queue, deren Taille,
dicht unter dem Busen zusammengehalten, diesen und fast die ganzen
schneeigen Arme unbedeckt ließ. — Sie kamen in ihrem Plaudern auch
auf die Ereignisse der letzten Zeit, und Frau Josephine erzählte Desirée
von dem Diner des vergangenen Tages, das sie bei dem Präsidenten
Gohier eingenommen hatte. „Du kannst Dir meinen Schrecken
denken, petite, als Gohier während des Essens Bonaparte's telegraphische
Nachricht seiner Rückkehr erhielt, und gespannt ruhten meine Augen bei
dem Lesen der Depesche auf Gohier's Gesicht. Du weißt, wie sehr ich
mich vor Bonaparte's Rückkehr bange, aber ich hätte nicht geahnt, daß
sie so nah sei.

„Was würde Gohier sagen, was thun? Ein lähmendes Entsetzen
kam zuerst über mich, doch ich faßte mich schnell und sagte offen:
‚Bürger Präsident, fürchten Sie nicht, daß Bonaparte etwa mit bösen
Absichten bezüglich der Freiheit hierher kommt, nur der Gedanke

---

*) Die Eltern hatten erst lange geschwankt, welchen Namen sie ihrem Sohne
geben sollten und hatten sich dann aus dem Offian, ihrem gemeinsamen Lieblings=
dichter, für den Namen „Oscar" entschieden.
Anmerkung des Herausgebers.

von mir verlangst, Josephine, muß es denn auch wirklich sein, und giebt es keinen anderen Ausweg?"

„Nein Desirée, ich weiß keinen anderen."

Fast verzweifelnd stand die geängstigte Desirée da, dann raffte sie sich auf und sagte mit dem schwärmerischen Ausdruck ihrer Jugendzeit: „Nun wohlan, so will ich es thun, Du sagst, das Vaterland verlangt es von mir, ich werde versuchen, Bernadotte zu bekehren."

„So ist es recht, petite." erwiderte Josephine und schloß die tapfere kleine Frau in ihre Arme; „wir müssen Alle unser Bestes thun, um für Bonaparte zu wirken."

Sie wanderten dann weiter in den schönen Park hinaus und beriethen, was noch Alles zu thun sei. Dann schieden sie und Beide waren von den besten Hoffnungen erfüllt.

Und Desirée hielt ihr Wort, sie erfüllte ihr Versprechen und übte ihren ganzen Einfluß in obiger Richtung auf ihren Jean aus.

Als sich alle Generale bei der Ankunft um Napoleon versammelten und, ihm huldigend, seine Wohnung in der Rue de la Victoire betraten, wollte sich Bernadotte, obgleich er unter Napoleon's Commando gestanden hatte, allein zurückhalten. Aber Desirée bat solange, bis er sich, wenn auch nur in Civilkleidung, zu ihm begab.

Bei der Erwiderung dieses Besuches versuchte es Napoleon noch einmal, Bernadotte zu bestimmen, mit ihm gemeinsame Sache zu machen und äußerte dabei: „Ich möchte lieber in einem Walde leben, als in dieser Gesellschaft hier, die keine Sicherheit bietet," worauf Bernadotte lachend antwortete: „Aber was wollen Sie denn, welche Sicherheit fehlt Ihnen hier? Sie allein haben ja durch Ihre Brüder diese Verwirrung herbeiführen lassen." Es wäre beinah zu einer ernsten Entzweiung gekommen, hätte Napoleon nicht schließlich eingelenkt. Beide aber schieden sehr kühl von einander. Desirée's Zureden gelang es schließlich, Bernadotte zu dem Versprechen zu bewegen, sich der Bewegung fern zu halten, wenn er als Commandeur der Garden nicht von dem Directorium den Befehl erhielte, einzugreifen.

Nun, daß er diesen Befehl nicht erhielt, dafür sorgten schon Bonaparte und die Ereignisse des 18. Brumaire. Wie dieser Tag verlief, wie Napoleon aus dem Verlauf als erster Consul hervorging, haben wir aus der Schilderung in dem ersten Abschnitt dieses Buches gehört.

In eigenthümlicher Weise verlebten einige Mitglieder der bonapartischen Familie die bangen Abendstunden des 18. zum 19. Brumaire.

Die Mutter Letizia war an dem Abend mit Pauline und der Madame Permon in dem Theater Feydeau, wo „l'Auteur et son ménage" gegeben wurde. Plötzlich trat einer der Schauspieler vorn auf die Rampe der Bühne und rief dem Publikum zu: „Der General Bonaparte ist soeben in St. Cloud glücklich einem Attentat entronnen,' das die Vaterlandsverräther gegen ihn versucht haben."

Da wurden alle Anwesenden durch einen grellen Schrei erschreckt, der wie der eines Irrsinnigen klang. Es war Pauline, die ihn ausstieß. Mutter und Tochter fuhren schnell nach ihrem Hause in der Rue Chantereine, wo inzwischen die günstige Nachricht von Napoleon eingetroffen war, daß Alles geglückt sei.

Bernadotte's Verhalten kurz vor der Entscheidung des 18. Brumaire schildert ein Brief Joseph's an seinen Bruder Louis, dem wir die folgende Stelle entnehmen:

„Bernadotte ist mein Schwager. Ich habe die Partie zu Stande gebracht, ich bin Gevatter bei seinem Sohne und so liirt mit ihm, daß ich sein Interesse mit dem Napoleon's verknüpfen wollte, unter dem er in Italien gedient hat. Aber andererseits ist er ein Feind von Sieyès und mit den eifrigsten Mitgliedern der Manège und der 500 verbunden.

Um 5 Uhr Morgens am 18. Brumaire war Bernadotte bei mir und schlug mir vor, ihn zu Napoleon zu begleiten. Als wir am Ende der engen Allee ankamen, die auf den Hof von Napoleon's Wohnung führt, fanden wir den Platz von 30 Sergeantmajors der Garde nationale angefüllt, und viele Militärs standen dort herum. Bernadotte verließ mich bei diesem Anblick in brüsker Weise mit den Worten: ,Ich sehe genug und gehe fort; vielleicht bin ich bestimmt, Dich zu retten; denn es wird Euch nicht gelingen. Wenn es zum Schlimmsten kommt, wirst Du in mir stets einen Freund und Bruder finden.' In der folgenden Nacht hatte er dann eine Vereinigung mit einer großen Zahl von Mitgliedern des Rathes der 500, in der man den Plan eines festen Widerstandes gegen die beschlossenen Maßnahmen des Rathes der Alten faßte. Diese glaubten auf Augereau, Jourdan und am meisten auf Bernadotte rechnen zu können. Aber wie Du weißt, kam es anders." —

Soweit der Brief.

Und allerdings kam es anders. Napoleon verdankte diesen Erfolg in erster Linie seinem Glück, dann aber auch den Bemühungen der einzelnen Mitglieder seiner Familie, von der die Brüder Joseph und Lucien, sowie Josephine und Desirée die wichtigsten Rollen übernommen hatten; vielleicht gehörte der Schmerzensschrei Pauline's in dem Theater auch mit zu deren Rolle.

Sechstes Capitel.

Napoleon war nun durch die Ereignisse des 18./19. Brumaire erster Consul, das heißt fast unbeschränkter Herrscher Frankreichs geworden. Als ganz gefestigt zeigte sich aber die consularische Gewalt in dem Inneren Frankreichs noch nicht. Sie konnte nur durch einen dauerhaften Frieden, oder durch neue, von Napoleon errungene Siege consolidirt werden.

Schon damals nahm Bonaparte in seinen Maßnahmen die Stellung eines Dictators ein, der, den Grundsätzen der Revolution ein Ende machend, die Kirche wieder einsetzen wollte und mehr und mehr die Königsrolle zu spielen begann. Auch mit der republikanischen Einfachheit seiner Lebensweise war es jetzt vorbei. Während er damals mit Josephine in einer einfachen Equipage nach dem Luxembourgpalais fuhr, in dem das Directorium installirt war, wurde jetzt seine Uebersiedelung nach den Tuilerien in einem prachtvollen Aufzuge ausgeführt. Er nahm mit den beiden Mitconsuln, eigentlich mehr seinen ersten Ministern, in einer prachtvollen, reichvergoldeten Karosse Platz, sechs prächtig aufgeschirrte ungarische Schimmel, ein Geschenk des deutschen Kaisers, gingen davor und eine Escorte seiner Guiden ritt vor und hinter dem Wagen.

So hielt er am 19. Februar 1800 seinen feierlichen Einzug in die Tuilerien. Er konnte sich aber in dieser Stellung nur behaupten, wenn er, das Vertrauen Frankreichs rechtfertigend, durch neue Siege dem langen europäischen Kriege ein Ende machte und dem Lande die Stellung wiedergab, die es vor der Expedition nach Aegypten eingenommen hatte. Da nun die Friedensvorschläge scheiterten und selbst seine an den König von England und den deutschen Kaiser gerichteten Friedensbriefe keinen Erfolg hatten, der Feind von Neuem in starker Coalition an den Grenzen stand, blieb für den Consul nur die ultima ratio regis, der von ihm so sehnlichst herbeigewünschte

Der erste Consul ist abgereist, Frankreichs Gelübde geleiten ihn. Ihr werdet indeß die Feinde des Vaterlandes zügeln."

Napoleon aber hatte seinen Plan, über den St. Bernhard zu gehen, so geheim gehalten, daß alle Welt durch die von ihm am 6. Mai 1800 bei Dijon abgehaltene Heerschau getäuscht wurde. Von Dijon eilte er nach Lausanne, von wo aus er zwischen dem 16. und 20. Mai seine berühmte Uebersteigung des St. Bernhards aus- führte und sich dann, die Oesterreicher zurückdrängend, gegen Mailand wandte.

Es folgte am 6. Juni Lanne's Sieg bei Montebello und Napoleon selbst schlug am 14. Juni bei Marengo den österreichischen General so vollständig auf das Haupt, daß dieser um einen Waffen- stillstand bitten mußte, der auch am 16. Juni in Leoben abgeschlossen wurde. Da der General Moreau zu gleicher Zeit in Deutschland die Oesterreicher allerorts geschlagen hatte, so wurde auch dort ein Waffenstillstand geschlossen, von dem man den balbigen Frieden er- wartete.

Da die in den Friedenspräliminarien stipulirten Bedingungen aber nicht Englands Einverständniß fanden, so begann bald der Krieg von Neuem.

Der Kaiser von Oesterreich ernannte den Erzherzog Johann zum Feldherrn in Deutschland, aber auch dieser vermochte das Unheil nicht mehr abzuwenden, er wurde bei Hohenlinden am 3. December 1800 derartig geschlagen, daß er abermals um einen Waffenstillstand bitten mußte, der auch am 25. December zu Speier abgeschlossen wurde.

Diesem folgte später, am 9. Februar 1801, der Frieden zu Luné- ville, in dem Frankreich durch Joseph Bonaparte unter Assistenz Talleyrand's, Oesterreich aber durch Graf Cobenzl vertreten war. Durch diesen Frieden gingen 1200 Quadratmeilen Deutschland verloren.

Frankreich nahm jetzt eine so dominirende Stellung in Europa ein, wie noch nie zuvor, und Napoleon hatte vollständig das von dem französischen Volke in ihn gesetzte Vertrauen gerechtfertigt. Er stand nun so sicher, daß er die Hand nach der Alleinherrschaft aus- strecken konnte. Ueberall auf dem Continent herrschte Frieden, nur allein Englands Macht vermochte der Allesüberwinder nicht zu brechen. Es behielt die Herrschaft auf dem Meere, die französische Colonialmacht war vernichtet und Malta sowie Aegypten Frankreich verloren gegangen. Dieser Verlust diente zu Bonaparte's größtem Kummer, Aegypten war dahin, und damit der Grundstein, auf dem er bereinst sein erträumtes Weltreich aufbauen wollte.

War nun für Frankreich nach außen hin der Friede hergestellt, so herrschte dagegen im Inneren noch der Bürgerkrieg und die Bendée befand sich im hellsten Aufruhr.

Um diesen Aufstand zu beenden, wurde der General Bernadotte im März 1801 nach der Bendée gesandt. Der erste Consul hegte gegen diesen Mann, trotzdem er ihn bei dem Staatsstreich des 18. Brumaire, wenn auch nicht gerade unterstützt, so doch auch nicht geschadet hatte, noch immer sein altes Mißtrauen. Er war ihm trotz der Verwandtschaft zuwider und wegen seiner schlichten Grabheit unsympathisch. Napoleon fühlte recht gut, daß Bernadotte seiner Alleinherrschaft noch immer widerstrebe. Und darin täuschte er sich nicht. Der General fürchtete an ihm jene Autorität ohne Maß und Ziel, die sich Napoleon in all' den Kriegen angeeignet hatte. Diese Ansicht theilte er mit Lucien, der, seinen persönlichen Ehrgeiz mit dem Eifer des Staatsmannes verwechselnd, auf die Napoleon geleisteten großen Dienste pochte. Nach dem 18. Brumaire war es Beider Wunsch, die Regierung zwei Consuln, und zwar einem für das Kriegswesen und die äußerlichen Angelegenheiten, dem zweiten für das Innere übertragen zu sehen. Diesen Posten hatte sich Lucien selbst zugedacht. Es bestand zwischen den Parteien ein lang dauernder Zwist, Lucien wollte keinen Oberen, Napoleon keinen Gleichen neben sich. Dieser Zwist führte sogar zu einem ernsten Zerwürfniß. Es kam hinzu, daß Napoleon durch den Polizeiminister Kenntniß von der Libertinage und Verschwendungssucht seines Bruders erhalten hatte und machte diesem darüber eines Tages die ernstesten Vorwürfe. Der jähzornige Lucien wurde hierbei so erregt, daß er Napoleon sein Ministerportefeuille vor die Füße warf und von krasser Undankbarkeit zu sprechen wagte, worauf der erste Consul die Wache herbeiholte und ihr zurief: „Entfernt mir diesen Bürger, der sich gegen den ersten Consul vergeht!"

Das half denn einige Zeit und Lucien schien den status quo anzuerkennen.

Anders verhielt es sich mit Bernadotte, der, in seinem Inneren noch immer der reine Republikaner, sich nur durch die Gewalt der Verhältnisse gezwungen, Napoleon's Alleinherrschaft beugte. Das er-

12*

kannte der erste Consul sehr wohl und suchte daher bei jeder Gelegen=
heit den ihm unsympathischen und doch Desirée's wegen zu schonenden
Mann von seiner Person fernzuhalten. Er unterschätzte dabei nicht
Bernadotte's staatsmännische Eigenschaften und versprach sich von seinen
Leistungen in der Vendée das Beste. Napoleon's über den General
in einem Briefe an Berthier ausgesprochenes Urtheil lautete damals:

„Bernadotte qui la veille avait voulu se battre en duel avec
moi, lorsque je lui eus fait part de mes projets est resté dans la
Vendée.

Je fis parler à lui, que je savais être fort aimé des troupes.
On lui promit de ma part des honneurs et des richesses. Il aime
l'agréable et·l'utile. Je fus souvent obligé de le ménager, parce
qu'il est, comme tu sais, le mari de ma chère Eugénie. Dans ce
reprochement je ne consultai que mes intérêts du moment et je
résolus de profiter de la première occasion, de l'éloigner de moi à
tout prix."

So erhielt denn Bernadotte sein Commando und wurde dadurch
von seiner Desirée und seinem kleinen Knaben Oscar räumlich getrennt.

Doch wir müssen, ehe wir zu ihm und Desirée zurückkehren, erst
einmal die Ereignisse beleuchten, die sich nach Napoleon's Rückkehr in
der Familie Bonaparte abspielten.

Siebentes Capitel.

Madame Josephine hatte damals mit ängstlicher Spannung der
Ankunft Napoleon's entgegengesehen und, fürwahr, ihre Besorgnisse
waren nicht ungerechtfertigt. Sie hatte zwar durch ihre Bemühungen
bei den Gewalthabern für Napoleon's Zukunft in etwas ihre ehe=
lichen Versündigungen wieder gut zu machen gewußt, aber sie kannte
auch ihres Gatten Ansichten über derartige Vergehen und seinen Zäh=
zorn. Sie ahnte, mit welchen Namen die Verwandten sie bei
ihrem Gatten bezeichnet hatten und wie sie von ihnen angeschwärzt sei.
Da mußte sie auf recht unangenehme Eventualitäten gefaßt sein. Ihr
Gewissen war auch wirklich nicht rein, sie hatte es während der Zeit, da
Napoleon in dem fernen Lande kämpfte, vergessen, daß sie durch die

heiligen Bande der Ehe mit ihm verknüpft sei, sie machte es wie so manche ihrer alten Freundinnen, z. B. die Lannes, und — ging ihrem Vergnügen nach, wo und wie sie nur konnte.

Sie fehlte auf keinem Ball, auf keinem Feste und war stets von einem dichten Schwarm ihrer alten und neuen Verehrer umgeben. Da sie nun in dem Alter war, in dem die Zeit der Liebe bald zur Reige geht, wollte sie Keinen zurückstoßen.

Besonders war es, wie wir gesehen haben, der Herr Lieutenant Charles Botot, den sie bevorzugte, ohne jedoch dabei die Anderen unberücksichtigt zu lassen.

Es herrschte in jenen Jahren in Paris eine ganz tolle Libertinage und eine so laxe Anschauung der Sitten, daß sie noch die Zeit eines Ludwig XV. übertraf. Was würde ein Rousseau dazu gesagt haben, wenn er diese Früchte seiner erträumten, republikanischen Sittenreinheit hätte mit ansehen können? Es war ja nicht etwa Frau Josephine allein, die sich diesem Leben einer freien Liebe hingab, fast alle die damals tonangebenden, geistreichen Frauen machten es ebenso. Da war die Tallien mit ihrem Barras und ihrem Gefolge von anderen Günstlingen, die Mailly de Chateaurenault, die Navailles, die berüchtigten Visconti und Hamelin, die Permon und so manche Andere, ja selbst die schöne Frau Recamier machte keine Ausnahme, wenn sie die Feste im Luxembourg bei Herrn Barras besuchte. Auch die berühmte Frau von Staël ließ sich nicht durch die Krankheit ihres Gatten abhalten, sich mit Benjamin Constant zu amüsiren, obgleich sie diesem Verhältniß ein platonisches Mäntelchen umzuhängen wußte. Daß auch das Leben einzelner Schwestern Bonaparte's nicht einwandsfrei war, läßt sich bei deren liebebedürftigen Herzen annehmen und die Salons der Madame Permon dienten oft als Schauplatz ihrer geheimen Neigungen. Das hinderte sie jedoch nicht, Josephine bei Napoleon anzuschwärzen und namentlich war es Pauline (obgleich sie sich doch mit ihrem so oft von ihr betrogenen Paschal Baciochi wahrlich als keinen Tugendspiegel betrachten konnte), die das Leben „der alten Haut", wie sie ihre Schwägerin nach wie vor nannte, ihrem Bruder bekannt zu geben wußte. — Eine Ausnahme von all' diesen Frauen machte nur das Schwesterpaar Julie und Desirée, an deren Lebenswandel sich nicht einmal die Verläumdung heranwagte.

Josephine hatte in den letzten Monaten vor Napoleon's Eintreffen nur hier und da einmal einen kurzen Brief von ihrem Gatten erhalten, war aber oft wegen ihres Lebenswandels von ihrem Schwager Joseph getadelt worden. Joseph schilderte ihr seines Bruders Kummer über die ihm zu Ohren gekommenen Gerüchte und sagte ihr, wie sehr sein Stolz und seine Eifersucht darunter litten. Das veranlaßte sie zum Nachdenken über sich selbst, sie schloß sich in enger Freundschaft an die, in jeder Beziehung einwurfsfreie Frau des Präsidenten Gohier an, wodurch sie Napoleon in etwas zu versöhnen hoffte. So war die Situation, als sie ihren Gatten in dem Stadthause in der Rue de la Victoire empfing.

Sie eilte ihm mit erhobenen Armen entgegen, er aber wehrte sie kühl und schroff von sich ab und fuhr sie an: „Lassen Sie das, Madame — Ihr Lebenswandel während meiner Abwesenheit war ein skandalöser, so arg, daß ich die Ehe zwischen uns auflösen würde, wenn ich nicht das Urtheil der Welt und das Hohnlächeln meiner Verwandten zu scheuen hätte.“ Da fiel Josephine ihm zu Füßen und flehte mit in Thränen schwimmenden Augen zu ihm auf. „Entscheiden Sie über mich und verstoßen Sie mich, ich habe gefehlt, aber ich bereue es tief. Machen Sie mit mir, was sie wollen, nur Eins bitte ich, schicken Sie mich nicht nach Martinique zu meinen Verwandten zurück. — O lassen Sie mich hier bleiben, — ich kann ja nicht leben, ohne Sie bisweilen zu sehen. — Denn Napoleon — ich liebe Sie, trotz alledem liebe ich Sie über Alles — Sie aber lieben mich nicht, ja, Sie haben mich nie geliebt.“

Napoleon's Züge hatten sich bei ihren Worten verändert, die schroffe Strenge war daraus verschwunden, ja sie nahmen bei dem Anblick ihrer in dem Schmerz so rührenden Schönheit einen beinah zärtlichen Ausdruck an.

Er legte seine rechte Hand auf ihren Scheitel und sagte: „Je ne vous aime pas? Et qui donc vous soutiendrait contre toute ma famille? Vous n'avez pour vous que Caroline et Eugénie, le jour où celle vous témoigna l'amitié, qu'elle vous conserve, je lui fis présent d'un collier, que je vous avais destiné. Eh bien, je vous pardonnerai, oublions le passé!“ — und er hob sie auf und schloß sie in seine Arme.

In diesem Augenblick stürzte die bildschöne Hortense herein, Napoleon musterte sie einen Augenblick, dann riß er sie, von ihrem Liebreiz entzückt, an seine Brust und überschüttete sie mit seinen Liebkosungen. — Der Friede war geschlossen. Napoleon mußte bei

Glück zu begründen. Karoline befand sich damals in der höchsten Blüthe ihrer Schönheit und ihre Anmuth sowohl wie ihre geistreiche Unterhaltung bezauberten alle Welt. Was ihr Aeußeres anbelangt, so übertraf sie darin beinah noch Pauline, die bis dahin als die schönste von Napoleon's Schwestern gegolten hatte. Ihre Formen waren zwar in den Jahren etwas üppig geworden, aber dieser Reiz hat ja auch seine Liebhaber, und man konnte sich nichts Anmuthigeres denken, als ihren weißen Teint, die schönen Schultern und ihre kleinen Hände und Füße. — Zwischen ihr und dem General Murat bestand schon lange ein Liebesverhältniß, dem aber der erste Consul nicht seine Zustimmung geben wollte. Murat's Abstammung, als Sohn eines Gastwirthes zu Bastide in der Nähe Cahors, erschien Napoleon trotz Murat's großer persönlicher Verdienste für einen Gemahl seiner Schwester nicht mehr vornehm genug. Murat hatte bereits in Rom Karoline's Bekanntschaft gemacht, als diese sich dort zum Besuch ihres Bruders Joseph, des damaligen Gesandten bei dem päpstlichen Stuhle, auf= hielt. Er faßte schon damals eine innige Neigung zu ihr, die von dem schönen Mädchen auf das zärtlichste erwidert wurde. Als er dann im April 1796 die in der Schlacht bei Mondovi erbeuteten Fahnen nach Paris brachte, erneuerte er in dem Hause der Madame Tallien seine Beziehungen zu ihr und mußte auch Frau Josephine so für sich einzunehmen, daß diese später während ihres Aufenthaltes in Mailand die Beschützerin dieses Liebesbundes wurde.

Murat hielt zu Ende des Jahres 1799 die Zeit für gekommen, abermals bei dem ersten Consul um die Hand seiner Schwester an= zuhalten, fand aber bei Napoleon wieder nicht die Aufnahme, wie er sie für seine ihm in den Tagen des 18./19. Brumaire geleisteten Dienste glaubte erwarten zu dürfen. Der erste Consul wies seinen Antrag nicht gerade ab, wollte aber von einer sofortigen Verlobung Nichts wissen und vertröstete ihn auf die Zukunft.

Murat eilte entrüstet zu seiner Gönnerin Josephine, und Karoline citirte aus Genua ihre Freundin Desirée zur Hülfe herbei. Man rüstete sich zu einem gemeinschaftlichen Appell, um Napoleon umzustimmen. Außerdem war auch Pauline Leclerc Theilnehmerin an dem Complot und als letzte Reserve sollten sich Hortense und Eugène Beauharnais den Bittenden anschließen.

Die Verschworenen sammelten sich im Luxembourg in dem Salon der Frau ersten Consulin und ließen sich dann bei dem sich in seinem

Besonders mußte sein Augenmerk auf die Neuschaffung einer Gesell=
schaft, das heißt einer Gesellschaft von gebildeten Leuten gerichtet sein,
denn solche erschien ihm als geeignetstes Mittel zur Erreichung seiner Pläne.
Wußte er doch, daß durch die Sitte verfeinerte Menschen leichter zu re=
gieren sind, als die rohen Proletarier, die mit ihrer Brutalität während der
Schreckenszeit das Scepter geführt hatten. Er begünstigte deßhalb auch wo
er nur konnte die Bälle und Tanzfeste und verstand es, auch die Offiziere
seiner Armee zu veranlassen, die Salons aufzusuchen. Er hatte es ja
an sich selbst empfunden, daß die Manieren der Männer nirgends mehr
gebessert und abgeschliffen werden, als durch die Gegenwart und Er=
ziehung schöner geistreicher Frauen, an denen in dem Paris der damaligen
Zeit wahrlich kein Mangel war. Zwar begegneten sowohl die an das
Lagerleben gewöhnten Offiziere, als auch die durch allerhand schmutzige
Geschäfte während der Revolution reich gewordenen Finanzgenies, die
sich in die „Gesellschaft" eingeschlichen hatten, anfangs allen diesen Ver=
feinerungen und Formen einer guten Sitte mit dem größten Unbehagen.
Bald aber besserten sich die rohen Manieren, die Formlosigkeit verschwand
mehr und mehr, und es galt bald nicht mehr für chic, sich rüpelhaft
und unmanierlich zu zeigen. Diese Besserung der Sitten war den schönen
Frauen zu verdanken, und als ihre Helfer dienten die zurückgekehrten
Emigrés, die es verstanden, den altfranzösischen guten Ton wieder zur
Geltung zu bringen. So stellte sich denn mit der Zeit Alles wieder
ein, die schmutzige Wäsche, die verlodderten Costüme und die Lust an
rübem Wesen verschwanden immer mehr, und bald fanden nur noch
die wüthendsten Jacobiner Etwas daran auszusetzen, daß der Citoyen
So wie So als livrirter Bedienter hinten auf dem Wagen des Citoyens
Der und Der stand. — Das Wiederaufleben des Handelsverkehrs und
in Folge dessen der Industrie bildete einen weiteren Grund des Ge=
fallens an dem Wohlleben und an den Vergnügungen. Ja, es be=
mächtigte sich der Pariser ein wahrhafter Vergnügungstaumel. War
es doch, als wollte die so lange Zeit unterdrückte Vergnügungssucht
nun endlich einmal wieder heraus und zu ihrem Rechte kommen. Es
herrschte nach so langer Zeit endlich einmal wieder eine staatliche
Sicherheit, die starke Hand Napoleon's führte die Zügel der Re=
gierung. Nun war die Zeit, wenn auch einer strengen, Ord=
nung nach all' den Leiden der politischen Spaltungen und diesem
ewigen Wechsel in der Regierungsgewalt gekommen. Und das
Alles war einem Manne, dem ersten Consul Napoleon Bonaparte

zu verdanken. Die Bürger von Paris liebten ihren gestrengen Herrn nicht gerade, aber sie sahen in ihm den Retter aus dem Schauder der Revolution und glaubten auch, daß er über kurz oder lang das Königthum wieder herstellen würde. Auch die Frau Consulin Josephine erfüllte jetzt gewissenhaft die Pflichten als erste Frau Frankreichs; sie hatte ja viel wieder gut zu machen, aber wie Napoleon ihr ver-

Eine Theegesellschaft in Paris oder der gute Ton zu Anfang des XIX. Jahrhunderts.
Gezeichnet von H. S. Harriet, gestochen von A. Godefroy.

ziehen hatte, so erkannte auch bald das französische Volk ihre Verdienste. Sie half der Armuth steuern, wo und wie sie nur konnte und be= günstigte namentlich die aus der Ferne zurückgekehrten Emigranten= familien. So wurde sie bald für die Armen und Schwachen die „Vorsehung Frankreichs" und man freute sich der bekannt ge= wordenen Aeußerung Napoleon's: „Si je gagne les batailles, c'est vous, qui gagnez les cœurs."

Trotz des aufblühenden Wohlstandes der Nation gährte und wühlte es aber nach wie vor unter der Asche und die „blutigen Jacobiner" fowie die enragirteſten Royaliſten waren es beſonders, die immer von Neuem Verſchwörungen gegen den erſten Conſul anzettelten. Die Bourbons hatten bereits kurz nach dem 18. Brumaire einen abermaligen Verſuch gemacht, mit Bonaparte in Verhandlung zu treten.

Auf welche Weiſe das geſchah, ſchildert am Beſten der folgende Auszug aus dem Privatbrief eines engliſchen Augenzeugen an eine Freundin. *)

Ma chère,

Le sieur Hyde, le même, qui est actuellement, je crois, président de la chambre des députés et un autre, nommé Daudigné, vieil officier vendéen et chef des Royalistes, qui étaient à Paris furent présentés à Napoléon à 11 heures de la nuit du dix-huitième dans un petit appartement du Luxembourg. Le but de ces deux agens du comte d'Artois était, de proposer à Napoléon de l'assister de tous les Vendéens et du parti royaliste, s'il voulait entrer en arrangement avec eux et de son côté le but de Napoléon ètait de chercher à les gagner et de découvrir les différentes ramifications de leur parti. Ni l'un, ni l'autre ne réussirent. „J'oublie le passé," disait Napoléon, „et j'ouvre un vaste champ à l'avenir. Quiconque marchera droit devant lui sera protégé sans distinction; quiconque s'écartera à droite on à gauche serra frappé de la foudre. Laissez à tous les Vendéens qui veulent se ranger sous le gouvernement national et se placer sous ma protection, suivre la grande route qui leur est tracée, car un gouvernement protégé par des étrangers ne sera jamais accepté par la nation française." etc. etc.

Quelques mois après les Bourbons firent une nouvelle tentative. Le comte de Lille, maintenant nommé Louis XVIII, écrivit de sa propre main une lettre à Napoléon et la remit à l'abbé des Montesquiou. Cet abbé la donna au consul Lebrun, qui la rémit à Napoléon. Elle était conçue ainsi:

„Vous tardez bien à me rendre mon trône. Vous perdez une occasion précieuse, que vous ne retrouverez plus. Sans moi, vous ne pourriez jamais rendre la France heureuse, mais sans vous je ne puis conserver sa gloire. Choisissez votre rang, soyez

_____

*) Es iſt dieſer Brief der zweite aus der Sammlung des Miſter Hood an die Baroneſſe G., den ich aus der mir zur Verfügung ſtehenden Anzahl hier anführe. Der erſte behandelte die Belagerung Toulons in dem erſten Abſchnitt.

Anmerkung des Herausgebers.

assuré de tout ce que vous désirez pour vos amis, je ratifierai tout ce que vous ferez."

Le lendemain matin, Napoléon envoya à Louis la réponse suivante par le même canal:

„J'ai reçu votre lettre et vous remercie des expressions flatteuses, qu'elle contient pour moi, mais ni vous, ni aucun prince de votre famille, ne devrait jamais désirer de rentrer en France, et pour le faire vous devriez fouler aux pieds les cadavres de 500 mille Français. Je suis sensible aux grands malheurs de votre famille et je ferai tout ce qui est de mon pouvoir pour assurer votre retraite et votre tranquillité." —

Après ceci, ma chère, je ne crois pas que les Bourbons aient fait d'autres tentatives près de Napoléon pour le rendre favorable à leurs vues. On a parlé d'une démarche faite par un agent prussien près du comte de Lille, pour l'engager à abdiquer ses droits en faveur de Napoléon, ce qui donna lieu à une déclaration des princes de la maison de Bourbon. On m'a assuré que cette démarche n'avait jamais été autorisée par le gouvernement français, et que loin de là le gouvernement n'aurait pas reçu leur renonciation, s'ils l'avaient envoyée comme étant contraire à tous les principes de la souveraineté du peuple, sur lesquels la république était fondée, mais que le cabinet de Berlin ayant demandé un secours d'argent pour les princes de la maison de Bourbon, qui étaient alors à Varsovie ou à Memel on répondit vaguement, que la nation française ne regretterait pas un sacrifice pécuniaire, pourvu que les princes de cette maison vécussent tranquilles et s'abstinssent de susciter des désordres dans le pays, désordres qui n'aboutissaient à rien d'essentiel pour leur cause, et qui compromettaient la tranquillité de quelques voyageurs et de quelques propriétaires de domaines nationaux etc. etc.

Agréez ma chère etc.

Hood.

(In der Ueberſetzung.)

Meine Liebe!

Derſelbe Herr Hyde, der, wie ich glaube, Präſident der Deputirtenkammer iſt, und ein Anderer Namens Daubigné, ein alter Offizier aus der Vendée und Chef der Royaliſten, wurden Nachts 11 Uhr nach dem 18. Brumaire Napoleon in einem kleinen Cabinet des Luxembourg vorgestellt. Der Zweck dieser beiden Agenten des Grafen Artois war, Napoleon vorzuschlagen, der Partei der Vendéer und der royalistischen Partei beizustehen. Napoleon's Absicht aber war, diese Leute zu gewinnen, um durch sie die verschiedenen Verzweigungen des Aufstandes zu erfahren.

Weder das Eine noch das Andere gelang. Napoleon erwiderte ihnen: „Ich will das Vergangene vergessen und ihnen ein weites Feld für die Zukunft eröffnen. Jeder Rechthandelnde wird von mir ohne Unterschied begünstigt werden; Jeder aber, der vom rechten Wege abgeht, soll zu Staub zermalmt werden.

Lassen Sie alle Vendéer, die sich unter die nationale Regierung fügen und sich unter meinen Schutz stellen wollen, ruhig ihren Weg gehen, denn eine von Fremden begünstigte Regierung wird nie durch die französische Nation angenommen werden." 2c. 2c.

Die Bourbons machten dann einige Monate später einen neuen Versuch. Der Graf von Lille, der sich jetzt Louis XVIII. nennt, schrieb einen eigenhändigen Brief an Napoleon und sandte ihn an den Abbé von Montesquieu. Dieser gab ihn dem Consul Lebrun, der ihn wieder Napoleon zustellte. Dieser Brief lautete: „Sie zögern lange, um mir meinen Thron wiederzugeben. Sie verlieren dadurch eine kostbare Gelegenheit, die nicht so leicht wiederkehren dürfte. Ohne mich können Sie niemals Frankreich glücklich machen, aber ohne Sie kann ich nicht dessen Ruhm bewahren.

Wählen Sie selbst den Ihnen zustehenden Rang und seien Sie versichert, daß ich Alles, was Sie für sich und Ihre Freunde wünschen, bestätigen werde."

An dem nächsten Morgen sandte Napoleon auf demselben Wege folgende Antwort zurück:

„Ich habe Ihren Brief erhalten und danke Ihnen für die schmeichelhaften Ausdrücke, die er für mich enthält, aber — weder Sie, noch ein anderer Prinz Ihres Hauses kann jemals verlangen, nach Frankreich zurückzukehren, denn um es zu können, müßten sie über 500 000 Franzosenleichen schreiten. Ich empfinde recht gut das große Unglück Ihres Hauses und werde thun, was in meiner Macht steht, um Ihnen eine Pension zu sichern, aber — 2c.

Neuntes Capitel.

In dem October des Jahres VIII (1800) (Vendémiair=Brumaire) kam Desirée abermals mit dem ersten Consul zusammen und zwar auf einem Feste, das der zweite Consul Cambacérès*) in seinem schönen Hotel am Carousselplatz (dem früheren Elboeuf'schen Palais) zu Ehren Bonaparte's gab.

Desirée brachte, während ihr Gemahl noch immer in Nantes weilte, die Zeit theils bei ihm, theils in Genua bei ihrer, immer noch leidenden Mutter zu und kehrte Anfang October nach Paris in ihr Hotel in der Rue Cisalpine zurück.

Die drei Consuln
Medaille in Silber nach Gatteaux
(Jahr VIII).

Die Nachrichten ihres Gemahls über die Unterdrückung des Aufstandes in der Vendée lauteten ja im Allgemeinen günstig. Es hatte dort seit dem am 18. Februar abgeschlossenen Frieden zu Montfaucon keine größere Erhebung stattgefunden, aber es gährte noch immer unter der Asche und Bernabotte hatte Eugenie in einem seiner letzten Briefe erst wieder von einer Verschwörung einiger Tollköpfe geschrieben, aus deren Papieren hervorgegangen sei, daß sie ein Attentat gegen den ersten Consul beabsichtigten. Zwar sei die Bande aufgehoben, zwei Verbrechern aber gelungen zu entspringen und er habe darüber bereits an die Regierung berichtet. Desirée wurde durch diese Stelle in dem Briefe besonders erregt und fuhr eiligst nach Paris, um den ersten Consul noch besonders zu warnen. Sie fand, in ihrem Hotel angekommen, die Einladung Cambacérès' zu einem

---

*) Cambacérès hatte mit zu der Verurtheilung Ludwig's XVI. beigetragen, wurde dann Präsident des Convents und des Wohlfahrtsausschusses, hatte sich aber an dem 18. Brumaire nicht betheiligt. Es kostete Napoleon zuerst viele Mühe, den starren Revolutionär für sich zu gewinnen, er köderte ihn aber durch Geld und Ehrenbezeugungen und machte ihn später zum Herzog von Parma. Cambacérès war einer der Verfasser des Code Napoléon, was ihn berühmt machte.

Anmerkung des Herausgebers.

dem Vergnügen des Tanzes hingab. Es war bisher nur eine Française getanzt, an die sich noch zwei andere Tänze anschließen sollten.
Dann sollten nach dem Programm des Abends die Gesangvorträge
mehrerer berühmter Sänger stattfinden, unter denen auch der große
G a r a t genannt wurde, und schließlich würde Cambacérès seine
große Rede auf den ersten Consul halten, worauf das Souper stattfinden sollte.

Wenden wir uns nun zu der G e s e l l s c h a f t selbst, in der „tout
Paris" vertreten war, erste, gute und schlechte Gesellschaft, alles bunt
durch einander. Da waren die sogenannten „M e r v e i l l e u s e n," schöne,
geistreiche Frauen von modernstem Chic, die Jedermann kannte; dort
die Damen aus den Faubourgs Saint-Germain, Honoré und der
Chaussée d'Antin, bekannt wegen des Reichthums ihrer Männer und
der Kühnheit ihres loceren Lebenswandels. Unter ihnen die schöne
Recamier, die Gattin eines reichen, ehemaligen Hutmachers, eine Frau
von solchem Liebreiz, daß sie nicht die Straße betreten konnte, ohne
von einer Schaar bewundernder Männer umgeben zu werden, die sie an-
schauend riefen: „O wie schön, wie schön ist sie!" — Da war denn
auch natürlich Frau Tallien, der wir schon mehrfach begegneten, in
einer hypermodernen Toilette; da plauderte in ihrer geistreichen Weise
in dem Kreise ihres Gefolges von ehemaligen Jacobinern und zurückgekehrten Emigrés Necker's Tochter, die berühmte Frau von Staël.
Da waren ferner jene „Incroyables", Vertreter von gestern und heute,
junge Narren, die selbst während der Revolutionszeit die Blüthen ge-
pflückt hatten, wo sie sie nur fanden. Da standen ferner Schriftsteller und
Journalisten und ließen sich die Cour machen, da ihr S t a n d allein sie
gefürchtet machte. Alle diese Parteien, an Kleidung, Manieren und Kennt-
nissen so verschieden von einander, wie der Tag von der Nacht, schienen
sich gut zu unterhalten. — Es hatte ja bisher keine Trennung der
S t ä n d e wieder stattgefunden und so fand sich auch an dem Abend
Alles zusammen. Es gab da bekannte Namen von „Einst", deren
Träger sich durch einfache Kleidung, gute Manieren und den Ton des
ancien régime bemerklich machten, im Gegensatz zu ihnen gezähmte
Jacobiner, die es zum ersten Mal seit langer Zeit wagten, w e i ß e
Wäsche zu zeigen, und dann diese Incroyables in ihren gesuchten, oft
geradezu bizarren Costümen mit ihren rothen Halstüchern à la guillotine,
in denen ihr Kinn bis über die Ohren versank.

An Damen gab es da noch die bereits aus der Zeit des Direc-

leyrand's jüngeren Bruder), de Montbreton, de Montagu, de l'Aigle*), de Montrond, die Brüder Annisson, Dupaty, Lafitte, den Prince de Pois*) anführen wollen. Alles das wogte in buntem Wechsel durch die Säle, mit den Damen flirtend und liebend, kosend und scherzend, und wie es gerade kam, auch manchmal einem Bekannten eine malitiöse Bemerkung in das Ohr flüsternd. Alle aber sahen mit Spannung nach der einen Flügelthür des großen Saales, von wo der Eintritt des ersten Consuls mit seiner Begleitung erwartet wurde.

Ein Element fehlte aber noch in den Festsälen, das waren die meisten Offiziere, die erst mit dem ersten Consul zu erscheinen pflegten. Sie waren zum größten Theil die gewandtesten und besten Tänzer und pflegten auf einem Ball die Hauptrolle zu spielen.

Es gab auch damals in der Klasse der Offiziere die größten Contraste, was in einem, auf der Gewalt der Bajonette erbauten Staatswesen, wie es doch die Consularherrschaft jener Zeit war, besonders auffallen mußte. Die Armee mußte ja natürlich eine bevorzugte Klasse in der Gesellschaft einnehmen.

Das Offiziercorps zerfiel in zwei Parteien, und zwar in die jener Offiziere von kriegerischem Verdienst, die Bonaparte geholfen hatten, seine Schlachten zu gewinnen, durch deren Opfermuth die wunderbarsten Triumphe erzielt waren und die — der sogenannten „beaux", die gewissermaßen die Früchte einheimsten, die Erstere durch Hingabe ihres Lebens in den heißen Gefechten erworben hatten. Schon in dem Aeußeren dieser beiden Offiziersklassen sprach sich ein großer Unterschied aus. Die beaux, meist Herrchen aus reichen Familien, trieben in ihren Uniformen eine große Eleganz und gestatteten sich darin phantastische Abweichungen von dem, durch Napoleon eingeführten Bekleidungsreglement, wie es ihnen ihr Geld erlaubte. Sie waren gewissermaßen die militärischen Gigerln damaliger Zeit. Sie trugen goldene Sporen, silberne Säbelscheiden, parfümirte Haarfrisuren, genug, erlaubten sich so Mancherlei, wodurch sie glaubten, die Adonisirung ihrer schönen Person herbeiführen zu können. Da nun das Geld, das Vermögen dem Menschen leicht eine gewisse Selbständigkeit und in Folge dessen ein sicheres, freieres Auftreten verleiht, so unterschieden

---

*) Siehe desselben Verfassers die „Memoiren der Baronesse Cécile de Courtot". Bei Schmidt & Günther in Leipzig erschienen.
Anmerkung des Herausgebers.

während Cambacérès Frau Josephine führte. Ihnen folgten Lucien mit seiner Schwester Elise, der General Leclerc mit seiner schönen Frau Pauline, ferner Murat mit Karoline und alle die Anderen. Joseph aber, der sich von seinem Gesandtschafts posten auf Urlaub in Paris befand, ging zwischen Desirée und seiner, etwas leidend aussehenden Frau Julie.

Hinter der Familie Bonaparte folgten alle die berühmten Generale aus den Feldzügen Napoleon's; da waren Augereau*), Davoust**), St. Cyr, Lannes***) mit seiner schönen Frau geb. Guemené, Marmont†), Ney††), Junot†††) mit Fräulein Laura Permon, Bessières‡), Duroc‡‡), der Treueste der Treuen, ein schöner Mann mit feurigen Augen, der tapfere Oudinot‡‡‡), ferner von den Ministern Talleyrand‡‡‡‡), schlank, blaß, mit stechenden Augen und einem Klumpfuß, Fouché, mit seinem hinterlistigen Blick, sowie alle die anderen Würdenträger von des ersten Consuls Gnaden.

So schritten sie durch die sich tief verneigende Gesellschaft zu dem Hautpas, in dessen Mitte der erste Consul mit den Seinen, umgeben von den Generalen, Platz nahm.

Napoleon trug an dem Abend ausnahmsweise die Consulsuniform, einen scharlachrothen Leibrock ohne Revers mit einer bunten Stickerei von goldenen Palmen auf allen Nähten, den er wohl Cambacérès zu Ehren angelegt hatte. Es hieß, daß er sich dieses Kleidungsstück nach einer, bei seinem Bruder Joseph in Mortefontaine aufgefundenen, früheren königlichen Consulsuniform habe anfertigen lassen. Die Generale prangten dagegen in ihren reichgestickten Uniformen, unter denen sich wie gewöhnlich Murat durch besondere Pracht hervorthat. Er trug an dem Abend eine weiße, etwas phantastische Uniform, auf deren goldgestickten Kragen seine langen, gebrannten Haare in dunklen Locken niederhingen und deren Knöpfe funkelnde Diamanten bildeten. —

---

*) Später Herzog von Castiglione.
**) Herzog von Auerstädt und Fürst von Eckmühl. Gemahl von Aimée Leclerc.
***) Der spätere Herzog von Montebello.
†) Der spätere Herzog von Ragusa.
††) Der spätere Fürst v. d. Moskwa.
†††) Der spätere Herzog von Abrantes.
‡) Der spätere Herzog von Istrien.
‡‡) Der spätere Herzog von Friaul.
‡‡‡) Der spätere Herzog von Reggio.
‡‡‡‡) Der spätere Herzog von Benevent.

Er nahm dann seinen Platz wieder ein, und es begannen einige
musikalische Vorträge. Ein sogenanntes Clavierpianino wurde geöffnet,
ein Künstler nahm davor Platz und es folgten mehrere Gesangsvorträge.
Zuerst trug ein Sänger vom Théâtre français, der berühmte Garat,
ein Lied von Boufflers vor, hierauf folgten eine längere pièce aus
Haydn's Schöpfung, dann ein Solo des ersten Tenors der Opéra
comique, ein Lied von Delayrac, und so nahm dieses Concert wohl
eine Stunde in Anspruch. Napoleon folgte mit Interesse den einzelnen
Vorträgen und applaudirte besonders dem Sänger Garat, da ein von
diesem vorgetragene Chanson seinem persönlichen Geschmack entsprach.

Nach Beendigung der musikalischen Unterhaltung schritt die Ge=
sellschaft in den großen Eßsaal und der erste Consul wurde von Camba=
cérès zu einer, nur für die Familie Bonaparte und die ersten Würden=
träger bestimmten Festtafel geleitet. Die übrige Gesellschaft soupirte an
kleinen Tischen und sprach den auserlesenen Gerichten dreier großer
Büffets zu. Nach diesem Souper kam denn endlich die Jugend zu
ihrem Recht, der Tanz begann von Neuem, der bis in die zweite
Morgenstunde währte.

Zwar wurden meist nur Françaisen und Contretänze getanzt,
aber dabei blieb es nicht allein, denn die „beaux" hatten die englischen
Hoptänze und schottischen Reals in die Mode gebracht und hin und
wieder erklang sogar von dem Orchester her die wiegende Weise eines
deutschen Ländlers, wonach sich die Paare im lustigen Reigen drehten.
Wenn nach Napoleon's Aeußerung: „Man verliebt sein müsse, um
gern einen Rundtanz zu tanzen," so mußten diese schönen Frauen
und jungen Herren allerdings sehr verliebt sein — und das waren
sie auch.

Napoleon sah dem bunten Treiben zu, seine Gedanken schienen
aber nicht ganz bei der Sache zu sein und seine Marmorstirn war
umwölkt. Er stand mit untergeschlagenen Armen da und mochte viel=
leicht daran denken, wie die Menschen doch so schnell zu vergessen
pflegen und wie die soeben erst überstandenen Jahre der blutigen
Schreckenszeit kaum eine Veränderung in dem Leben dieser Gesell=
schaftsklasse hervorgerufen hatten. Das Bild eines solchen Balles konnte
unter König Ludwig XV. kaum fesselloser gewesen sein, als das heu=
tige. Desirée glaubte, sein Alleinstehen benutzen zu müssen, um
endlich ihre Warnung bei ihm anzubringen und ihrer Angst um
das Wohl des großen Mannes Ausdruck zu geben. Sie näherte sich

Des Consuls Augen ruhten bei ihren Worten mit innigem Aus=
druck auf der schönen Frau, deren geröthete Augen und ängstliche
Miene ihm zeigten, wie sorgend sie seiner gedachte. Er legte seine
Hand auf ihren schönen weißen Arm und sagte: „Ich danke Dir, petite,
Du liebe treue Freundin, für die Sorge, die Du Dir meinetwegen
machst, ich danke Dir, aber beruhige Dich über diese Angelegenheit.
Der Bericht Bernadotte's ist bereits eingegangen, Savary wird das
schon besorgen, bange Dich deßhalb nicht um mich, die Dolche der
Verschwörer werden nicht den Weg zu meinem Herzen finden. Mein
Stern steht noch in vollster Klarheit über mir. Aengstige
Dich nicht um mich, die Welt verlangt noch viel von mir. Aber
ich danke Dir trotzdem. Man kann auch nie vorsichtig genug sein.
Das, was wir die Vorsehung nennen, läßt bisweilen große, oft aber
auch ganz unbedeutende Menschen in die Weltgeschichte eingreifen und
die That eines solchen Wahnsinnigen kann oft selbst die Pläne eines
von Gott bestimmten Weltherrschers zu Nichte machen. Ich habe alle
Schritte gethan, die dagegen möglich sind und mehr kann ein Sterblicher
nicht thun. Aber genug hiervon. Glaube mir, mein Glück wird mich nicht
verlassen. — Und nun zu etwas Anderem. Wie geht es Bernadotte? Ich
bin mit ihm zufrieden, denn er hat in der Vendée Strenge mit Milde
walten lassen. Ich denke, er wird bald hierher zurückkehren können.
Freust Du Dich darauf, petite? Grüße ihn von mir."

Desirée's freudestrahlende Augen waren die beste Antwort.

Ihr Gespräch wurde durch Cambacérès unterbrochen, Napoleon
reichte seiner Jugendfreundin freundlich die Hand und entließ sie.
Seine Augen aber folgten ihr und er flüsterte leise vor sich hin: „Glück=
licher Bernadotte!"

* * *

Wie recht aber Desirée mit ihrer Warnung gehabt hatte, zeigte
bereits der folgende Tag.

Als Napoleon an dem Abend des 10. October (18. Vendémiaire)
in der Oper der Aufführung des Horaz beiwohnte, verhaftete man in
den Wandelgängen zwei mit Dolchen bewaffnete Männer und zwar den
Bildhauer Cerachi und einen Vendéer Démerville. Sie wollten den
Augenblick, in dem die Aufmerksamkeit des Publikums auf die Eides=
scene des Stückes gerichtet war, benutzen, Zündkörper in den Saal zu
werfen, um dann „Feuer!" zu schreien und während der dadurch ein=

mit le feu; mais la voiture avait déjà tourné le coin. Napoléon
dit que les premières sensations, qu'il éprouva (avant d'avoir en-
tendu le bruit de l'explosion et la chute des toits des maisons) lui
ont fait ressentir un mouvement roulant et comme si la voiture
eût été emportée par les vagues de la mer; au même instant les
glaces en furent totalement fracassées. Le cocher, qui était gris,
prit heureusement le bruit de l'explosion pour un salut en l'honneur du premier consul, et fouetta ses chevaux tant qu'il peut; de
sorte qu'un homme seulement (le dernier de l'escorte), qui n'avait
pas encore tourné le coin, fut blessé et jeté à terre.

L'épouse de Napoléon, sa sœur Caroline et Madame Bernadotte
suivaient sa voiture, à la distance d'environ cent pas, de manière
que l'explosion de cet machine se fit entre les deux voitures. Le
général Rapp, qui était dans la dernière voiture, en sauta immé-
diatement et tâcha de consoler les trois dames, qui crurent Napoléon tué, jusqu'à ce que, peu de moments après, les grenadiers de
l'escorte les eussent assurées du contraire. Aussitôt que la voiture
eut passé le théâtre de la république Napoléon très inquiet sur le
sort des dames si aimées, s'arrêta et ordonna un piquet de les aller
chercher. Il se rendit ensuite à l'opéra et quoique toutes les lor-
gnettes de la salle fussent aussitôt dirigées sur lui, on dit, qu'il
n'y eut rien d'extraordinaire dans sa contenance. Les spectateurs
furent détrompés quelques instans après, à l'arrivée des trois dames,
dont la pâleur trahissait la consternation et dont les larmes abon-
dantes démontrèrent pleinement, qu'il était arrivé quelque événement
malheureux. etc. etc. etc.

Agréez votre fidèle ami

H."

Dieser Brief lautet in der Ueberſetzung:

„Meine Liebe! 2c. 2c.

Man gab in dem Conſervatorium eine Oper, bei der die Künſtler
die Gegenwart Napoleon's wünſchten. Dieſer hatte an dem Tage eine
lange Zeit dem Staatsrath beigewohnt und war in Folge deſſen ſehr
ermüdet. Er war nach ſeinem Diner um 7 Uhr auf einem Sopha
ſeiner Gattin in deren Wohnung eingeſchlafen, wo dieſe ihn weckte und
ihn bat, eine Erfriſchung zu nehmen. Er zeigte ſich dem abgeneigt,
trotzdem überredeten ihn die inzwiſchen eingetretenen Generäle Beſſières

sei, einen Fußtritt von einem der vorn reitenden Grenadiere, deſſen großer Stiefel ihn zur Erde warf. Er erhob ſich, lief ſchnell zu der Maſchine und entzündete deren Zündſchnur, die Equipage hatte jedoch bereits die Ecke paſſirt. Napoleon empfand zuerst (bevor er den Knall der Explosion hörte und den Sturz der herabfallenden Dach= ziegel vernahm) eine rollende Bewegung, als würde ſein Wagen von den Meereswogen in die Höhe gehoben und in demſelben Augenblick wurden die Fenſterſcheiben des Wagens zertrümmert. Der etwas be= trunkene Kutſcher hielt glücklicherweiſe das Getöſe der Explosion für eine dem Conſul erwieſene Ehrenſalve und peitſchte ſo auf die Pferde ein, daß nur ein Mann der Eskorte (der am meiſten nach hinten be= findliche), der die Ecke noch nicht paſſirt hatte, verwundet und auf die Erde geſchleudert wurde.

Napoleon's Gattin folgte mit ſeiner Schweſter Karoline und der Frau Bernadotte in der ungefähren Entfernung von hundert Schritten in einem zweiten Wagen, ſo daß die Explosion z w i ſ c h e n den beiden Wagen ſtattfand. Der in dem hinterſten Wagen ſitzende General Rapp ſprang ſchnell heraus und verſuchte die drei Damen zu beruhigen, Napoleon hielt zuerſt die Damen für tot, bis ihn wenige Augenblicke darauf einige Grenadiere der Eskorte des Gegentheils verſicherten. Als des erſten Conſuls Equipage das Theater der Republik paſſirt hatte, ließ der über das Schickſal der drei, ihm ſo theueren Damen beunruhigte Conſul den Wagen halten und ſandte ein Piquet aus, ſie zu ſuchen. — Hierauf begab er ſich in die Oper und man ſagt, daß an ihm, obgleich alle Operngucker des Saales bei ſeinem Eintritt in die Loge auf ihn gerichtet waren, kein Zeichen beſonderer Erregung zu bemerken geweſen ſei. Alle Zuſchauer glaubten getäuſcht zu ſein, bis ihnen einige Augenblicke ſpäter der Eintritt der drei bleichen Damen, deren Beſtürzung ſich durch Thränengüſſe kund gab, verrieth, welch' ein ſchreckliches Ereigniß ſtattgefunden habe ꝛc. ꝛc. ꝛc.

Genehmigen Sie, meine Freundin ꝛc.

Ihr treuer Freund
H.″

———————

Die Explosion zerſtörte mehrere Häuſer, tödtete ungefähr zwölf Menſchen und verwundete deren dreißig. Es war ein wahres Wunder, daß weder Napoleon noch die drei Frauen dadurch getödtet wurden.

Preußens, hatten für einige Zeit noch genug mit ihren erhaltenen Niederlagen zu thun.

Da traf bei dem russischen Gesandten Kalitschew am 22. April die Nachricht von dem plötzlichen Tode des Zaren ein und dieses unerwartete Ereigniß verwirrte von Neuem die politischen Fäden, die Napoleon so klug für die Zukunft geknüpft hatte. Die Kunde berührte ihn auf das schmerzlichste und die Trauer um den Tod seines Freundes war so groß, daß er alle öffentlichen Vergnügungen untersagte und das Theater Feydeau sowie die übrigen Bühnen für einige Zeit schließen ließ.

Napoleon schrieb darüber an Josephine in Malmaison:

„L'empereur de Russie est mort dans la nuit du 24 au 25 Mars d'une attaque d'apoplexie. La vive douleur, que je ressens de la mort d'un prince, auquel je portais tant d'estime, ne me permets pas d'entrer dans les plus grands dévéloppements. Son fils aîné lui a succédé et a reçu le serment de l'armée et de la capitale.

N."

Politisch hatte der Tod des Zaren vorläufig keine besonderen Folgen, da der neue Kaiser Alexander von Rußland noch genug mit seiner eigenen Regierung zu thun hatte. Der Friede schien nicht bedroht.

Aber auch in seiner Familie hatte Napoleon versucht, den Frieden herzustellen, der bisher, besonders durch die Intriguen Lucien's, des Ministers des Innern, oft getrübt wurde. Wir müssen, um einen besseren Einblick in diese Verhältnisse zu erhalten, noch einmal auf Lucien und seine Eigenschaften zurückkommen. Dieser von den Brüdern Napoleon's wohl klügste, aber auch am schwersten zu behandelnde Mann hatte sich, wie wir wissen, durch die Ueberwältigung des Rathes der Alten große Verdienste um Napoleon erworben, sonst aber stets versucht, dem ersten Consul Opposition zu machen.

Er wollte sich als Minister des Innern in dessen Angelegenheiten mischen und wenn Napoleon sich das verbat, so rächte sich der, nach seines Bruders Ansicht mit wenig Verstand, aber viel Selbstüberschätzung bedachte, jähzornige Lucien durch heimlich eingefädelte Intriguen. Napoleon hätte gern mit seinen Brüdern in Frieden gelebt und Alles friedlich ausgeglichen, das ging aber nicht immer so, wie es ihm einmal bei seinem Bruder Joseph in Mortefontaine geglückt war.

beiden standen. Louis hielt sich damals in Copenhagen und Jérome in Brest auf. Der viele aus diesen Verhältnissen erwachsende Aerger hätte Napoleon vielleicht doch nicht zu ernsteren Maßregeln gegen Lucien veranlaßt, wenn nicht dessen Handlungsweise als Minister seine größte Unzufriedenheit erregt hätte. Es wurde bald allgemein bekannt, daß Lucien, trotz seiner Ministerstellung, während sich Frankreich mit England im Kriege befand und in Frankreich große Noth herrschte, viele Schiffsladungen von Getreide in England eingeschmuggelt und dabei Millionen verdient hatte. Außerdem war die Corruption der Beamten in dem Ministerium des Innern so toll geworden (die einzelnen Stellen wurden geradezu für Geld oder für die Schönheit der Frauen der Petenten verhandelt), daß Napoleon schließlich die Geduld verlor. Er sah ein, daß Bruder Lucien keine Ahnung von den Pflichten seines hohen Amtes, noch von der Mitarbeiterschaft an der Reorganisation der Gesellschaft habe. Er nahm ihm daher sein Ministerportefeuille und setzte Chaptal an seine Stelle. Lucien wurde als Gesandter nach Madrid geschickt. Auf diese Weise wurde Napoleon diesen schwer zu behandelnden Bruder los, wie er das ja stets so mit ihm lästigen Elementen zu thun pflegte.

Ebenso machte er es mit Bernadotte. Trotzdem er Desirée hoch schätzte, trotzdem er Bernadotte's Verdienste als Staatsmann in der Vendée anerkannte und Desirée seine Rückkehr versprochen hatte, ließ er ihn immer noch auf seinem Posten, obgleich der dortige Aufstand vorläufig niedergeschlagen war.

Er ließ ihm stets die anerkennendsten Briefe schreiben, aber rief ihn nicht zurück unter der Behauptung, daß seine Dienste dort noch nöthig seien. — So kam es, daß Desirée sich Anfang des neuen Jahres wieder zu ihrem Gatten nach Poitiers begab. Napoleon sah sie sehr ungern scheiden und verpflichtete sie auch, nach einigen Wochen zurückzukehren. Er wußte recht wohl, welch' treue Anhängerin er an ihr besaß und daß Keiner besser, wie sie es verstand, die so verschiedenen Elemente in seiner Familie zu versöhnen und ihn vor ihrem ewigen Gezänke zu bewahren. Desirée's Einfluß auf den ersten Consul war von der Gesellschaft in Paris nicht unbemerkt geblieben und alle die Frauen, die sich ein solches Verhältniß nur als ein erotisches denken konnten, machten ihre Glossen darüber. Desirée aber ging, gestützt auf ihr gutes Gewissen und das unbedingte Vertrauen ihres Gatten, ruhig ihren Weg und kehrte sich nicht weiter daran.

Für sie war es nicht der Mann, den sie in Napoleon verehrte, sondern nur der große Staatsmann und Feldherr, in dem sie das Wohl des Vaterlandes sah. Bernadotte besaß allein ihre ganze Liebe, und auf ihm und ihrem kleinen Söhnchen beruhte ihr ganzes Glück. Im April kehrte sie nach Paris zurück, um bald darauf Ende Mai die Feste mitzumachen, die der erste Consul zu Ehren des Grafen und der Gräfin von Livorno, des unter diesem Namen reisenden neuen Königspaares von Etrurien, veranstaltete. Dieser junge König, Louis de Parma-Bourbon, besuchte mit seiner Gemahlin Marie Luise am 29. Mai das Theater Français, in dem Oedipus gegeben wurde, und beehrte auch die ihm von Talleyrand gegebenen Feste in Neuilly mit seiner Gegenwart, sowie ein solches in Tivoli.

In dieser Zeit schrieb Desirée ihrem Gatten die zärtlichsten Briefe, in die sie auch oft die Beschreibung der Ereignisse und die Charakterisirung der ihr in Paris begegnenden Persönlichkeiten verflocht. Wir wollen aus diesen Briefen einige Stellen in der Uebersetzung wiedergeben. Desirée's Urtheil dürfte von Interesse sein; gleichzeitig wird auch aus diesen Urtheilen die Bedeutung der seltenen Frau ersichtlich werden.

So schreibt sie z. B. über Talleyrand:

„Nach meiner Meinung ist Talleyrand ein Mann von viel Talent, aber arglistig und vollständig ohne alle Grundsätze; seine Aufmerksamkeit und sein Sinn sind allein sur la roue de fortune gerichtet. Er ist undurchbringlich. Seine Haltung wechselt so wenig wie der Marmor, aber seine Discretion schwindet oft. Bei dem Schlusse einer Mahlzeit soll er zuweilen recht offenherzig sein. Ich hörte, daß er bereits während seiner Ministerzeit 1798 bei der Jahresfeier der Hinrichtung Louis XVI., Napoleon zu überreden suchte, sich daran zu betheiligen, dieser aber weigerte sich und that es nicht. Du, mein Jean, wirst ja die Geschichte besser kennen, als Deine kleine Frau. Du bittest mich, Dir Einiges über Frau Lavalette zu schreiben. Sie ist die Tochter des Marquis von Beauharnais, der ebenso wie sein Sohn, der Vicomte, Mitglied der constituirenden Versammlung war. Er diente unter Condé, während sein Vater die republikanische Armee commandirte. Sie ist die Cousine von Hortense und Eugène. Frau Lavalette muß außerordentlich reizend gewesen sein und heirathete auf Wunsch Napoleon's ihren Gemahl 1795. Sie ist noch immer eine schöne Frau, aber träge und, wie mir die Damen sagen, etwas dumm."

An einer anderen Stelle urtheilt Desirée über Napoleon selbst folgendermaßen:

„Die hier in Paris verlebten Jahre haben mich gelehrt, daß alle Menschen, wenn sie auch von der Freiheit sprechen, doch stets einen Meister, einen Herrn haben müssen, wie es auch die Geschichte zeigt. Sie stöhnen zwar über dessen Joch und kriechen dann unter

Talleyrand.

ein neues, das oft schlechter ist, als das bisherige. Hat etwa die Ab= dankung Sulla's, Cäsar's Ermordung zu der Freiheit Roms geführt? Ich habe gerade an Napoleon stets seinen despotischen Willen und seine Ausdauer bewundert, vor der sich Alle beugen müssen. Auch die Fran= zosen haben einen Herrn nöthig und da kommt es darauf an, Einen zu haben, der zu dieser Stellung fähig ist.

Napoleon ist ein Despot (Du siehst, Jean, daß ich nicht blind gegen seine Eigenschaften bin), aber er liebt Frankreich, sein neues

Heimathsland, deſſen Ruhm und Glück gehen ihm über Alles. Ohne
Zweifel würde die wahre Freiheit beſſer, als ſeine Herrſchaft ſein,
aber hat denn eine ſolche jemals beſtanden, kann ſie überhaupt be=
ſtehen? Du, mein Jean, ſagſt zwar „ja“, ich aber ſage „nein“. Ich
ſehe in der ganzen Weltgeſchichte, wenigſtens ſo weit ſie uns bekannt
iſt, ſtets privilegirte Klaſſen, ich ſehe ſtets Individuen Führer und
Herrſcher werden, die im Intereſſe ihrer Reigungen und ihrer Ge=
nußſucht die Völker ausbeuteten. Wenn ſich auch Einige von ihnen
bis zu dem Ehrgeiz erhoben haben, ſo haben ſie dieſen Ehrgeiz nicht
dem Glück des Landes geweiht, ſondern nur für ihre eigene Perſon
angewandt, und das iſt es, was nach meiner Anſicht Napoleon vor
Jenen voraus hat.

Doch nun zu etwas Anderem. Du fragſt, mein theurer Jean,
nach Julie. Natürlich ſehe ich ſie oft. Sie blieb hier, während Joſeph
nach Reapel ging. O Jean, ſie iſt doch eine ausgezeichnete Frau,
ſo einfach und zaghaft für ſich, aber ſo verehrungswürdig und auf=
opfernd für Andere. Ich bin über ihre ſchlechte Geſundheit ganz
traurig. Sie ſieht elend und angegriffen aus, und ihr Aeußeres iſt
nicht günſtig. Sie lebt nur innerlich, aber ſie iſt ſo gut wie ein
Engel. Ich fürchte, daß ſie nicht glücklich iſt und glaube, Joſeph iſt
nicht gut zu ihr.

Nun will ich Dir, mein Jean, noch im tiefſten Vertrauen etwas
berichten, das ich von Lavalette erfuhr. Du weißt, wie wir uns oft
über die genaue Kenntniß Napoleon’s wunderten, die er über alle
Verhältniſſe des In= und Auslandes beſitzt und ſchrieben das dem
Polizeiminiſter zu. Es verhält ſich aber damit ganz anders. Du weißt,
daß Lavalette während der Feldzüge in Italien und Aegypten Napoleon’s
aide de camp war. Während des Fructidors wurde er von Napoleon
beauftragt, ſich genau über alles in Paris Vorkommende zu unter=
richten und ihm darüber genaueſte Meldung abzuſtatten. Durch die
Ereigniſſe des 18. Brumaire wurde die Stelle des Generalpoſtdirec=
tors durch Godin’s Ernennung zum Finanzminiſter frei und durch
Laforêt beſetzt. Da man es aber für die größte Rothwendigkeit
hielt, auf den ſo wichtigen Poſten eine Perſönlichkeit zu ſetzen, die
Napoleon’s beſonderes Vertrauen beſäße und Laforêt außerdem mit
Talleyrand eng verbunden war, ſo erhielt Lavalette dieſen an und
für ſich ſchon höchſt wichtigen Poſten, der in der Zukunft noch von viel
größerer Wichtigkeit werden ſollte. Der Polizeiminiſter erſtattete bis

dahin täglich einen Rapport über Alles, was sich in seinem Departe=
ment zugetragen hatte; ebenso der Polizeipräfect über die täglichen
Ereignisse und die Stimmung in Paris. Beide Beamten hatten die
Gewohnheiten, ihren Berichten eine lange Abhandlung über den Geist
der Stimmung des Publikums, den momentanen Neigungen angepaßt,
hinzuzufügen.

Napoleon verbot das für die Zukunft und befahl ihnen, sich
auf die Thatsachen zu beschränken, ohne daraus ihre Con=
sequenzen zu ziehen. Es kam ihm vor allen Dingen darauf an, die
öffentliche Meinung über seine Regierung selbst kennen zu lernen. Zu
diesem Zwecke suchte er sich zwölf Spione aus den verschiedensten
Parteien aus, meist Schriftsteller von Ruf. Da waren Einige von
der „Bergpartei", wieder Andere von der Gironde, Constitutionelle
von 1791, Emigrés, die einige Zeit in England gelebt und auch
solche, die unter Condé gedient hatten. Diese zwölf Individuen er=
halten durch Lavalette's Vermittelung ein monatliches Gehalt von 1000
Francs und berichten ein= oder zweimal monatlich an Napoleon Alles,
was sie über die öffentliche Meinung und über die Verwaltung für
wichtig halten. Und so weiß er Alles, was sich in dem ganzen Monat
ereignet.

Damit diese Beobachter frei und offen ihre Meinung sagen können,
sind ihre Berichte an Lavalette's Adresse gerichtet, der sie dann so=
fort verschlossen dem ersten Consul überbringt. Dieser öffnet sie, wie
ich hörte, eigenhändig, studirt sie und vernichtet sie, nachdem er sich
seine Notizen daraus gemacht hat. Die ganze Sache vollzieht sich so
heimlich, daß selbst seine vertrautesten Secretaire, wie z. B. Bourrienne,
keine Kenntniß von dieser Correspondenz haben. Der General Bertrand,
dem ich diese Mittheilung verdanke, sagte mir, daß er selbst keine Ahnung
davon habe, wer diese Berichterstatter wären, obgleich er manchmal auf
einige einen gewissen Verdacht hege, wisse er doch darüber nichts mit
Bestimmtheit. Aber es wären ganz sicher Leute von Stellung, wenn
sie auch nicht zu der Gesellschaft gehörten. Napoleon selbst empfängt
sie niemals und kennt auch den größten Theil von ihnen nicht persön=
lich, ebenso erfahren nie die Berichterstatter, ob ihre Berichte gut oder
schlecht gewesen sind. — Auf diese Weise erfährt Napoleon von Allem
was geschieht, prüft die Angaben und trifft seine Entscheidung meist
lange vorher, ehe ihm die Angelegenheit officiell vorgetragen wird.
Lavalette selbst ist dem ersten Consul so ergeben, daß von ihm kein

Menſch etwas über dieſe eigenartige Correſpondenz erfährt. Woher
Bertrand etwas darüber gehört, wollte er nicht verrathen.

Ich wollte Dir, mein Jean, dem ich Alles ſage, auch hiervon Mit=
theilung machen, damit Du darüber orientirt biſt. Schreibe mir bald,
mein Geliebter, oder noch beſſer, kehre bald zu uns zurück. In treuſter
Liebe grüßen Dich Dein kleiner Oscar und Deine

Deſirée.“

Das ſind ſo einige Stellen aus den Briefen Deſirées an ihren
Gemahl aus jener Epoche.

Das Ende des Jahres X (1802) führte denn endlich den Gatten
in Deſirée's Arme nach Paris zurück. Sie hatte die letzten Monate
wieder mit dem kleinen Oscar bei ihrer Mutter in Genua zugebracht.
Bernadotte erhielt außer ſeiner Stellung im Staatsrath vorläufig kein an=
deres Commando. Es begannen für Beide jetzt zwei Jahre des Friedens
und der Ruhe. Bernadotte hielt ſich der Regierung ziemlich fern und
Beide lebten in dem erſten Jahr theils in ihrem ſchönen Pariſer Hotel,
theils in Sceaux und auf dem Landgut bei Marſeille.

—————

Elftes Capitel.

Am 25. Mai 1801 fand die in Deſirée's Briefe bereits erwähnte
Anweſenheit des von Napoleon zu der Würde eines Königs von Etru=
rien erhobenen Don Louis Bourbon de Parma und ſeiner jungen
Königin, der Infantin Marie Luiſe, Tochter des Königs Karls IV.
von Spanien, ſtatt.

Laut Stipulation des zwiſchen Frankreich und Spanien in Madrid
abgeſchloſſenen Friedensvertrages hatte Frankreich Parma erhalten,
dafür aber Toscana an den Infanten von Parma abtreten müſſen.

Dieſes Land wurde von Napoleon zu einem Königreich Etrurien
erhoben, ſein neuer König aber unter die Suzeränität Frankreichs ge=
ſtellt. Bei ſeiner Thronbeſteigung erhielt er von franzöſiſcher Seite den
Wink, ſich bei ſeinem neuen Oberherrn zu bedanken und wurde hierzu
nach Paris eingeladen. Was ſich Napoleon bei dieſer Einladung

dachte, ist schwer zu sagen. Sollte es ein Machtbeweis seiner Stellung
sein, ein Beweis, wie er als erster Consul der einigen, untheilbaren
Republik, allen republikanischen Grundsätzen entgegen, ein König=
reich schaffen könne, oder wollte er seinen Franzosen die Bourbons in
diesem Königspaar lächerlich machen? Wer vermag darin den Plänen
eines Napoleon nachzugehen? Verfolgte er diesen Zweck, so konnte er
sich allerdings keinen geeigneteren Gegenstand hierzu erwählen, als diesen
einfältigen kleinen König mit seiner häßlichen Frau. Der Infant Don
Louis war nicht nur ein Mitglied der großen Familie Bourbon, son=
dern auch durch seine Mutter ein Neffe der Königin Marie Antoinette.
Napoleon traf also mit seiner malitiösen Intrigue nicht nur die Bour=
bons, sondern auch das abgesetzte Königshaus. Der „roi Louis" war
die reine Carikatur auf einen König, in jeder Beziehung die reine
Null; sowohl was seine politischen, als auch was seine persönlichen
Eigenschaften anbelangte.

Er war das lächerlichste, thörichtste Geschöpf der Welt. Als er an
dem ersten Abend seiner Anwesenheit in dem Pavillon de Hanovre
vorgestellt wurde und stotternd seinen Dank abstattete, musterte ihn
Napoleon eine Weile und sagte dann stirnrunzelnd zu seinem Ver=
trauten Berthier: „Hm! si j'avais su cela, il serait resté, où il était."
War nun dieser neugeschaffene roi epileptisch, impotent und dumm, so
zeichnete sich die Königin Luise durch eine wahrhaft abschreckende Häß=
lichkeit aus. Sie hatte eine ganz schiefe Figur, war flach wie ein Brett
und ihre Gesichtszüge zeigten, wenn auch etwas mehr Geist wie die
ihres Gemahls, so doch eine so seltene Häßlichkeit, wie man sie zu der
Zeit in dem Kreise der vielen, so auffallend hübschen Pariser Frauen
zu sehen nicht gewohnt war.

Die zu den zu Ehren des Königspaars eingeladenen Gäste ver=
mochten kaum ein höhnisches Lächeln zu unterdrücken und die „Beaux"
machten über Beide ihre gefährlichsten Witze.

Die Königlichen Herrschaften waren nun aber einmal da und
mußten in Folge dessen auch gefeiert werden. Frau Josephine machte
damit den Anfang, sie gab ihnen zu Ehren ein großes Diner in Mal=
maison. Gleich bei seinem Eintritt in das Schloß passirte dem un=
glücklichen Könige das Malheur, daß er strauchelte und darauf einen
leichten epileptischen Anfall bekam. Erschreckt fragte ihn Frau Bona=
parte, was ihm fehle, und Louis erwiderte zum größten Erstaunen
aller Umstehenden: „Oh ce n'est rien, Madame, ce n'est rien. —

N'est-ce pas, Louisa? Ce n'est rien — mal à l'estomac — seulement — j'ai faim — n'est-ce pas — je le disais déjà à Louisa."

Die junge Königin erröthete vor Scham über ihren Idioten von Gatten. Das war das erste Entrée des jungen Königspaares in der Gesellschaft. Dieser erste Eindruck von ihnen blieb auch bei den anderen Festen, die ihnen von Talleyrand und dem Minister des Innern gegeben wurden.

Bei dem Gartenfest des Monsieur Chaptal kam es zu einer großen, unerwarteten Huldigung für den ersten Consul. Ein zahlreiches Publikum war an dem Abend zusammengeströmt, um seinen General, den einfachen Bürger Napoleon, an der Seite des von ihm zum König gemachten Prinzen zu sehen. Die komisch gespreizte Haltung des kleinen Königs war aber in den Augen der Hunderte von Zuschauern neben dem ernst und würdig auftretenden Napoleon so lächerlich, daß diese Zusammenstellung allein die Verehrung des Publikums für seinen großen Consul vermehrte. Sie steigerte sich zu einer wahrhaft frenetischen Begeisterung, als später von den Schauspielern des Théâtre français auf einer improvisirten Bühne „Oedipus" aufgeführt wurde und Philoktetes den Satz sprach

„J'ai fait des souverains, et n'ai pas voulu l'être."

Da brach die ganze große Gesellschaft in ein lautes Jubelgeschrei aus, die Hände wurden zusammengeschlagen und die jauchzende Menge verdoppelte ihre Zurufe, als Napoleon abwehrend mit der Hand winkte.

Der kleine König stand, in dem Glauben, diese Ovation gelte ihm, von seinem Sessel auf, machte dankend sein Compliment nach allen Seiten und lächelte sein kindisches Lächeln.

„Sieh, das sind nun die Bourbons," sagte Napoleon lachend zu der neben ihm stehenden Desirée, „la jeune génération, qui s'élève maintenant ne savait pas, quelle figure avait un roi, eh bien nous lui en avons fait voir un." Und ernster werdend fuhr er fort: „Siehst Du, petite, das ist ein König. Ich habe die Menschen oft in ihrer ganzen Seelennacktheit gesehen. Hat man das aber einmal gethan, dann ist es mit der Autoritätsverehrung der Meisten vorbei. Entkleide doch einmal solch' einen mit Titeln und Würden, mit Orden und Sternen gezierten Mann all' seines Schmuckes — und Du wirst sehen, was da von so Manchem übrig bleibt, — ein Mensch wie alle Anderen mit ihren Fehlern, Schwächen und — Sünden."

Desirée neigte bejahend ihr Haupt und mußte dem großen Menschen=
kenner recht geben.

Das wunderliche Königspaar verließ nach einem Aufenthalt von
zwei Wochen Paris und reiste nach Etrurien ab. Napoleon aber hatte
erreicht, was er beabsichtigt haben mochte: er hatte dem Volke einen
Bourbon gezeigt.

* * *

Der erste Consul begann in den nächsten Monaten damit, mehr
und mehr die letzten Ueberbleibsel der Republik auszurotten, Alles
was daran erinnerte, verschwand nachgerade; gerade so wie die car-
magnole verschwand und dem goldgestickten Hofkleide Platz machen
mußte. Die Nationalgarde wurde abgeschafft und durch eine, aus ge-
dienten Offizieren und Mannschaften bestehende Municipalgarde ersetzt.
Zu Napoleon's besonderem Schutz wurde eine, aus 8000 vorzüglich
ausgebildeten, besser besoldeten Soldaten von besonders gutem Aus=
sehen bestehende Consulargarde errichtet. — Eine Neuerung aber
versetzte die alten Republikaner in den höchsten Zorn, das war die
Wiedereinsetzung der Kirche und Napoleon's Entschluß, durch
das Concordat die Priester wieder in das Land zu rufen. Bei
den mit dem Papste eingeleiteten Verhandlungen vertrat Joseph Na=
poleon Frankreich, den päpstlichen Stuhl aber der Cardinal Consalvi.
Durch das Concordat wurde der katholischen Religion in Frankreich
freie und öffentliche Uebung zugesichert; zehn Erzbischöfe und fünfzig
Bischöfe sollten zwar dem ersten Consul Treue schwören, vorher aber
von dem Papste bestätigt werden. Am 9. September erließ der Papst
eine Bulle folgenden Wortlautes:

„Gott der Allmächtige hat sich unseres Schmerzes über die
Zerrüttung von Galliens Kirche erbarmt und den in Christo gelieb=
testen Sohn Napoleon Bonaparte erweckt, so großem Uebel ein Ende
zu machen und die Kirche zum Frieden, die kriegsmäßigste Nation der
Erde aber zum einzigen Mittelpunkt, der Religion, zurückzuführen." —
Ein Zusatz zu dieser Bulle verhieß allen constitutionellen Priestern voll=
ständige Verzeihung und schloß sogar die verheiratheten nicht von des
Papstes väterlicher Liebe aus.

Am 15. September fand die Abschließung des Concordates statt,
das kurz darauf dem gesetzgebenden Körper vorgelegt wurde.

So kehrte allmählich Alles zu den Formen der Monarchie zurück

Auch die Mode änderte sich. Die eleganten Damen trugen wieder Federn, und Weiß, Rosa und Ponceau waren ihre Farben. Schleier, so-genannte „riseaux à la Circassienne" bedeckten das Haar und goldener Schmuck zierte Busen und Arme. Zu diesen reichen Toiletten gehörten aber auch Feste, auf denen sie vorgeführt werden konnten. Die Bälle und Assembléés mehrten sich und aus der so lange Zeit ernsten und traurigen Hauptstadt wurde wieder das alte, lustige Paris.

Inzwischen war die Katastrophe bei der französischen Armee in Aegypten eingetreten. Ihr genialer Führer, der General Kleber, wurde bekanntlich von einem fanatischen Moslem ermordet und sein Nachfolger Menon capitulirte nach der für die Franzosen so unglücklichen Schlacht bei Alexandrien am 2. September. Die Engländer unterzeichneten den Vertrag, wonach das, noch immer 24 000 Mann starke französische Heer mit Waffen und Gepäck, ohne kriegsgefangen zu sein, nach Frank-reich eingeschifft werden sollte. England war selbst des Krieges müde und sah außerdem mit Sorge auf die an den französischen Küsten mit Eifer betriebenen Landungsanstalten, die einen Einfall in ihr Inselreich zu bedeuten schienen. So wurde denn am 1. October 1801 zu London der Präliminarfrieden unterzeichnet, aus dem später am 1. März 1802 der sogenannte Frieden von Amiens hervor-ging. Hierbei waren die Unterhändler französischerseits Joseph Napo-leon, seitens der Engländer der Lord Cornwallis.

Die Friedensparagraphen ließen die großen continentalen Ver-hältnisse fast unberührt und enthielten nur die Räumung des Kirchen-staates und Neapels seitens der Franzosen und die Gewährung der Selbstständigkeit Portugals, während England alle seine überseeischen Eroberungen mit Ausnahme Trinidats an Frankreich, Spanien und Holland zurückgab und Malta dem Orden zurückgegeben wurde. Auch der förmliche Friede zwischen Rußland und Frankreich wurde ab-geschlossen, bei dem in einer geheimen Convention das innige Ein-verständniß beider Staaten zu einander stipulirt war.

Am 4. October 1801 traf der Courier mit der englischen Unter-zeichnung der Friedenspräliminarien ein und ganz Paris brach in hellem Jubel aus. Die Rente stieg um zehn Procent und man begann, von einem ewigen Völkerfrieden zu fabeln.

Ein großes Friedensfest wurde mit der Feier des Jahrestages des 18. Brumaire verbunden, das vom Wetter auf eine ganz wunderbare Weise begünstigt war. Der Tag begann mit Regen und ganz Paris

war in einen dichten Nebel gehüllt — da — als das Feſt auf der
Seine begann, fingen die Nebel an zu fallen und der erſte Sonnen=
ſtrahl fiel auf die große vergoldete Büſte Napoleon's, die auf einem
Sockel inmitten des place de la Concorde aufgeſtellt war.

Auf der Seine begann ein luſtiges Treiben, an hundert auf das
ſchönſte geſchmückte Barken kämpften dort um den Preis der Schnellig=
keit. Hunderttauſende von Zuſchauern bedeckten die Ufer, alle Nationen
waren vertreten, die Fahnen wehten und ein nicht endenwollender

Das Feſt vom 14. Juli des Jahres IX. Der Tanzſaal in der Laiterie.

Jubelruf erſchallte, als die Barke mit dem Namen „Bonaparte"
den Preis errang. Die Menſchen fielen ſich jauchzend in die Arme
und die Nationen feierten ein allgemeines Verbrüderungsfeſt.

Die an dem Abend folgende Illumination war das Schönſte, das
man ſehen konnte, die Seine floß zwiſchen den wie in Feuer ſtrahlenden
Ufern dahin und die mit bunten Lampions umkränzten Gebäude ſpie=
gelten ſich in ihren Fluthen. Auf dem großen place de la Concorde
war ein Rieſentheater errichtet, auf dem allegoriſche Pantomimen zur
Verherrlichung des Friedens aufgeführt wurden, desgleichen ein all=
gemeines großes Tanzzelt in der Laiterie und ein großes Feuerwerk

ober verstand es, sich so zu beherrschen, daß das schöne Mädchen an seiner Gegenliebe zweifeln mußte.

Desirée, die schnell genug auch die Vertraute dieses Liebeskummers geworden war, versuchte stets von Neuem, Hortense zu überreden, doch Napoleon's Hülfe zu der Erfüllung ihres Herzenswunsches anzurufen; davon aber wollte wieder Hortense nichts wissen, denn sie ahnte wohl, daß ihre Mutter, Frau Josephine, ganz andere Pläne mit ihr vorhabe. War es doch in dem Jahre 1799 Josephine's Absicht gewesen, die schöne Tochter mit Louis Napoleon zu verheirathen. Sie hatte gleich bei ihres Gatten Rückkehr aus Aegypten recht gut den merkwür= digen Eindruck bemerkt, den die Schönheit ihrer Tochter auf ihn hervorrief. Dieses Interesse Napoleon's hatte sich in den Jahren so gesteigert, daß Hortense's Einfluß den ihren übertraf. Sie versuchte deßhalb, durch eine Verheirathung Hortense's die ihr drohende Gefahr aus dem Wege zu räumen, ehe es vielleicht zu spät damit würde. Eigenthümlicher Weise stellte sich ihrer Idee aber ein doppelter Wider= stand entgegen und zwar von Seiten Napoleon's, der Louis mit einer Nichte Talleyrand's verheirathen und seitens Louis' selbst, der überhaupt nicht heirathen wollte.

Louis war, wie wir wissen, der Adjutant seines Bruders in Italien und Aegypten gewesen, er hatte das dortige Klima nicht vertragen können und das hatte ihm vielleicht in Verbindung mit seinem vielfachen Verkehr mit den Schönen Italiens und Aegyptens die Gesundheit so ruinirt, daß er trotz seines Alters von erst 24 Jahren schon recht ab= gelebt und kränklich aussah. Was sollte der mit einer jungen, lebens= lustigen Frau anfangen, wie es Hortense war? Er zog es deßhalb vor, der Gefahr aus dem Wege zu gehen und ließ sich lieber im Jahre 1800 als Gesandter nach Potsdam schicken, als sich Josephine's Plane zu fügen.

Im Herbst 1801 war er um etwas gekräftigt nach Paris zurück= gekehrt und sofort nahm auch Frau Josephine ihren Verheirathungs plan wieder auf, für den sie denn auch Napoleon zu gewinnen wußte.

Welche Mittel sie hierzu anwandte, darüber giebt es verschiedene Lesarten, von denen die eine lautete, daß sie dem Gatten direct vor= geworfen habe, er sähe Hortense mit sündhaften Augen an und möge zwischen ihnen Beiden wählen; sie würde gehen, wenn diesem Spiel nicht ein Ende gemacht würde.

Ob aber diese Frau, die während der letzten Jahre ihrer Ehe die reine Sclavin ihres Mannes geworden war, die überhaupt keinen Willen haben durfte, sich so etwas Napoleon gegenüber herausgenommen haben würde, erscheint doch unwahrscheinlich. Jedenfalls aber setzte sie es bei Napoleon durch, daß dieser schließlich seine Einwilligung zu der Heirath Louis' und Hortense's gab.

Als dieser Entschluß dem schönen Mädchen mitgetheilt wurde, war sie der Verzweiflung nah. Sie hegte, neben der Neigung zu ihrem Duroc, einen wahrhaften Widerwillen gegen Louis, diesen jugendlichen Greis, und drohte, sich eher das Leben zu nehmen, als mit ihm — die Ehe einzugehen.

Da war es denn Desirée, die Alles daran setzte, ihre reizende, junge Freundin in ihrem Kummer aufzurichten und zu trösten. Sie machte sogar auf eigene Hand den Versuch, Napoleon von dem Plane dieser Heirath abzubringen, erkannte aber bald, daß ihr Einfluß doch

Königin Hortense.

nicht so weit reiche, ihn in einer so internen Familienangelegenheit umzustimmen. — So versuchte sie denn, Hortense auf die einzelnen guten Eigenschaften des ihr bestimmten Gemahls, auf seine Gutmüthigkeit und leichte Lenkbarkeit aufmerksam zu machen und es gelang ihr auch nachgerade, sie durch die Rücksicht auf die Familienverhältnisse zu einer stillen Resignation zu bewegen. Immer von Neuem aber jammerte Hortense: „O, Desirée, wenn er mich doch wenigstens mit seiner Zärtlichkeit verschonen wollte! Ich kann ihn ja nicht lieben, ich kann es ja nicht!"

Da ihr aber auch von der Mutter und der Frau Letizia zugeredet wurde, so willigte sie endlich ein.

15*

So fand denn am 14. Januar die Hochzeit im engsten Familien=
kreise statt und Napoleon wies den Neuvermählten sein Haus in der
Rue de la Victoire als Wohnsitz an. Hatte sich Hortense zwar zu
der Hochzeit bereit erklärt, so mochte sie doch ihre Standhaftigkeit über=
schätzt haben. Ihr Widerwille gegen den ihr aufgedrungenen Gatten
war so groß, daß sie ihn bereits in der Brautnacht verließ und sich
wie sie gerade war, nur in ein großes Tuch gehüllt, zu Napoleon nach
Saint Cloud flüchtete. Sie warf sich ihm zu Füßen und flehte ihn
an, sie vor ihrem Gatten zu schützen, vor dem sie einen unüberwind=
lichen Ekel empfinde, sie liebe einen Anderen; Napoleon möge diese
unnatürliche Ehe aufheben und sie glücklich machen.

Was da in dieser Nacht eigentlich in Saint Cloud vorgegangen
ist, darüber hat nie ein Mensch Näheres erfahren*), das Resultat aber
war, daß Napoleon, dem Nichts so unangenehm war wie ein Scandal
in der Familie, Hortense überredete, an dem nächsten Tage zu Louis
zurückzukehren. — Was sich bei dieser ganzen Heirathsangelegenheit
für „häusliche" Scenen in Napoleon's Familie abgespielt haben mögen,
entzieht sich natürlich der Beurtheilung. Einzelne der Familienmitglieder

---

*) Es ist in dem Laufe der verflossenen Jahre viel darüber gestritten worden,
ob Napoleon's Verhältniß zu Hortense ein erotisches war oder nicht. Einige, wie
die Recamier, behaupten, andere, wie z. B. Constant, leugnen es. — Eine Stelle
eines mir zur Verfügung stehenden Manuscriptes wirft ein etwas bedenkliches Licht
auf das Verhältniß, sie steht in Aufzeichnungen über Fouché.

Diesen hatte Napoleon eines Tages bei dem Vortrage angefahren, daß er
ihn stets mit gleichgültigen Dingen belästige, hierdurch zur Wuth gereizt erwiderte
der Minister:

„Vous voulez tout savoir, jusqu'aux détails les plus suspects. Ecoutez donc
le rapport, que l'on m'a fait ce matin et auquel je n'ajoute pas la moindre
créance. On m'assure, qu'un homme, qui vous ressemble beaucoup, est
sorti des Tuileries à deux heures du matin, qu'il s'est présenté au second guichet, qu'il y a trouvé un fiacre, dont le cocher n'est pas le propriétaire,
qu'il y est monté et s'est fait conduire rue Chantereine, que la même chose
arrive toutes les fois, que vous passez la nuit à Paris, et que vous ne
rentrez aux Tuileries qu'à six heures. Voilà ce qu'on m'a dit. Vous
sentez bien, que je ne le crois pas."

Die Straße Chantereine ist die Rue de la Victoire und in dieser
befindet sich das Haus, in dem damals Hortense wohnte.

Napoleon erwiderte Nichts auf die Mittheilung dieser Meldung, ließ aber
Fouché drei Tage nicht zum Rapport vor, am vierten Tage arbeitete er wieder mit
ihm, that aber der Sache keiner Erwähnung.

Anmerkung des Herausgebers.

vergnügungsſüchtigen, bisher an keine Beſchränkung irgendwelcher Art
gewöhnten Frau mochte die Ehe mit ihrem zur Eiferſucht neigenden
Leclerc etwas einförmig vorkommen, ſie ſehnte ſich nach Abwechſelung und
fand daher die Gelegenheit für recht geeignet, ihren Gemahl für einige
Zeit los zu werden. Auch hatte ſie ſchon in dieſer Richtung bei ihrem
Bruder Napoleon Schritte gethan und ſogar ſchon einmal von ihm
das Verſprechen zur Entſendung ihres Gemahls erhalten. Da vernahm
ſie Napoleon's veränderte Beſtimmung und vereinigte ſich mit Deſirée,
die Sache zu hintertreiben.

Was aber bisher Pauline's Bitten nicht gelungen war, das verſtand Deſirée durchzuſetzen. Sie erinnerte den erſten Conſul an
ſein ihr oft gegebenes Verſprechen, ihr jeden Wunſch in Bezug ihres
Glückes zu erfüllen, und beſtand bei ſeinem anfänglichen Beharren
darauf, in dieſem Falle ihren Gatten nach Guadeloupe zu begleiten.
Napoleon zog bei dem Gedanken, ſeine treueſte Freundin zu verlieren,
endlich ſeine Beſtimmung zurück. Bernadotte blieb vorläufig in Paris
und an ſeiner Stelle wurde der General Leclerc zum Führer der Expedition ernannt. Deſirée aber dankte dem Conſul auf das herzlichſte
und verſprach, mit ihren beſten Kräften dahin zu wirken, daß ihr Gemahl für die Zukunft in keiner Weiſe Napoleon's Pläne kreuzen ſolle.
So hatte die ſchöne Paulette ihres Leclerc Commandirung durchge-
ſetzt, täuſchte ſich aber in Bezug ihres Planes, ſelbſt in Paris zu
bleiben. Napoleon ſagte, als er dieſen Wunſch ſeiner Schweſter vernahm, zu Berthier: „Tandis que Leclerc irait faire la guerre et
gagner de l'argent à St. Domingo, il n'entendait pas, que Pauline
restait à Paris, pour faire la coquette et s'amuser avec ses amans."

Als Pauline dieſe Aeußerung vernahm, war ſie ganz außer ſich,
ſie ſtampfte mit dem Fuße auf die Erde und rief:

„Pardi, habe ich etwa deßhalb dieſen Müllerjungen *) geheirathet,
daß ich mir an ſeiner Seite auf Domingo die Gelbſucht holen ſoll?"
Das half aber Alles Nichts, ſie mußte Leclerc begleiten. **)

---

*) Leclerc war der Sohn eines Müllers in Pontoiſe.
**) Der General Leclerc beſiegte zwar den Aufſtand in St. Domingo, erlag
aber dann mit der Hälfte ſeiner Leute dem gelben Fieber.

Pauline kam mit ſeinem Sarge, den ſie wie eine neue Artemiſia nicht von
ſich laſſen wollte, nach Paris zurück. Sie hütete ihn auf der ganzen Fahrt wie
ein Kleinod und verließ ihn nicht einen Augenblick. In dem Sarge aber befand
ſich nicht die Leiche des tapferen Generals, ſondern ein köſtlicher Schatz von Perlen

Eine Deputation des Senates erschien am 3. August bei Napoleon, deren Sprecher, Barthelemy, ihm das Resultat vortrug. Er stellte sich zwar sehr überrascht, las aber trotzdem eine, schon vorher von ihm aufgesetzte Antwort ab. Ein Beweis, wie sicher er schon vorher über das Resultat der Wahl gewesen sein mußte.

So drängten denn die Verhältnisse mehr und mehr der Monarchie entgegen, und Napoleon war so recht der Herrscher, wie ihn die, durch die Revolution verängstigten und der Republik überdrüssigen Franzosen gebrauchten. Das Volk verlangte endlich nach einem energischen Cha=rakter, nach einem festen Willen. Und dieser Mann, der vielleicht einst eben so gut ein Hoche, ja ein Bernabotte hätte sein können, wurde Napoleon.

Die Chefs der Verwaltung, die Magistrate, die Geistlichkeit, das Volk und die Armee — Alle verlangten eine erbliche Obrigkeit. Wer aber war dazu geeigneter, die Stelle einzunehmen, als Napoleon?

Es war ihm nicht nachzusagen, daß er irgend Jemand des Thrones beraube. David richtete einst seinen Wohlthäter Saul zu Grunde, Cäsar zertrümmerte die Regierung seines Vaterlandes, Cromwell ließ seinen König auf dem Schaffot sterben und Katharina II. ihren Gemahl ermorden, Napoleon aber war unschuldig an dem Verbrechen der Revolution; bevor seine Laufbahn begann, war der Thron der Bour=bons umgestürzt, Ludwig XVI. tot und Frankreich durch die Parteien zerrissen. Napoleon begann seine Laufbahn mit der Eroberung Italiens, er bewirkte, daß Frankreichs Unabhängigkeit von allen Mächten an=erkannt wurde. Er verdankte die Alleinherrschaft nicht der Beraubung einer Regentenfamilie, sondern allein seinem Talent und seiner Tapferkeit.

Dreizehntes Capitel.

Trotz des Friedens von Amiens, in dem sich die Völker ewige Freundschaft versprochen hatten, wurde doch seitens Napoleon's im März 1803 der Beginn eines neuen Feldzuges und zwar gegen das treulose England verkündet. Er beabsichtigte, den Kriegsschauplatz nach England selbst zu verlegen. Wir haben gesehen, wie von der fran=zösischen Regierung eine Landung auf den großbritannischen Inseln

sah mit Mißtrauen diese Rüstungen an und bemühte sich, einer Landung an einer der Küsten vorzubeugen.

Ein Stimmungsbild aus dieser Zeit giebt die folgende Stelle aus einem Briefe des Misters Hood an seine Freundin in Paris. Sie lautet in der Uebersetzung:

„Zahlreiche Lager bedecken die Ufer Frankreichs bei Boulogne, Dünkirchen, sowie bei Ostende, und starke Geschwader werden in Brest, Rochefort und Toulon ausgerüstet. Alle Werften an den Meeresufern und an den Flüssen sind mit Prahmen, Soldatenzelten, Transportfahrzeugen, sowie großen und kleinen Péniches bedeckt und viele Tausende von Erdarbeitern sind längs dem Canal angestellt, um Häfen anzulegen, die die großen, gegen uns bestimmten Flotten aufnehmen sollen. Bei uns hier zittert die ganze Bevölkerung vor Angst, und Alles ruft zu den Waffen. Selbst Pitt verließ die Beschäftigungen seines Ministerpostens, zog sich Uniform an, umgürtete sich mit dem Schwerte und träumt von Nichts als Kriegswerkzeugen, Bataillonen und Batterien. Man sieht selbst unseren Monarchen seinen Palast verlassen, um einen großen Theil des Tages in der Mitte seiner Truppen zu verweilen. Ebenso zahlreiche Lager wie bei den Franzosen werden bei Kent, sowie bei Suffex, Dower und Deale angelegt. Die beiden Armeen betrachten sich auf diese Weise still von beiden Seiten, getrennt nur durch den schmalen Canal, der mit unseren Schiffen bedeckt ist. Plötzlich heißt es nun, die französischen Truppen wären von den Küsten verschwunden, und Keiner vermag anzugeben wohin. Was mögen sie vorhaben, wo mögen sie geblieben sein? Unsere Wachsamkeit an den Küsten wird vermehrt, und Jedermann spricht sorgenvoll von einer bevorstehenden Landung der Franzosen an einer unerwarteten Stelle 2c. 2c.

W. Hood."

Und fürwahr es wurde mit der Zeit eine gar stattliche Armada, die Napoleon in den einzelnen Häfen, besonders in Boulogne fertigstellen ließ. Den Kern bildete der Rest der von Nelson 1801 durch Brand eingeäscherten Schiffe und die neuerbauten Linienschiffe, im Ganzen 40, dazu kamen an 2000 flache Transportboote. Mit dieser Flotte hoffte Napoleon bei Nebel und ruhiger See die zehn Meilen, die ihn in Boulogne von der englischen Küste trennten, in wenigen Stunden zu überwinden; um eine Armee von hunderttausend

fähig gewordenen Armeen zu thun und Preußen hielt mit bewunderns=
werther Treue an der stricten Neutralität fest, die es Frankreich gelobt
hatte. Ebenso vergeblich blieben Pitt's Versuche, den Krieg in der
Vendée wieder anzufachen, denn die dortigen Zustände hatten sich in=
zwischen gänzlich verändert.

Bernadotte's milde Behandlung der Aufständischen hatte die
Gemüther beruhigt und das mit dem Papst abgeschlossene Concordat
auch dazu beigetragen, den Frieden herzustellen. Die zurückgekehrten
Priester hatten das Volk auf die Seite der Regierung gebracht und
Napoleon ließ in seiner Umsicht damals den großen Canal zwischen
Brest und der Loire erbauen, durch welche Arbeit die hungernden
Volksmassen beschäftigt wurden. So konnte der Minister Pitt weder
bei den Mächten Etwas erreichen, noch Unfrieden in Frankreich selbst
stiften, England blieb auf sich allein angewiesen.

Seine Regierung aber wurde zu ihrem Schaden durch die vielen, sich
im Lande aufhaltenden Royalisten selbst getäuscht, die, durch ihre Illu=
sionen verführt, England zu unglücklichen Unternehmungen aufzureizen
suchten. So hatte Pitt unter Anderem auch eine viel zu große Vorstellung
von der Macht der Jacobiner, die, nach seiner Ansicht aus Unzufrieden=
heit über Napoleon's Regierung, mit den Royalisten gemeinschaftliche
Sache machen und dabei durch einige, auf Napoleon neidische frühere
Generale geleitet wurden. Vor allen Anderen hatte Pitt hierbei den
General Moreau ins Auge gefaßt und zwar nicht ganz mit Unrecht.
Dieser unzufriedene Mann wurde seit seiner Verheirathung von seiner
Frau und deren Mutter, zwei ehrgeizigen Creolinnen von Ile de
France, stark beeinflußt. Er leistete Napoleon Widerstand, wo er nur
irgend konnte, verurtheilte das Concordat und versuchte den inzwischen
von Napoleon eingeführten Orden der Ehrenlegion lächerlich zu machen.
Hierin stimmte er mit seinem alten Waffengefährten vom Rhein, dem
General Pichegru, überein.

Beide waren damals wunderbarer Weise ein Herz und eine Seele,
trotzdem Moreau am 6. Fructidor 1797 Pichegru für einen Verräther
an der Republik erklärt und seine in dem Gepäck eines gefangenen
österreichischen Generals aufgefundene Correspondenz mit dem Feinde
dem Directorium ausgeliefert hatte. Das Alles war jetzt vergessen und
seit dem Frieden von Amiens bestand zwischen Moreau und dem in
England lebenden Pichegru ein inniger Briefwechsel. Ihre Versöhnung
war eine aufrichtige und sie waren in ihren Dispositionen für die roya=

mit Moreau und Pichegru zusammen gedient hatte und deffen Frau Pichegru's Maitreffe gewesen war, mehrfach nach Paris und meldete den Parteiführern, daß jetzt die Gelegenheit günstig und Moreau bereit sei, Alles gegen Napoleon zu unternehmen.

In Folge deffen wurde am 16. Januar 1804 ein dritter Trans= port gelandet, bei dem sich die Leiter des Ganzen, Pichegru, Lajolais und mehrere Chouans wie Rouffillon, Rochette, Amand und Andere befanden. Gleichzeitig wurden Jules de Polignac, Graf Artois' Vertrauter, mit fünfzig Chouans einzeln an den Küsten von Poitou und der Bretagne an das Land gesetzt und auf verschiedenen Wegen nach Paris befördert.

* * *

Man kann wohl sagen, daß sich Napoleon zu dieser Zeit wie auf einem Vulkan befand.

Drei verschiedene Sorten von Empörern waren allmählich auf Bellevilles Gestade gelandet, und zwar die vornehmen Royalisten unter ihren Führern Polignac und Aivical, die zu jedem Verbrechen fähigen Chouans und schließlich die mehr oder weniger an der Revolu= tion betheiligt gewesenen Anhänger Pichegru's.

Die Royalisten hatten bei ihren Versuchen, die amnestirten Emigrés an sich heranzuziehen, scheinbar kein rechtes Glück gehabt, und Keiner von ihnen wollte sie bei sich aufnehmen. Die Meisten hielten das ganze Unternehmen für aussichtslos und fürchteten, sich durch eine Be= theiligung an dem wahnsinnigen Streich zu compromittiren, ja sie glaubten sich auch Napoleon gegenüber verpflichtet, der sie wieder in ihren Besitz eingesetzt hatte.

Die Spannung der Polizei und ihres Ministers Savary wurde aber noch durch einige Meldungen aus der Provinz erhöht, die bekun= deten, daß irgend Etwas gegen die Regierung geplant würde. So wurde z. B. in Abbéville ein Agent des Abbés Rattel, Namens Leclerc, verhaftet, in deffen Papieren man eine ganze Anzahl ge= heimnißvoller Andeutungen, wie von bevorstehenden Ereigniffen ꝛc. fand, die verdächtig vorkamen.

Außerdem erhielt Savary noch die Meldung, daß der berüchtigte Jacobiner Méhée de Latouche in London mehrfach Audienzen bei den Prinzen gehabt habe. Er war dann von diesen nach Harwich ge= schickt und darauf nach Paris gekommen. Er mußte sich aber auf irgend

Anderen die größte Hochachtung bezeugt hätten. Die Polizei erfuhr auch bald von einer weiteren bevorstehenden Landung; Savary begab sich deshalb nach Bevilles, fand die Ferme und täuschte durch die dort aufgefundenen Signale die Landenden, so daß diese ihm in die Hände fielen. Hierbei wurde Bonnet de Lozier und Andere ergriffen und sofort nach Paris gebracht. Sie wurden bei dem Verhör Querelle gegenübergestellt. Man erfuhr zwar dadurch Vielerlei, konnte aber noch immer nicht die eigentlichen Rädelsführer entdecken. Gegen Ende Februar versuchte sich Bonnet de Lozier in seiner Zelle zu erhängen, wurde jedoch noch rechtzeitig abgeschnitten und in das Leben zurückgerufen. Während seiner halben Betäubung fing er an, leise zu sprechen und da kamen denn folgende einzeln gestammelte Worte heraus: „Nous — sommes — trahis! — Combien — des braves gens — vont — périr — parceque — ce traître — de Moreau nous — a — trompé. — Il disait — que l'armée — était pour lui — il a fait — venir de Londres — Pichegru — et tant d'autres individus célèbres — et quand ils sont arrivés — il nous abandonne — nous mourrons — ses — victimes — oh — ce — scélérat! — o pauvre — prince!" — und er sank in eine tiefe Ohnmacht zurück. —

Der Staatsrath Réal begab sich mit diesem wichtigen Geständniß zu dem ersten Consul und erbat sich die Erlaubniß, auf der Stelle Moreau verhaften zu dürfen. Gleichzeitig erhielt Napoleon durch eine Meldung den Wahrheitsbeweis von Pichegru's Aufenthalt in dem dritten Stock eines Hauses an dem Vendômeplatz. — Da hatte man denn Alles, was man brauchte. — Der Großrichter erließ laut Artikel 10 der Constitution einen Verhaftsbefehl gegen Moreau, Pichegru und St. Georges, wonach sie der Verschwörung gegen die Republik und gegen das Leben des ersten Consuls angeklagt wurden. Moreau wurde bei seiner Rückkehr von seinem Gute Gros=Bois durch einen Obersten der Gensdarmerie angehalten. Als er sich die Ordre vorzeigen ließ, lachte er zuerst, wurde dann aber todtenbleich, als er die Namen von Pichegru und St. Georges las. Er wurde dann in das Gefängniß abgeführt.

In den nächsten Tagen gab sich die Polizei die größte Mühe, auch Pichegru und St. Georges zu verhaften, sie waren aber wie von der Erde verschwunden. Die Liste mit ihrer Personalbeschreibung und der der anderen zwanzig Verdächtigen wurde an den Straßenecken angeschlagen,

des Pantheons aufgestellt. — Und richtig, Georges erschien zu der an=
gegebenen Zeit in einem Cabriolet, dessen Pferd er derartig peitschte,
daß es im vollen Carriere über die Brücke flog. Er sah sein Haus
auf dem Platz bei dem Pantheon von Polizisten besetzt, drehte um
und versuchte über die Brücke zurückzujagen. Hier aber fiel er in
die Hände der beiden, ihm entgegenkommenden Offiziere. Der eine
versuchte dem Pferde in die Zügel zu fallen, wurde aber von Georges
niedergeschossen. Georges sprang aus dem Wagen, verwundete den
anderen auf ihn einbringenden Offizier, wurde aber dann von dem
mit dem Rufe: „c'est Georges" herbeieilenden Publikum gefaßt, über=
wältigt und nach der Präfectur gebracht. Nach kurzem Verhör sperrte
man ihn ein. Wenige Tage darauf ergriff man auch die anderen
Complicen, und der Belagerungszustand wurde erst aufgehoben, als
der Letzte von ihnen gefaßt war. Bei der Untersuchung leugnete an=
fangs Pichegru, mit Georges nach Paris gekommen zu sein, ja selbst
ihn gesehen zu haben. Man confrontirte ihn aber mit den anderen
Angeklagten, und da kam denn folgender Thatbestand zu Tage:

Das erste Begegnen zwischen Moreau, Pichegru und Georges
hatte in der Nacht auf dem Boulevard de la Madelaine stattgefunden.
„Voilà, da sind wir," sagte Pichegru, „und wir wollen keinen
Augenblick zaudern, Napoleon zu vernichten." Moreau erwiderte: „Ich
für meine Person kann nichts gegen den lebenden Napoleon unter=
nehmen, aber Alles gegen den todten. Tödtet den ersten Consul und
— der Senat — das Volk — sowie die Armee werden mich
einstimmig an seine Stelle setzen. Ich werde die Commandanten des
Lagers von Boulogne wechseln, und werde eine Commission ernennen,
die über Dich, Pichegru richten soll. Bist Du erst von ihr frei=
gesprochen, sollst Du zweiter Consul werden."

„Gut," fiel da Georges ein, „und ich werde dann dritter
Consul."

„Das ist unmöglich," entgegnete Moreau, „wenn man nur ahnte,
daß ich Dich gesehen hätte, so wäre ich ein verlorener Mann;
j'aurais à peine mon valet de chambre pour moi."

Hierauf schrie Georges wüthend: „Was sind das für Sachen?
Ihr Beide wollt mich verrathen; Ihr beide, Pichegru sowohl wie Moreau,
vous êtes tous les deux bleus; quand vous aurez le pouvoir, vous
me ferez fusiller. Je vous le déclare franchement: bleu pour bleu,
il vaut mieux Bonaparte que tout autre."

Paris. Moreau aber zog sich die allgemeine Verachtung zu, als durch die Verhandlungen zu Tage kam, daß er wirklich mit Georges zusammen gekommen sei. Das Urtheil wurde am 10. Juni gefällt und lautete für die Angeklagten Georges, Charles de Rivière, Gozier, Armand de Polignac, Lajollais, Caboudal und neunzehn Andere auf Tod, (Napoleon begnadigte von diesen A. de Polignac, Rivière, Gozier, d'Hozier, Lajollais, Guillard, Roussillon und Rochette), für Jules de Polignac, Lériban, Rolland und den anderen Hozier auf zwei Jahren Gefängniß.

Moreau wurde zwar für schuldig, aber entschuldbar erklärt und zu zwei Jahren Einschließung verurtheilt.*)

Um die Gründe dieses Spruches zu verstehen, müssen wir etwas näher auf Moreau's Vergangenheit eingehen.

Johann Victor Moreau, als Sohn eines Advocaten 1761 zu Morlaix geboren, wurde zuerst auf Wunsch des Vaters Jurist, bei Ausbruch der Revolution Soldat in Rennes und diente dann in der Armée du Nord. 1792 ward er Brigadegeneral und 1793 schon Divisionscommandeur, als welcher er sich bei der Eroberung Hollands auszeichnete. Hierauf wurde er nach Pichegru's Absetzung Commandeur der Rhein-Mosel-Armee. Er ging 1796 über den Rhein, zwang den Erzherzog Karl zum Zurückgehen und führte hierauf seinen berühmten Rückzug aus, wodurch er Jourdan begagirte. Am 20. August 1797 ging er bei Gernsheim abermals über den Rhein und drang siegreich gegen die Oesterreicher vor, bis plötzlich der Waffenstillstand von Leoben seiner Siegeslaufbahn ein Ende machte. Im Jahre 1799 trat er zu der italienischen Armee über, wo er Scherer ablöste und den gelungenen Rückzug auf Piemont und Genua ausführte.

Im August 1799 wurde er zum Obergeneral der Rheinarmee ernannt, in welcher Stellung er sich durch seinen siegreichen Feldzug in Schwaben neuen Ruhm erwarb, bis sein Sieg bei Hohenlinden am 3. December 1800 den Frieden herbeiführte.

Von da an lebte er bis zu seiner Verheirathung still und zurück-

---

*) Diese Bestrafung Moreau's mit zwei Jahren Gefängniß war in jedem Falle ein Unsinn. War er bei der Verschwörung betheiligt, so war er auch einer von deren Chefs. Er mußte deßhalb, wie die Anderen, zum Tode verurtheilt werden. War er aber unschuldig, so mußte seine Freisprechung erfolgen. Man wird bei diesem Falle unwillkürlich an das Urtheil über den Hauptmann Dreyfus erinnert. Anmerkung des Herausgebers.

gezogen auf seinem Gute Gros Bois. Von der Zeit aber fingen durch
den Einfluß seiner Frau und Schwiegermutter seine Wühlereien an.
Die ehrgeizigen Weiber konnten es ihm nicht vergessen, daß er damals
vor dem 18. Brumaire die Stellung eines gewissermaßen „Kronfeld=
herrn" ausgeschlagen hatte, denn dann stünde Frau Moreau jetzt
vielleicht an der Stelle der ersten Consulin. Sie stachelten ihn zu
immer neuen oppositionellen Thaten gegen Napoleon an. Auf ihre
Veranlassung wurden zur Verspottung der neu geschaffenen Ehrenlegion
die Diener des Hauses in deren Uniform gekleidet, von ihnen ging der
Widerstand gegen das Concordat aus, und Napoleon's Alleinherrschaft
war ihnen ein Dorn im Auge.

Napoleon, dem natürlich alle diese Dinge zugetragen wurden,
raste vor Wuth, hatte er doch Moreau's damalige Weigerung, sein
Schwager zu werden, nicht vergessen und sagte zu Berthier: „Paß
auf, einmal wird sich Moreau seinen Schädel doch noch an den Tuile=
rien einrennen." Und doch konnte er ihn wegen seines Ruhmes und
seiner Stellung in der Armee nicht vernichten. Nun hatte Moreau sich
selbst sein Grab gegraben. Napoleon hätte ihn erschießen lassen können,
aber er that es nicht, sondern ließ ihn nur zu zwei Jahren Ein=
schließung verurtheilen. Da es ihm aber vor Allem darauf ankam,
den unbequemen Mann ein für allemal los zu werden, so ließ er ihn
wenige Tage nach der Verurtheilung entschlüpfen. Hierdurch wurde er
ihn los und vermehrte auch noch den eigenen Ruhm. Ganz Frank=
reich jauchzte ihm zu, daß er nicht Rachsucht geübt, sondern seinem
Meuchelmörder verziehen habe.

Moreau reiste wenige Tage darauf, nachdem er sein Haus in
der Straße Anjou und sein Gut Gros Bois verkauft hatte, nach
den Vereinigten Staaten ab.*)

Der Käufer beider war Napoleon; er schenkte Gros Bois
seinem Freunde Berthier, das schöne Palais aber der Frau Ge=
neralin Desirée Bernadotte.

Dieses Geschenk war der Ausdruck von Napoleon's Dankbarkeit
für Desirée's Verhalten während der letztvergangenen Zeit. Es hieß
nämlich, Moreau habe Anfangs seinen alten Freund und Waffen=
gefährten Bernadotte mit in die Verschwörung verwickeln wollen.

---

*) Moreau sah Europa erst wieder, als er 1814 von dem Kaiser von Rußland
zurückgerufen, als General in dessen Dienste trat und gegen sein Vaterland käm=
pfend den Tod fand. Anmerkung des Herausgebers.

Der aber habe sich Bedenkzeit ausgebeten und Desirée ihn beschworen, Nichts gegen den ersten Consul zu unternehmen. Da sei er denn der ganzen Sache fern geblieben. Napoleon hatte natürlich auch das erfahren und gab auf diese Weise seinem Danke Ausdruck. Wäre ihm die Betheiligung Bernadotte's an dem Anschlage doch sehr unbequem gewesen; er hätte ihn verurtheilen lassen müssen und würde deshalb in dem Heere sowohl, wie in seiner Familie viele Unannehmlichkeiten gehabt haben. Eugenie Desirée hatte ihn davor bewahrt.

Am 15. März fand in Tivoli, von den Offizieren des 96. Regimentes veranstaltet, eine große Jubelfeier wegen der Entdeckung und Inhaftnahme der Verschwörer statt, bei der viele Hunderte von Offizieren jubelnd das Gelübbe ablegten, den letzten Blutstropfen für ihren Bonaparte hingeben zu wollen.

Vierzehntes Capitel.

Wir müssen aber jetzt erst einige Monate zurückgreifen, um des Todes eines weiteren Opfers dieser Verschwörung zu erwähnen.

Wie wir gehört haben, befand sich bei dem einen der Transporte der bei Béville gelandeten Verschwörer auch eine Persönlichkeit, der die Anderen eine besondere Hochachtung erwiesen. Dieser Herr war aber nicht an Land gegangen, sondern an Bord des Wrigth'schen Schiffes verblieben. Es schien, als habe er von dort aus den Erfolg des ganzen Complots abwarten wollen. Es herrschte in der Partei die Ansicht, daß dies der sich in Deutschland aufhaltende Herzog von Enghien gewesen sei, der im Falle des Gelingens des Complots nach Paris gehen würde, um als „Generallieutenant des Königs" dort den Befehl zu übernehmen. Dieser junge Prinz, ein Mann von ausgezeichneter Tapferkeit, wohnte in dem badischen Städtchen Ettenheim, ungefähr vier Meilen jenseits der französischen Grenze.

Wir haben gesehen, daß er schon seit längerer Zeit mit einem Agenten in Straßburg in Briefwechsel stand und sich auch mehrfach, unter dem Vorwande, die Jagd auszuüben, am Rhein aufgehalten hatte. Es war aber Napoleon gemeldet, daß sich alle, im Solde Englands stehenden Agenten im Breisgau um den Prinzen geschaart hätten

furent publiquement convaincus d'être les auteurs de la machine
infernale et qui avaient en même temps jeté soixante brigands dans
Paris, pour m e faire assassiner? Ne suis-je pas autorisé par la loi
de la nature à les faire assassiner? D'après la loi de la politique
la république chancelait sur le bord d'un précipice et le duc
d'Enghien était un des chefs, qui conspiraient sa ruine; de plus il
est nécessaire de reprimer l'audace des émigrés qui avaient envoyé à
Paris soixante parmi lesquels se trouvaient les Polignacs, les Rivières
et ces autres gens, qui n'étaient pas d'une trempe ordinaire, qui
n'étaient ni des brigands, ni des assassins accoutumés aux meurtres
et aux vols somme les Chouans. Le gouvernement républicain ne
peut, sans compromettre sa dignité, faire moins, lorsque l'on avait
publiquement conspiré l'assassinat de son chef que de frapper de la
foudre ceux qui ont osé former une telle entreprise."

Es curſirte bamals in Paris ein Gerücht, nach bem ber Herzog
von Enghien bei ſeiner Ankunft in Straßburg einen Brief an Napo=
leon geſchrieben unb geſagt habe: „Sein Recht auf bie Krone ſei
ein ſehr entferntes. Er verſpräche im Falle, baß man ihm verzeihe,
Alles zu verrathen, was ihm über bie Feinbe Frankreichs bekannt ſei
unb werbe für bie Zukunft Napoleon treu bienen." — Jebenfalls iſt
bieſer Brief, si fabula vera, bem erſten Conſul burch Talleyranb
nie, ober wenigſtens viel zu ſpät ausgehänbigt worben. Napoleon ſoll
barüber geſagt haben: „Peut-être si cette lettre m'ait été remise à
temps, les avantages politiques m'auraient engagé à lui pardonner."

Dieſe Lesart wäre zwar möglich, iſt aber nach ber ganzen Lage
ber Dinge boch ſehr unwahrſcheinlich.

Ebenſo unrichtig iſt, was man ſich bamals von Frau Joſephine's
unb anberer Perſonen Fürſprache zu Gunſten bes Herzogs erzählte.
Eine ſolche hat nie, am wenigſten aber von Joſephine ſtattgefunben,
bie ſich ſchon bamals einen Einſpruch in bie Politik ihres Gatten
gar nicht mehr erlaubt haben würbe. Das Cabinet war in ſeinem
Geſammturtheil einſtimmig ber Anſicht, baß alle Bourbon's ver=
ſchwinben müßten, um Frankreichs inneren Frieben herzuſtellen. Be=
ſonbers war es Talleyranb, ber ſtets nach bieſem Princip hanbelte,
ja es wirb ihm ſogar nachgeſagt, er habe Napoleon vorgeſchlagen,
ben Grafen Artois unb bie anberen Prinzen bes Hauſes überall,
wo man ſie träfe, ermorben zu laſſen, worauf bie Antwort erfolgt
ſei: „Je n'ai jamais commis de crime, je n'en commettrai point

Fünfzehntes Capitel.

Der Macht Napoleon's fehlte zu der Monarchie jetzt nur noch der Titel, der dem Herrscher eines Reiches von solchem Umfang angemessen war.

Schon in dem Jahre 1803 ging in Paris das Gerücht, daß in dem Cabinet des ersten Consuls darüber berathschlagt würde, ob er den Titel „Consularische Majestät" oder den eines „Kaisers von Gallien" annehmen solle.

Nun hatten sich während der Zeit der Verschwörungsverhandlungen in dem Publikum Stimmen dafür erhoben, daß man doch endlich ein Ende machen und der Stellung des ersten Consuls die Erblichkeit geben solle. Zahlreiche Adressen von Corporationen aus allen Gesellschaftsklassen gelangten theils an das Cabinet, theils an die Person des ersten Consuls selbst und in allen Zeitungen wurde dafür Stimmung gemacht. Diese Bewegung mochte wohl theilweise von oben geschaffen sein und Napoleon dabei an den Grundsatz Machiavelli's gedacht haben, „daß eine Regierungsveränderung stets die Frucht eines Complottes gegen die Regierung sei".

Die Stimmung des Volkes übertrug sich auch bald auf den Senat und der faßte mit großer Majorität den Entschluß, dem ersten Consul eine darauf bezügliche Adresse zu unterbreiten.

So erschien denn am 4. Mai 1804 eine Senatsdeputation bei dem Consul mit einer sehr phrasenreichen Adresse ungefähr folgenden Inhaltes:

„Erster Consul, Sie begründeten in Frankreich eine neue Aera, Sie müssen dieselbe auch für immer befestigen. Zögern Sie nicht, großer Mann, Sie haben uns aus dem Chaos gerettet; so vollenden Sie denn auch Ihr Werk, indem Sie demselben die Unsterblichkeit Ihres Ruhmes sichern."

Napoleon kam diese Adresse scheinbar sehr unerwartet und er bat sich Bedenkzeit aus.

Am 6. Mai eröffnete er dem Senat, daß er die Erblichkeit annehme, und den Senat ersuche, ihm seine detaillirten Pläne darüber mitzutheilen. Ehe es aber hierzu kam, beantragte der Tribun Curé in dem Tribunat, dem Regierungsoberhaupt die kaiserliche Würde zu verleihen. Es wurden an dem Tage hierüber die lobhudelndsten

In Lucien's Charakter lag aber kein langes Verharren in finsterer Traurigkeit und er begann bald sein loderes Leben von Neuem.

Er nahm nach Christine's Tode seine Schwester Elisa mit in sein Haus, die seinem Hausstand vorstand. Das zwischen beiden Geschwistern bestehende Verhältniß war ein gar eigenthümliches, das in Paris zu manchen Mißdeutungen Veranlassung gab. Ihre Schlafzimmer lagen neben einander und beide Geschwister nahmen täglich in demselben Zimmer gleichzeitig ein Bad. Sie waren immer beisammen und boten den Eindruck innigster Eintracht. Dieser Bund löste sich erst, als die sehr liebebedürftige Elisa in ein zärtliches Verhältniß zu dem Dichter Fontanes trat; da verließ sie die Wohnung ihres Bruders und siedelte nach der Straße St. Honoré über, wo sie recht häufig mit Fontanes zusammenkam.

Von der Zeit an wurde Lucien's Leben in seinem schönen Palais ein so scandalöses, daß sich seine beiden Töchter Lolotte und Lilli zu Desirée Bernadotte flüchten mußten, in derem Hause sie vorläufig ein Asyl fanden.

Bald aber sollte Lucien's Leben zu einem öffentlichen Aergerniß Veranlassung geben. Er lernte nämlich die Frau Jouberton, die schöne Tochter eines Marinecommissars Bléchamp zu St. Malo, kennen. Diese hatte ein Schwindler, Namens Jouberton, geheirathet, um mit ihrer Schönheit in Paris zu speculiren. Sie wurde denn auch bald die Maitresse eines Comte de Boulay, von dem sie Lucien übernahm. Dieser gab ihr eine fürstliche Ausstattung in einem, mit seiner Wohnung durch einen geheimen Gang verbundenen Hause auf dem place du Corps législatif und ihr Verkehr wurde so innig, daß sich bald die Folgen ihres Umganges zeigten. Da gelobte ihr Lucien, er würde sie in dem Falle heirathen, daß das zu erwartende Kind ein Sohn wäre. Als es nun wirklich ein solcher war, erfüllte er sein ihr gegebenes Versprechen und ließ sich mit ihr gegen Napoleon's directes Verbot heimlich trauen. Es kam hierbei zu einer sehr heftigen Scene zwischen den Brüdern, wobei Napoleon Lucien vorwarf, die Jouberton sei die Maitresse von so vielen Menschen gewesen, daß es ihm unmöglich sei, diese Person in seine Familie aufzunehmen. Da hatte Lucien in seinem Jähzorn die Dreistigkeit zu erwidern: „Ich folge darin durchaus Ihrem Beispiel, nur mit dem Unterschiede, daß meine Frau jung und hübsch ist, während die Ihre" —

Ein rasender Wuthausbruch Napoleon's unterbrach seine Rede, und es wäre zu Thätlichkeiten gekommen, wenn sich Lucien nicht schleunigst mit den Worten entfernt hätte: „Ich gehe und verlasse Sie auf immer, denn ich habe keine Lust, ferner unter einem Despoten zu leben. Was aber Ihre Kaiserpläne anbelangt, so prophezeie ich Ihnen ein böses Ende." — Mit diesen Worten verschwand er gerade noch schnell genug, um einer schweren Porzellanvase zu entgehen, die Napoleon hinter ihm her schleuderte.

Hierdurch trat für lange Jahre ein Bruch zwischen ihm und Napoleon ein. Lucien reiste mit der Jouberton und seinen Töchtern zuerst nach Rom, von wo er ein Jahr darauf nach Amerika übersiedelte.*)

War auf diese Weise einer von den Opponenten beseitigt, so mußte Napoleon sich auch des zweiten, des bisherigen Kriegsministers Carnot, zu entledigen; er wurde aus Frankreich verbannt und ging nach der Schweiz.

So blieb nur noch Bernadotte übrig. Bei diesem aber schlug Napoleon, wohl auf Desirée's Bitten, einen anderen Weg ein. Es bestand zwischen ihm und Desirée's Gatten schon seit längerer Zeit wieder ein gespanntes Verhältniß und Bernadotte hatte es damals nur Desirée's Einfluß zu verdanken, daß er nicht Lafayette's und Moreau's Schicksal theilen und in die Verbannung gehen mußte.

Nun war er dem Kaiser auf's Neue bei Gelegenheit der Annahme des Kaisertitels entgegengetreten, und Napoleon beschloß seine Entfernung. Schließlich aber schlug er auf Bitten der Familie den Weg der Güte ein und ernannte Bernadotte im Verein mit Murat, Berthier, Masséna, Lannes, Soult, Brune, Ney, Augereau, Mortier, Davoust, Jourdan, Moncey, Léfèbre, Bessières, Kellermann und Sérrurier und anderen zum Marschall von Frankreich.

Er berief ihn gleichzeitig zu sich in die Tuilerien und versuchte ihn durch Ueberredung auf seine Seite zu ziehen. „Du siehst, Bernadotte," redete er ihn an, „daß die Frage zu meinen Gunsten entschieden ist; die Nation hat sich für mich erklärt. Aber Frankreich bedarf jetzt der Mitwirkung aller seiner tüchtigen Söhne. Ich frage Dich daher, willst Du Dich von jetzt an zu mir halten und Deine

---

*) Er bekam seinen Bruder, den Kaiser, erst wieder zu sehen, als er sich ihm 1815 während der 100 Tage zur Verfügung stellte. Seine Nachkommen leben noch heute in Amerika. Anmerkung des Herausgebers.

Opposition aufgeben, oder willst Du nach wie vor fern bleiben?"
Dabei bot er ihm die Hand, und Bernadotte willigte ein. Sah er doch
ein, daß sich die Ereignisse gegen ihn erklärt hätten und daß es mit
der Republik vorbei sei. Sein Ehrgeiz und sein Thatendrang ließen
ihn nicht den Verhältnissen fern bleiben, er ergriff daher die ihm ge-
botene Hand und gelobte, sich von jetzt an „loyal" zu verhalten, sowie
zu dem Nutzen des neuen Kaiserreiches mitwirken zu wollen.

So war denn der Friede geschlossen; Napoleon verlieh ihm zum
Andenken an diese Stunde das Großkreuz der Ehrenlegion und
machte ihn zum Chef der achten Cohorte.

So war denn Bernadotte nun wirklich Marschall von Frankreich geworden und hatte auf diese Weise das seiner Desirée gegebene
Versprechen wahr gemacht: Desirée war jetzt Marschallin.

Napoleon aber sah bald genug ein, daß zwischen ihm und
Bernadotte doch zu viel Meinungsverschiedenheit bestehe, die Beiden
verstanden sich einmal nicht, um ein dauerndes Zusammenwirken an
einem Ort zu ermöglichen. Er nahm daher die erste, sich bietende
Gelegenheit wahr und sandte den neuen Marschall nach Hannover, um
das Commando über Mortier's dortige Armee, sowie die Verwaltung
des Landes zu übernehmen. Er kannte ja Bernadotte's Organisations-
talent und versprach sich daher von ihm dort gute Dienste.

Desirée aber blieb vorläufig noch in Paris, um die Kaiserkrönung mitzumachen und wollte erst später ihrem Gemahl in das, ihr
so unsympathische, ferne Land folgen.

Sechzehntes Capitel.

Ehe wir zu der Thätigkeit Bernadotte's in Hannover selbst übergehen, wollen wir die inzwischen in Paris vorgefallenen Ereignisse
und die Kaiserkrönung schildern.

Als Napoleon sich zum Kaiser machen wollte, stieß er wunderbarer Weise außer bei Lucien auch noch bei anderen Mitgliedern seiner
Familie auf Widerspruch. Besonders war es Frau Letizia, die ihm
abrieth. War es ihr Aberglaube, als sie meinte: „Laß davon ab, wer

Erst sehr allmählich fanden sich, durch Josephine's Ueberredungskünste bewogen, Einzelne ein, denen dann mit der Zeit auch Mehrere folgten. So wurde durch Decret vom 8. Juli der Graf von Segur zum grand maître des cérémonies und der Marquis von Coulaincourt zum Hofmarschall der Kaiserin ernannt; die Damen de Lucai, de Lauriston, de Remusat und de Talhuèt wurden Hofdamen, sogenannte dames du palais, und die Mutter der Talhuèt versah in der ersten Zeit die Stelle von Josephine's Oberhofmeisterin. Die Kaiserin war auf die Damen Talhuèt auf eine eigenthümliche Weise aufmerksam geworden. Napoleon begünstigte damals besonders die Verbindungen seiner Generäle mit Damen aus legitimistischen Kreisen und hatte den General Lagrange veranlaßt, sich um Abele Talhuèt zu bewerben. Diesem schönen Mädchen aber flößten die rohen Lagermanieren des zum Trunk neigenden Generals einen solchen Ekel ein, daß sie von der Partie Nichts wissen wollte. Als Frau von Talhuèt dem General Menon über die Bewerbung Lagrange's ihr Leid klagte, erklärte der lachend: „Was, der Lagrange will Ihre Tochter heirathen? Aber der hat ja bereits in Aegypten eine Frau und vier Kinder."

Das hörte die Kaiserin und nahm beide Damen in ihren Dienst.*) Außer den oben Genannten wurden von dem Kaiser noch folgende Standeserhebungen befohlen. Cambacérès wurde zum Erzwahlherrn und Lebrun zum Erbschatzmeister und Connétable von Frankreich, beide mit dem Prädicat „Illustre Hoheit", ernannt. Joseph und Louis wurden Prinzen mit dem Prädicat „Kaiserliche Hoheit" und erbberechtigt zur Thronfolge erklärt. Louis wurde außerdem zum Connétable von Frankreich ernannt, während Lucien und Jérome**) wegen ihrer, von dem Kaiser nicht gebilligten Heirathen von der Thronfolge ausgeschlossen wurden. Auch Napoleon's Schwestern Elisa, Pauline und Karoline erhielten den Titel

---

*) Später trat allerdings der wunderliche Fall ein, daß dieselbe Abele Talhuèt, die zuerst solchen Widerwillen gegen diese Ehe zeigte, doch noch den General Lagrange heirathete, der sich von seiner Frau in Aegypten scheiden ließ und aus Neigung zu Abele seine Neigung zum Trunke, sowie seine rohen Manieren ablegte. Die Ehe ist sogar ganz glücklich geworden.

**) Jérome hatte damals eine Miß Patterson geheirathet, convertirte sich aber später und wurde dann von Napoleon in Gnaden aufgenommen.

Anmerkungen des Herausgebers.

„Kaiserliche Prinzessinnen" mit dem Prädicat „Kaiserliche Hoheit", während Napoleon für die Frau Letizia nur den Titel „madame mère" creirte. Duroc erhielt den Posten eines grand maréchal du palais, Fouché an Stelle Savary's den des Polizeiministers und Champagny wurde Minister des Inneren.

So wurden denn mit der Zeit alle Stellungen des neuen Hofstaates besetzt, es gab da Ehrendamen und Kammerdamen, einen Großalmosenier und Oberhofjägermeister und so manche von den Beförderten, die einst gegen die Inhaber dieser königlichen Stellen angekämpft hatten, blähten sich jetzt damit wie die Frösche.

Schließlich wurde denn auch zur Erhöhung des Glanzes des neuen Kaiserhofes ein neuer Adel geschaffen, als dessen Vorbote bereits der Verdienstadel der Ehrenlegion zu betrachten ist.

Der Kaiser ernannte eine ganze Legion neugebackener Herzöge, Grafen, Barone und Ritter, denen er auch die Errichtung von Majoraten gestattete, wodurch das Adelsprädicat erblich wurde. Da aber aus der Revolution das Gesetz der Abschaffung des alten, feudalen Adels fortbestand, so stellte sich das seltsame Resultat heraus, daß die uralten, mit der Geschichte der Nation eng verwachsenen Familien wie die Montmorency's, La Trémouille's ꝛc. bürgerlich blieben, während die Söhne von Tanzmeistern, Müllern und Anderen ihre Herzogs-, Grafen- und Baronstitel führten.

Nach Aufstellung des Hofstaates fehlte jetzt nur noch zur Inscenirung des neuen Kaiserthrones das prunkvolle Schauspiel einer Krönung.

Auch diese sollte endlich am 2. December 1804 stattfinden und es wurde ihr dadurch ein besonderer Glanz verliehen, daß Napoleon sich den Papst Pius VII. aus Rom dazu nach Paris holen ließ.

Die Einführung des Concordats war hierzu der erste Lockvogel gewesen, außerdem aber wurde Seine Heiligkeit durch den Köder der Wiederherstellung des Kirchenstaates zu einem Schritt bewogen, um den sich bisher alle anderen katholischen Könige und Fürsten vergebens bemüht hatten.

Seine Heiligkeit legte also die Reise nach Paris in kleinen Tagereisen zurück und kam am 25. November (4. Frimaire) in Fontainebleau an. Der Kaiser fuhr ihm bis Croix de Saint-Herem entgegen,

so aus, als ob ich Dich um das Erbtheil des Königs, unseres Vaters, betrügen wollte."

Trotzdem wußte sie aber, wie gewöhnlich, bei Napoleon ihren Willen durchzusetzen und es wurden die Prinzeß Karoline Murat, Elisa Baciochi, Julie und Hortense Bonaparte zum Schleppen= tragen bestimmt, während Desirée Bernadotte den Auftrag er= hielt, unmittelbar hinter der Kaiserin deren Taschentuch und Schleier auf einem Kissen zu tragen.

Die Inscenirung des Festprogramms wurde dem Maler Isabey übertragen und dieser arbeitete einen ganzen Schlachtplan des Pro= gramms aus, in dem die einzelnen Mitwirkenden durch kleine, hölzerne Puppen dargestellt wurden. Danach kannte ein Jeder seinen Platz und wußte, wie er sich bei der Ceremonie zu benehmen hätte.

Eine sehr wichtige Frage war ferner die der Auswahl der Costüme und es bedurfte langer Berathungen mit der, von früher her darin Bescheid wissenden Marquise de Montesson, um endlich ein, aus den Moden der vorigen Jahrhunderte componirtes Costüm zusammen= zustellen.

Endlich kam der 2. December heran und das Geläute aller Glocken, vermischt mit dem Donner der Geschütze, kündigte um 6 Uhr Morgens der Hauptstadt und den Tausenden und Abertausenden der von dem Lande herbeigeströmten Franzosen den Tag der Krönung an. Alle Straßen waren mit Menschen bedeckt (es dürften wohl an 400 000 Zuschauer auf den Plätzen und Straßen von Paris versammelt sein) und bereits um 8 Uhr fanden sich die Stände der Monarchie, die Abordnungen der Beamten und Generäle in der Cathedrale von Notre Dame ein, um durch die Ceremonienmeister auf die ihnen be= stimmten Plätze geführt zu werden. Um 9 Uhr verließ der Papst in einer vergoldeten, mit acht reich geschirrten Apfelschimmeln bespannten Galakarosse die Tuilerien, um sich nach der Wohnung des Erzbischofes bei Notre Dame zu begeben. Dem Wagen voran ritt auf einem reich= geschmückten Maulesel ein in eine violette Soutane gekleideter Kirchen= beamter, der ein großes, in röthlichen Strahlen funkelndes Granat= kreuz trug. Der Papst legte die päpstliche Tiara und die hohen Festgewänder an und begab sich um 10 Uhr unter Vorantritt der Cardinäle, der Erzbischöfe, Bischöfe, sowie sämmtlicher Geistlichen von Paris in die Cathedrale zu dem für ihn bestimmten thronartigen Platz. Bei seinem Eintritte ertönte von der Gallerie herab der Gesang des

kaiserlichen Hofes, der Minister und höchsten Beamten, wieder ein
Musikcorps und den Schluß bildete eine große Kavallerietruppe. Es
mochten wohl an 8000 Pferde in dem Zuge vertreten sein. So fuhr
der glänzende, in allen Farben schimmernde, wohl eine halbe Meile
lange Kaiserzug durch die chaîne bildende Infanterie dahin. Die
Commandos zum Präsentiren erschallten, und die brausenden Zurufe
des begeisterten Volkes übertönten fast die rauschenden Weisen der
Musik. — Endlich hielt der kaiserliche Wagen vor dem großen Portal
des Erzbisthums und Napoleon betrat an der Kaiserin Seite das erz=
bischöfliche Palais.

Das Wetter war bis dahin nebelig und trübe gewesen, sowie
Napoleon aber bei dem Verlassen des Wagens den Fuß auf die Erde
setzte, lichteten sich plötzlich die Wolken und ein Sonnenstrahl fiel auf
des jungen Kaisers Angesicht.

Ein erneuter Jubel erschallte rings umher, war es doch, als ob
der Himmel selbst den Tag segne, an dem Frankreich seinen Kaiser
erhielt.

Es war gegen 1 Uhr, als sich die kaiserlichen Majestäten, angethan
mit den inzwischen angelegten Krönungsgewändern, über die hölzerne,
reich mit Teppichen geschmückte Gallerie, die die Verbindung mit der
Kirche vermittelte, in die Cathedrale begaben. Hinter ihnen folgte in
glänzendem Schimmer der Edelsteine und goldgestickten Uniformen das
zahlreiche, reichgekleidete Gefolge.

Der Kaiser trug einen Anzug von weißer Seide und war um=
gürtet mit einem goldenen Wehrgehänge, in dem ein mittelalterliches
goldenes Schwert steckte. Ein langer rothsammetner, mit goldenen
Adlern und Bienen bestickter und mit Hermelin verbrämter Mantel
umhüllte ihn, und dessen lang nachwallende Schleppe wurde von den
Connétablen Joseph und Ludwig Bonaparte, Cambacérès und Le=
brun getragen. Die Kaiserin trug eine goldgestickte Robe aus Silber=
brocat mit einer langen, von Edelsteinen dicht besäten Schleppe. Sie
brach fast zusammen unter der Last des großen, ebenfalls mit goldenen
Bienen bestickten Krönungsmantels, der in starren Falten von ihren
zarten Schultern niederhing. Ihre lange Schleppe aber wurde von den
kaiserlichen Prinzessinnen Elisa und Karoline getragen. Josephines
zartes, liebliches Gesicht war blaß, ihre dunklen Augen aber erglänzten
feurig und stolz bei dem Gedanken, jetzt mit der Krone Frankreichs,
des mächtigsten Staates der Welt, geschmückt zu werden.

Dicht hinter der Kaiſerin ſchritt Deſirée Bernabotte, angethan mit einer lichtblauen, mit Edelſteinen beſäten Prachtrobe von drap d'argent und reicher Brillantſchmuck funkelte auf ihrem weißen Halſe. Sie trug ein Kiſſen von rothem Sammet, auf dem das Spitzentaſchentuch und ein duftiger

Spitzenſchleier der Kaiſerin la= gen. Sie ſah in ihrer reifen, zur vollen Pracht ent= wickelten Schön= heit entzückend aus. In ihren Augen aber lag ein ſtilles Seh= nen, ſie mochte des fernen Gatten in dem nordiſchen Lande gedenken, der nicht zu der Krönung befoh= len war. Hinter ihr folgte das große, wohl an 200 Perſonen be= tragende Gefolge.

So ſchritt der glänzende Zug mit dem Kaiſer an der Spitze durch die

Der Kaiſer im Staatskleide bei der Salbungsfeier.
(Von Iſabey.)

ſich tief verneigende Verſammlung dahin. Napoleon's Adlerblick aber ſchweifte über die Menge und ein ſtolzes, triumphirendes Lächeln lag darin bei der glänzenden Pracht, die rings umher ſein Auge ſah. Er wandte ſich zu dem rechts rückwärts von ihm gehenden Joſeph und ſagte leiſe: „O Joſeph, Joſeph, wenn das unſer Vater hätte ſehen können!"

So gedachte er ſelbſt in dieſem erhabenen Augenblick ſeines Vaters und bekundete dadurch das stets von ihm bewiesene Familieninteresse, das eine Eigenschaft seiner Heimathinsel Corsica ist.

Neben dem Zuge schritten Frankreichs berühmte Generäle, von denen sechs die Reichsinsignien trugen. So trug Berthier die Krone Karls des Großen, Masséna das Reichsschwert, Soult den Reichsapfel, Ney das Scepter und Augereau die Krone der Kaiserin.

Als die Kaiserlichen Majestäten auf dem hohen Chor angekommen waren, stimmte der Papst das „Veni creator" an, das von der Orgel und dem Sängerchor aufgenommen wurde. Während des Graduals nahmen Kaiser und Kaiserin auf ihren Thronen Platz und das Gefolge gruppirte sich um sie her. Desirée aber stand dicht neben der Kaiserin und hatte auf diese Weise die ganze Ceremonie vor sich. — Sie konnte sich bei dem Anblick dieser ganzen glänzenden Feier des Eindrucks nicht erwehren, wie das Ganze trotz allem Glanz und aller Pracht doch den Eindruck der Caricatur mache. Sie sagte sich, daß ihr großer Held Napoleon Alles schaffen konnte, aber daß zu solch' einer dynastischen, königlichen Ceremonie sein Können doch nicht ausreiche. Wo hätte aber auch er sowohl wie seine Umgebung in ihrem Vorleben darüber eine Anschauung gewinnen sollen? Es hatte ihm bei dem ganzen Arrangement der Krönungsceremonie stets der Ritus des antiken Zeitalters verbunden mit Erinnerungen an die Regierungsperioden Heinrich's IV. und Ludwig's XIV. vorgeschwebt, und dadurch war in dem Ganzen gewissermaßen ein Zerrbild aus verschiedenen Jahrhunderten entstanden. Wenn Desirée aber auch ein großer Theil der goldglänzenden Versammlung in ihren gespreizten Manieren und grotesken Posen beinah einen komischen Eindruck machte, so ruhten dagegen ihre Augen mit Begeisterung auf ihres Kaisers stolzem Angesicht. Mochten seine Gesten vielleicht auch vorher einstudirt sein, seine Stimme bei dem Eide zu pathetisch klingen, so war es doch immer der Zauber seiner ruhmvollen Vergangenheit und seine machtvolle Persönlichkeit, von der sie die Blicke nicht wenden konnte. Während die herrlichen Melodieen des „vivat imperator in aeternum" erklangen, schritt der Kaiser zu dem Altar hin, um den Eid auf die Verfassung zu leisten. Er erhob seine Stimme, so daß ein jedes seiner Worte bis in die fernsten Ecken des Riesenschiffes der Cathedrale drang und beschwor, die Gleichheit aller Rechte wahren zu wollen, sowie die politische und bürgerliche Freiheit aller seiner Unterthanen zu schützen. Keiner aus der großen Versammlung wagte hierbei an der Aufrichtigkeit seiner Er-

Nachdem die Kaiserin gekrönt war, stimmte die große, glänzende Versammlung in das von dem Chor intonirte Tedeum ein und nach Schluß des Gesanges ertheilte der Papst den Segen.

Hierauf verließ der kaiserliche Zug unter dem Geläut der Glocken und dem Donner der Geschütze die Cathedrale und begab sich unter dem Jubelgeschrei des Volkes: „Vive l'empereur, vive l'impératrice!" nach den Tuilerien zurück.

Der Papst aber blieb, scheinbar im stillen Gebet, vor dem Altar zurück. Er war in seinem Innern voll Wuth darüber, daß Napoleon ihm kein Wort des Dankes gesagt, sondern ihn wie einen Untergebenen hatte stehen lassen. — Er begab sich in das erzbischöfliche Gebäude, in dem er, nach der ihm erwiesenen Fußküssung seitens der Geistlich= keit, seine päpstlichen Galakleider ablegte, um sich dann wieder in seine goldene Carosse zu setzen. Er kam unter dem Jubelruf der Menge: „Vivat der heilige Vater!" in den Tuilerien an, wo dann ein großes Festmahl stattfand.

Abends erglänzten die Tuilerien und alle Straßen der Residenz in einem Meer von Licht und auf den Boulevards, den Champs Elysées, in allen Straßen staunten die Hunderttausende diese bisher noch nie in solchem Glanze dagewesene Illumination an.

Mit diesem Krönungstage hatten die Feste noch nicht ihr Ende erreicht, am zweiten Tage fanden große Volksfeste und am dritten eine militärische Feier statt, bei der der Kaiser auf dem Champ de Mars an alle Truppen die neuen Adler, Fahnen und Standarten vertheilte. *)

Am 9. gab die Stadt ein großes Fest, bei dem unentgeltlich Wein, Brod und Fleischspeisen an das Volk vertheilt wurden. Diesem ersten folgte am 16. Dezember ein zweites von der Residenz gegebenes Fest, bei dem in jeder der zwölf Gemeinden von Paris eine Lotterie abgehalten wurde. Die Gewinner erhielten ein Huhn, eine Flasche Wein und einen Truthahn und es kamen auf diese Weise über 10 000 Stück Geflügel zur Vertheilung. Auf dem place des Innocents spru= delte aus vier Riesenfontainen rother und weißer Wein und die Be= geisterung des Volkes kündigte sich durch jauchzende Jubelrufe an, als

*) Ueber die Beschreibung der neuen Adler und Fahnen und die Wahl der Adler zu Feldzeichen sehe man das im gleichen Verlage von Schmidt & Günther erschie= nene Werk nach: „Jérome Napoleon, König von Westphalen," pag. 20—21.

Anmerkung des Herausgebers.

Volk in Maſſe gegen die Maſſe der Teutſchen geſtellt wird, daß es an
Leib wie an Seele von leichterem Caliber, ſchlank in die Höhe iſt.

Die Leute haben theilweiſe wirklich ſuperbe Figuren und der Comö=
diant iſt ihnen angeboren.

Die Requiſitionen hören noch immer nicht auf, noch geſtern hat
man wieder 1500 Tuchmäntel und ebenſo viele Manteljäcke für die
Cavallerie gefordert. Es kommen täglich Corps zerlumpter Soldaten in
die Stadt, die auf öffentliche Koſten gekleidet werden müſſen und ſind
ſie blank ausſtaffirt, dann kommen wieder Andere. Der General Mortier
hat ſich auch eine prachtvolle, militäriſche Umgebung geſchaffen, die total
hier coſtumirt wurde.

Die Truppen hier ſehen jetzt Alle höchſt elegant aus, reiten auf
kleinen polniſchen Pferden, die mit den ſchlanken Reitern durch die
Luft zu fliegen ſcheinen. Sie tragen auf ihren hohen Kappen eine
Coquelicotfeder, faſt eine Elle hoch, die ſich gut ausnimmt und von der
ſchönſten Farbe iſt.

Bei dem Generalcommandanten Schinnér müſſen alle Fremden ihre
Päſſe revidiren laſſen, er wohnt in dem Walmodenſchen Palais und
ſcheint ein recht artiger Mann zu ſein, ganz Franzos für die Damen.
— Aber die Frauen und Mädchen ſehen ſich auch, zur Schande ſei es
geklagt, faſt die Augen nach den ſchwarzäugigen Welſchen aus. Man
begegnet auf allen Straßen ſtets eleganten Damen und auch in der
Comödie ſieht man ſie im hohen Glanz. Jetzt iſt die Schauſpieler=
geſellſchaft aus Braunſchweig hier und es werden Opern und Tragödien
in franzöſiſcher Sprache geſpielt, die Teutſchen nehmen indeſſen ihre
Stelle in Braunſchweig ein. Auf allen Straßen gehen Franzoſen und
in allen Ecken hört man ihre Sprache. — Jetzt ſpricht man in unſeren
Geſellſchaften nur von den Zeitangelegenheiten und alle Menſchen ſind
äußerſt betrübt, denn die Hoffnung, die Dinge wieder in dem alten
Coſtume zu ſchauen, ſcheint uns weit hinausgeſchoben.

Unſere Bekannten behaupten durchaus, Hannover ſei durch Ver=
rätherei übergeben, was daran wahr iſt, vermag ich nicht zu beurtheilen.

Des Sonntags iſt große Parade auf dem Paradeplatz bei dem
Schloſſe, von meinen Bekannten gehen aber Keine hin. — Geſtern habe
ich Archenholz ſeine Minerva erhalten und mit Verwunderung
die Freimüthigkeit angeſtaunt, mit der er über die Zeitumſtände ſpricht.
Was unſere Mode hier anbelangt, nach der Du fragſt, ſo wird noch
immer viel Batiſte und Mouſſelin getragen. Wenn die Straßen auch

sehr schmutzig sind, so schleppen die Elegantinnen doch die handbreiten Spitzen auf dem Boden. Vorn sind die Kleider jetzt sehr kurz und man hat einen Rock von demselben Zeuge darunter, der auch besetzt ist, aber nicht etwa am Ende des Rockes, sonst könnte man ja glauben, es sei eine Verlängerung nöthig gewesen, was man doch vermeiden will. Hier findest Du alle neusten Modes aus Frankreich bei Madame Fillie und der Patureau.

Doch nun habe ich wohl genügend mit Dir geschwätzt, meine Liebe. Es ist recht traurig hier, das glaube mir. Du in Deiner ländlichen Stille hast es darin besser. Sage Deinem Herrn Gatten meine Empfehlungen. Ich bin in alter Treue stets Deine

Ernestine von Rauschenplatt.

Zweiter Brief. (Ein Jahr später.)

Hannover, 1. September 1804.

Innig geliebte Katherine!

Du hast einige Monate Nichts von mir und über uns hier vernommen, Du meine Traute. Es hat sich aber immer etwas arrivirt, das mich von meinem Schreiben an Dich abhielt. Ich kann aber wohl die Behauptung aufstellen, daß sich hier gar so Mancherlei in letzterer Zeit zum Besseren gewendet hat und wir, wenn auch leider noch immer unter französischer Herrschaft, doch uns hier etwas wohler zu fühlen beginnen. Wir sind nämlich unseren französischen Commandanten den General Mortier los geworden und haben am 17. Juni dafür den General, oder wie er vielmehr jetzt genannt wird, den Marschall Bernadotte erhalten. Es ist das ein gar vornehm und dabei freundlich aussehender Herr mit liebenswürdigen Manieren, der sich auch unseres Landes gut annimmt und viele Uebelstände, die der Mortier eingeführt, bereits abgestellt hat.

Doch erst, meine Katherine, zu etwas Anderem. Du weißt, daß die Söhne des hannoverschen Landes und besonders gar viele Hunderte unseres früheren Militärs jetzt bei der, von Halkett und Decken auf der Insel Wight errichteten sogenannten „Kings-german Legion" im Solde Englands stehen. Der böse Mortier, der von dem Verschwinden so vieler Söhne des Landes Kundschaft erhielt, belegte diese, wenn sie gegriffen wurden, sowie auch deren Verwandte mit den grausamsten Strafen und hat dabei oft mit äußerster Rohheit gehandelt.

Da aber alle seine Bemühungen in dieser Hinsicht ohne succès blieben und die Auswanderung nach wie vor fortdauerte, hatte er, um der Sache gewissermaßen ein paroli zu bieten, als Gegenstück zu dieser Legion eine „Französisch=deutsche Legion" in das Leben gerufen, bei der Dienste zu nehmen er die Söhne des Adels und der Bürger zwang. So mußte denn auch unter Anderen der Baron Karl von Schenk=Winterstädt bei dieser Legion eintreten, weshalb ich dieses Erwähnung thue, da Du den jungen Mann ja kennst. Die Sache mit der Legion kam aber nicht recht vorwärts, indem sehr viele Desertionen stattfanden.

Es war zuletzt mit dem Mortier auch gar nicht mehr zum Aushalten, der Mann muß viele Tausende an Geld für sich von hier fortgeschleppt haben, so viele Menschen hat er zu brandschatzen gewußt. So hatte er auch unter anderem einem französischen Schauspieldirector Namens Peyre, das Recht verkauft, im ganzen Lande, bis auf die Stadt Göttingen, französische Theater zu errichten und die Leute wurden durch Mortier gezwungen, diese Theater zu besuchen. Es war, als ob man die Hannoveraner auf diese Weise französisch hätte lehren wollen. — Auch das hat der Bernadotte sofort abzustellen gewußt und man kann sich doch nun auch einmal wieder einer guten teutschen Comödie erfreuen. Hier war als Commandant ein General Schinner eingesetzt, als Bernadotte aber sah, welch' ein schlimmer Mann das war und wie der unter anderem verbot, daß irgend Etwas gedruckt würde, ehe er es gelesen hatte und jede freie Meinung unterdrückte, da hat er ihn gleich wieder abgesetzt und nach Paris zurückgeschickt. Etliche behaupteten, der Mann mache seinem Namen Ehre, er war nämlich ein Deutsch=Elsässer, nannte sich aber natürlich „Schinnère". Die höheren französischen Offiziere haben sich jetzt alle ihre Frauen nach hier kommen lassen und diese veranstalten oft gar glänzende Fêten, bei denen, wie ich zu meinem Leid vernehme, auch manche Dame unseres Standes verkehrt. Es soll sehr lustig dabei hergehen. Unser Marschall soll in Paris auch eine wunderschöne Frau Namens Desirée, natürlich auch ziemlich niedrigen, aber reichen Ursprungs, sein eigen nennen, die noch dazu eine Verwandte Napoleon's ist, weshalb mag der Bernadotte dieselbe wohl nicht einmal hierher kommen lassen?

Ich hatte Gelegenheit, den Marschall zum ersten Mal bei der Geburtstagsfeier des Großconsuls zu sehen, die hier am 15. August mit großem Pomp gefeiert wurde. Die Fête kostete unserer guten Stadt

allein das Sümmchen von 8000 Thalern, wie man sagt. Der Vor-
abend wurde mit der Aufführung der großen französischen Oper „Die
Karawane von Cairo" gefeiert, worin die Großthaten Napoleon's in
Aegypten verherrlicht wurden. Während des Spieles ertönte der Donner
der vielen, gegen die Stadt gerichteten Kanonen. An dem folgenden
Morgen weckte ein gleicher Donner die Einwohner aus ihrem Schlafe
und nun folgte eine Feierlichkeit der anderen auf dem Fuße. Die
Mitglieder der Executivcommission und der Landschaft statteten zuerst
ihre Glückwünsche ab, wobei Bremer die Ansprache hielt, darauf folgten
die anderen Behörden. Im weiteren fand große Parade auf dem
Paradeplatz statt, danach um 12 Uhr Cour in dem Schlosse. Zu
Mittag war große Tafel in der Orangerie zu Herrenhausen, wozu
unsere gnädigen Beherrscher auch mehrere Hannoveraner verschiedenen
Standes geladen hatten. Nach aufgehobener Tafel ward ein hier noch
nie gesehenes Schauspiel — ein Wettrennen in der Herrenhäuser
Allee gegeben.

Zu beiden Seiten derselben waren Reihen von Bajonetten auf-
gepflanzt und Husaren ritten auf und ab, damit die Renner zu Pferde
nicht aufgehalten würden, die von den Casernen bis zu dem Ziele
unweit Herrenhausens fliegen sollten, das ihnen an dem Gerüste, auf
welchem die französische Generalität mit etlichen Damen saß, gesteckt war.

Das Signal ward durch Kanonenschüsse gegeben, aber ehe das
eigentliche Wettrennen begann, sah man noch ein Vorspiel besonderer
Art. — Ein — Hase erschien und galoppirte trotz des behendesten Ren-
ners die Allee hinauf. Er würde das Ziel auch schnell genug erreicht
haben, hätten ihn nicht die Husaren aus der Rennbahn gedrängt. —
Nun kamen die Reiter selbst, die ihr Möglichstes thaten und an deren
gutem Willen es nicht lag, wenn das spectacle nicht einem englischen
Wettrennen glich. Der Sieger erhielt ein hannoverisches Pferd mit
Sattel und Zeug als Preis. — Eine große Illumination und Feuerwerk verherrlichten den Abend dieses merkwürdigen und theueren Tages.
Ich sagte noch an demselben Abend zu Lulu, welchen Grund wir wohl
eigentlich hätten, den Geburtstag dieses corsischen Mannes zu feiern?
Das Haus des Herzogs von Cambridge und die Esplanade mit Leib-
nizen's Denkmal waren gar prachtvoll und geschmackvoll erleuchtet.
Alle Säulen des Monumentes nebst der Kuppel waren reich mit Lampions behangen und der Paradeplatz in seiner ganzen Länge mit er-
leuchteten espaliers begrenzt. Das französische Militär tanzte hier mit

den Nymphen der Stadt und man muß zu dem Ruhm dieses „Volkes" sagen, daß, dank der strengen Disciplin, die der Marschall ausübt, dabei alles mit Ruhe zuging. Auf dem Schloße endete das Fest mit einem großen Balle, bei dem viele Hannoveranerinnen, leider auch etliche aus unserem Stande, aber auch gar viele aus den untersten Regionen erschienen waren. Wo die Franzosen sind, muß ja auch das goldene Zeitalter der Freiheit und Gleichheit herrschen.

Der Marschall hat hier gar mancherlei Gutes für unsere viel= gepeinigte Stadt gethan, er verringerte den Aufwand seiner Generäle und setzte die nachgerade überhand nehmenden Tafelgelder der Offiziere herab, auch besorgte er es bei Napoleon, daß die Zahl der Occu= pationstruppen in Hannover um 6000 Köpfe verringert würde. Er sucht auch überall zu helfen, wenn er mit gerechtfertigten Beschwerden angegangen wird. Er soll viel Begabung für die Organisation und die Verwaltung haben und sagte mir noch neulich der Postmeister von Hinüber, daß er sich sehr um die Angelegenheit der Post bekümmere, ja sogar neulich die Postpferde auf ihre fernere Brauchbarkeit als solche geprüft habe. — Er hielt vor einigen Tagen eine große Feldübung mit seinen Soldaten ab, woran sich ein Lustlager an der Ohe anschloß. Dieses bot mir Gelegenheit, den Marschall einmal wieder ganz in der Nähe zu sehen. Ich war dazu mit Andertens hinausgefahren und sah zum ersten Mal so vieles „Volk" bei einander. Der Marschall kam ein paarmal ganz nahe an uns vorbei und grüßte uns sehr freundlich. Es wurde an dem Tage mit vielen Kanonen geschossen und das Feuer des kleines Gewehres machte einen so höllischen Lärm, daß unsere Pferde anfingen unruhig zu werden. Da kam denn wieder ein schlanker General mit einem schmalen, interessanten Gesicht mit etwas großer, krummer Nase auf einem prächtigen Schimmel angeritten und hielt die Schützen von weiterem Schießen ab, es war das der Marschall. Wir fanden das sehr freundlich von ihm und verneigten uns dankend. Denke Dir, Katharine, aber in seiner großen Suite da befand sich ein Offizier in eine glänzende Uniform gekleidet, in dem ich zu meiner großen Freude den Helden von Menin, den General von Hammerstein erkannte. Er kam denn auch, uns zu begrüßen, an unseren Wagen herangeritten und als wir in das Plaudern kamen, erzählte er gar Mancherlei. Er lobte den Bernadotte gar sehr und konnte nicht genug des Lobenswerthen über sein Wohlwollen sagen, das er den Gemeinen erweise. So hat er, als vor einiger Zeit eine Vertheuerung der Lebens=

mittel eintrat und die Armen sich über die ganz exorbitanten Preise des Brodes bei ihm beklagten, eines Tages ganz unerwartet mit seinen Offizieren alle Bäckerladen in der Stadt visitiert und hat, wo er das Brod zu leicht befand, es wegnehmen und den Armen geben lassen. Und siehst Du, meine Katharine, dadurch hat sich der Mann mein Herz gewonnen, denn wer in dem eigenen Wohlleben der Armen gedenkt, der muß auch ein guter, edler Mensch sein.

So sind denn hier nachgerade wieder geordnetere Verhältnisse eingetreten und wir befinden uns besser, als wie unter dieser Canaille, dem Mortier. Wenn wir nun einmal unter der französischen Knechtschaft leiden sollen, so ist es doch unter Bernadotte's Regierung zu ertragen. Schade ist es, daß die schöne Frau Desirée Bernadotte nicht einmal hierherkommt, ich möchte sie gern einmal zu Gesicht bekommen, denn sie wird von allen Seiten sehr gerühmt. Wir leben, Katharine, doch jetzt in einer gar merkwürdigen Zeit. Nun habe ich Dir von den hiesigen Verhältnissen wohl aber genug vorgeschwatzt, laß nur auch bald einmal von Dir Etwas hören, meine liebe, traute Freundin, und wie es bei Euch jetzt zugeht. Grüße den gestrengen Gatten und sei vielmals gegrüßt von Deiner

Ernestine von Rauschenplatt."

Aus den vorstehenden Briefen ist ersichtlich, wie sich Bernadotte's Stellung als gewissermaßen Statthalter Hannovers gestaltete. Er hatte hier Gelegenheit, sein bedeutendes Talent als Organisator zu entfalten und gewann sich ebenso, wie er einst in der Bendée die Gemüther der Aufständischen beruhigt hatte, auch hier durch seine Gerechtigkeit und sein Wohlwollen die Herzen der Hannoveraner.

Weshalb Desirée ihren Gemahl in dieser Zeit nicht einmal besuchte ist unersichtlich. Ob sie mit ihrem kleinen, damals etwas schwächlichen Sohne Oscar nicht die weite Reise nach Hannover unternehmen wollte, ob sie sich nicht von Paris und den dortigen Ereignissen zu trennen vermochte, oder der zu jener Zeit kränkliche Zustand ihrer Mutter in Genua daran schuld war? Möglich, daß alle diese Gründe dazu mitsprachen.

Sie stand aber während der ganzen Zeit mit ihrem Gatten in lebhaftem Briefwechsel*) und mußte ihn über alle Vorgänge in Paris

---

*) Diese Briefe liegen wohl nach den Thatsachen, die darin erwähnt wurden, nicht aber im Wortlaut vor, sie mögen aber wohl so oder ganz ähnlich gelautet haben. Anmerkung des Herausgebers.

über diese neue Frau (Du kennst ja meine Abneigung gegen die abscheuliche Person) und über ihre Abstammung mittheilen, über die wir nie so recht in's Klare kommen konnten. Ob sie eigentlich eine Engländerin oder eine Dänin ist, darüber gehen die Meinungen aus einander, eine intrigante Abenteuerin aber ist sie jedenfalls, dabei schlau, aber ohne Geist und Manieren. Sie soll zuerst den dänischen Gesandten haben berücken wollen und als das vergeblich war, verstand sie es, Talleyrand zu gewinnen. Kein Mensch ahnt, wie Du weißt, woher sie den Namen Madame Grant führt. Da kam denn vor einiger Zeit hier plötzlich ein Monsieur Grant an, der ihr legitimer Mann war und erhob bei Talleyrand gegen Drohung mit einem öffentlichen Skandal Anspruch auf 80 000 Francs. Der aber, anstatt sich zu freuen, auf diese Weise die abscheuliche Person los zu werden, bezahlte das Geld, mit dem Grant dann nach London verschwand. Ob er wohl nicht noch einmal mit neuen Forderungen auftauchen wird?

Wir wußten auch ferner nie so recht, auf welche Weise eigentlich die Trauung zwischen der Grant und Talleyrand stattgefunden habe, jetzt habe ich es herausbekommen und zwar durch den Admiral Bruix, der einer der Zeugen der Verheirathung gewesen ist. Talleyrand wollte von keiner öffentlichen Trauungsceremonie wissen. An einem Abend schrieb nun die Grant an den Chevalier Saint Foi, daß er sich an dem nächsten Morgen bei ihr einfinden möge. Er kam um 10 Uhr und fand den Admiral bereits bei ihr vor. Sie sagte darauf nichts weiter, als daß sie zusammen spazieren fahren wollten und zwar nach Mousseau. Auch während der Fahrt sprach sie nur von gleichgültigen Dingen. Als sie in Mousseau ankamen, fanden sie Talleyrand dort vor und ebenso die Herren Röderer, Boumonville und noch zwei Andere. Plötzlich erschien der Maire von Mousseau Namens Duquesnoi mit seinem Register und Talleyrand forderte ihn auf, darin die Grant und ihn als Verehelichte aufzunehmen. Dies geschah und die Zeugen unterschrieben.

Darauf sind sie nach Saint Gratien gefahren, wo der Admiral ein Landhaus besitzt und hier hat der Curé von Epinay die kirchliche Trauung vorgenommen, worauf die Zeugen das junge Paar seinen ehelichen Freuden (!) überließen. Anzeigen dieser sonderbaren Vermählung wurden nicht versandt; bei der ersten großen Fête aber in dem Talleyrandhotel erschien auch Saint Foi und redete zum Erstaunen aller Anwesenden die Grant plötzlich mit dem Namen „Frau Talley-

rand" an. Damit war die Sache erledigt und, wie Du weißt, ge=
wöhnte sich die Gesellschaft mit der Zeit daran, daß die Beiden Mann
und Frau sind. — Du siehst aber, mein Jean, daß hier auf dieser
Welt Nichts verborgen bleibt.

Um auf die hiesige englische Gesellschaft zurückzukommen, ge=
hört dazu unsere schöne Recamier. Der Reichthum ihres Mannes,
sowie ihr in England gebildeter Geschmack setzen sie in den Stand, es
mit den ersten englischen Häusern aufzunehmen und assembléen zu
geben, auf denen sich auch Engländer von erstem Range einfinden. So
hat sie ihr Boudoir jetzt auch mit den kunstreichsten Meubles der eng=
lischen cabinetmakers und upholsterers ausschmücken lassen. — Eine
sehr lächerliche Mode haben auch einige englische beaux von der New=
Bondstreet jetzt hier eingeführt, die von unseren beaux natürlich gleich
nachgemacht wurde. Sie tragen scharlachrothe, wollene Cravatten um
den Hals, was gerade so aussieht, als wären sie guillotinirt und man
hätte ihnen dann die Köpfe wieder aufgesetzt. Eine Mode und wenn
sie auch noch so dumm ist, wird doch nachgeäfft.

Was sagst Du, mein Jean, zu Hortense und ihrem Sohn, dessen
Taufe am 24. März durch den Papst vollzogen wurde? Er hat die
Namen Louis Napoleon erhalten. Ich muß Dir gestehen, daß
mir dabei doch Manches recht wunderbar und unerklärlich vorkommt,
und kannst Dir vorstellen, daß hier unter der Hand die eigenthümlichsten
Geschichten darüber herumgetragen werden. Für Hortense freut es mich,
sie hat doch nun wenigstens ein Kind, für das die Arme leben kann,
da ihre Abneigung gegen ihren Gatten noch die alte ist. — 2c. 2c."

Das sind so einige Stellen aus Desirée's Mittheilungen an ihren
Gemahl während seiner Zeit in Hannover.

Bernadotte wurde im September von dort abberufen, der Kaiser
sandte ihn wegen des bevorstehenden neuen Coalitionskrieges nach Göt=
tingen, wo er die Occupationstruppen sammeln und mit ihnen seiner
neuen Bestimmung entgegenziehen solle.

Die Hannoveraner bedauerten sein Fortgehen und das gute An=
denken, das er in dem Lande hinterließ, ist noch heute unvergessen.

Doch wir müssen, um die Verhältnisse dieses Feldzuges zu schildern,
erst wieder etwas zurückgreifen.

zu Englands Ueberwindung in dessen eigenem Lande eifrig fortgesetzt und sah sich bereits als ein neuer Wilhelm der Eroberer an Großbritanniens Küsten landen.

Ein weiterer Grund seines Aergers waren die in allen englischen Blättern auf ihn erscheinenden Pamphlete, in ihnen sowohl wie in den mit beißender Malice gezeichneten Caricaturen wurde er und seine Regierungsmaßnahmen lächerlich gemacht und verspottet.

Es bestand doch am Ende noch immer der in Amiens beschworene Frieden zwischen beiden Völkern, aber diese Pamphlete hörten trotz aller Einwendungen und Vorstellungen seitens der französischen Regierung an die englische nicht auf, ja es hieß sogar, daß sie in dem Minister Pitt ihren heimlichen Beförderer fänden. So drängte denn bald Alles dem Kriege zu.

Langsam wurde aus den, anfänglich als ein Traumbild betrachteten Landungsvorbereitungen mehr und mehr die Verwirklichung, und Napoleon hoffte, damit im Frühjahr 1805 fertig zu werden. Vorläufig aber war es noch nicht ganz soweit, und er machte noch einen scheinbaren Versöhnungsversuch, indem er an den König Georg von England den folgenden, eigenhändigen Brief schrieb:

„Sire! Ich fühle mich durch das viele unnöthig vergossene Blut beunruhigt und beschwöre Eure Majestät, das Glück, der Welt den Frieden zu erhalten, nicht von der Hand zu weisen und ihren Kindern dieses schöne Erbtheil nicht zu schmälern. England kann von einem Kriege nichts hoffen; will dasselbe eine neue Coalition zusammenbringen, so wird es dadurch nur das Uebergewicht Frankreichs auf dem Continent vermehren. Die Welt ist groß genug, daß beide Nationen darin leben können, und es giebt Mittel genug für eine Ausgleichung, wenn von beiden Seiten nur der Wille dazu da ist. Es erscheint mir an der Zeit, die Leidenschaften zu zügeln und nur der Vernunft, dem Gefühl der Humanität Gehör zu schenken. Was mich selbst betrifft, so erfülle ich durch das Aussprechen dieser Wünsche nur eine heilige Herzenspflicht.

Napoleon.“

Aber auch diesen Brief ließ der König Georg persönlich unerwidert und beauftragte nur am 14. Januar seinen Minister Pitt, dem Minister Talleyrand in kühler Weise zu antworten.

So erschien denn ein Krieg unabwendbar.

Der Kaiser zögerte aber noch immer mit der Kriegserklärung, vielleicht fürchtete er die Winterstürme in dem Canal, vielleicht glaubte er auch die Vorbereitungen noch nicht hinreichend vollendet, genug, er begab sich, zur Täuschung Englands, im März nach Italien, um sich dort dessen Krone auf das Haupt zu setzen. Er hatte diese zuerst seinem Bruder Joseph angeboten, der aber schlug sie unter dem Vorgeben aus, daß er mit ihrer Annahme seinen Ansprüchen auf den Thron Frankreichs entsagen müsse.

Ebenso lehnte Bruder Louis die Krone für seinen Sohn ab und behauptete, die Annahme würde nur die boshaften Gerüchte vermehren, die bereits in Frankreich über Napoleon's Verhältniß zu Hortense circulirten. — So nahm sie denn Napoleon für sich selbst in Anspruch und ließ sich krönen. Die ganze Geschichte sollte aber, wie gesagt, nur eine Verschleierung seiner Vorbereitungen für den Seekrieg bilden. — Er begab sich im September selbst nach Boulogne, nachdem er einen Triumphzug durch verschiedene Provinzen Frankreichs gemacht hatte.

Als bei seiner Ankunft in Boulogne das Kaiserzelt inmitten des Lagers des nunmehr auf 100 000 Mann angewachsenen Heeres aufgeschlagen wurde, machten die Soldaten — es war gerade am Jahrestage des „18. Brumaire" — einen gar seltsamen Fund, der dem Fatalismus des Heeres und dem Glauben an seinen General auf das beste zu Nutzen kam.

Sie fanden in der Erde eine Streitaxt und mehrere Münzen mit dem Bilde Wilhelms des Eroberers, gerade des Helden, den sich der Kaiser als Vorbild einer Landung in England auserfehen hatte.

Dieser Zufall steigerte die Begeisterung und den Glauben des Heeres an ein Gelingen des kühnen Planes und jauchzende Jubelrufe empfingen den Kaiser, als er endlich inmitten seines Heeres erschien.

Man sieht hieraus, daß Napoleon den Glauben an seinen Stern und seinen Fatalismus auch für sich zu verwenden wußte, denn sicherlich hatte er den wunderbaren Fund vorher in Scene setzen lassen. Wußte er doch, wie sehr gerade das Geheimnißvolle und Mystische, das seine Person umgab, das Vertrauen seiner Soldaten erhöhte.

Der Kaiser hatte ursprünglich den sehr fähigen Admiral Latouche-Tréville zum Führer der Bedeckungsflotte der Expedition ernannt. Der

Admiral sollte nach der ihm ertheilten Instruction Nelson täuschen, dann in Rochefort die dortige Flotte mit der seinen vereinen und nach dem Canal segeln. Napoleon schrieb ihm damals: „Sind wir nur zehn Stunden Herren des Canals, so sind wir die Herren der Welt."

Leider starb Latouche vor dem Beginn der Einschiffung, und an seiner Statt wurden die beiden Admirale Villeneuve und Gantaume zu Leitern der Flottenexpedition ernannt.

Villeneuve sollte mit 18 Kriegsschiffen Toulon verlassen, in Cadix 6 weitere Schiffe des Admirals Gravina mitnehmen und darauf nach den Antillen segeln. Dieses geschah. Er blieb aber 40 Tage in Martinique, um das Geschwader Gantaume's zu erwarten, das nicht rechtzeitig eintraf. Er hatte dann am 22. Juli auf der Höhe des Caps Finistère einen Zusammenstoß mit der englischen Flotte unter dem Admiral Calber, der zwar unentschieden blieb, nach dem sich aber Calber zurückzog. Hierauf traten ungünstige Winde ein, und Villeneuve mußte sich in den Hafen von Cadix retten.

Napoleon hatte unterdessen in Boulogne in größter Aufregung das Erscheinen Villeneuve's erwartet. Da trat ein Ereigniß ein, das alle seine momentanen Pläne gegen England über den Haufen warf. Es wurde ihm der Abschluß einer neuen Coalition gegen ihn gemeldet. Er wollte jetzt erst die Mächte des Continents zu Boden werfen, ehe er an den Nationalfeind England denken konnte.

Er erließ am 27. August in Boulogne einen Tagesbefehl, nach dem sich die Armee in Eilmärschen nach den deutschen Grenzen zu begeben habe.

England hatte so emsig bei den Mächten geschürt, daß eine neue Coalition gegen Frankreich zwischen Rußland, Oesterreich und England zu Stande kam. Am 11. April wurde zuerst ein förmlicher Bundesvertrag zwischen Rußland und England abgeschlossen, dem Oesterreich am 9. August und schließlich Schweden am 3. October beitraten.

Napoleon hatte hiervon längst Kenntniß erhalten und seine Heere, ehe noch die Kriegserklärung erfolgt war, nach dem Rhein in Bewegung gesetzt. Auch Bernadotte war im September von Göttingen aus aufgebrochen und dann in Verbindung mit dem holländischen Corps unter Marmont auf Napoleon's directen Befehl und ohne die Neutralität

zweckten, seinen Jähzorn bei Napoleon's ewigen Sticheleien so zu
reizen, daß er sich gegen ihn verginge und dadurch unmöglich würde.
Alle Intriguen hatten aber bisher nichts genützt, und sie blieben auch
in der Schlacht bei Austerlitz vergeblich, wo der Kaiser Bernadotte's
energisches Vorgehen lobte und seinen Namen rühmend in den Schlachten-
bericht aufnehmen ließ.

Desirée begleitete in der Hoffnung, ihren Jean noch einmal vor
dem Kriege wiederzusehen, die Kaiserin nach Stuttgart, wo sich
Napoleon damals einige Tage aufhielt. Sie fand dort zwar Bernadotte nicht, verlebte aber in der Residenz Württembergs eine interessante
Zeit. Napoleon war an der Spitze seiner großen Armee dort einmarschiert und wurde von allen, sich dort gerade zu der Hochzeit des
Prinzen Paul von Württemberg mit der Prinzeß von Sachsen aufhaltenden Fürstlichkeiten jubelnd gefeiert. Das ganze Haus Württemberg betheiligte sich an dieser Verherrlichung, vielleicht mit Ausnahme
der Königin. Diese englische Prinzeß zeigte anfangs gegen ihn eine
gewisse, erklärliche Abneigung und auch Napoleon beachtete sie wenig.
Was auch erklärlich genug erschien, da er in jenen Tagen gerade die
erste Nachricht von der Vernichtung der französisch-spanischen Flotte
durch den Admiral Nelson bei Trafalgar erhielt, wodurch vorläufig seine Landungspläne zerstört wurden. — Bald aber besserte
sich das Verhältniß zwischen beiden, Napoleon suchte ihr zu gefallen
und auch die Königin lenkte im Interesse ihres Gemahls ein. Sie
schieden bei Napoleon's Abreise nach Mainz in bestem Einvernehmen
und die königliche Frau erwarb sich noch besonders seine Gunst, als
sie die Verlobung ihrer Stieftochter Katharine mit Jérome, dem
wieder in Gnaden aufgenommenen jüngsten Bruder des Kaisers, eifrig
betrieb. Jérome hatte seine, ihm kirchlich angetraute Frau, Miß Elisa
Patterson, mit ihrem Jungen in Baltimore sitzen lassen, wodurch er
sich wieder Napoleon's Wohlwollen erwarb. *)

Durch diese geplante Verheirathung Jérome's mit Katharine von
Württemberg wurde die Familie Napoleon auch mit dem Hause Braun-
schweig verwandt, was sie wieder in verwandtschaftliche Beziehungen
zu Rußland brachte.

---

*) Siehe das bei Schmidt & Günther in Leipzig erschienene Werk desselben Ver-
fassers: „Jérome Napoleon und sein Garde-du-Corps", pag. 31.

Anmerkung des Herausgebers.

Am 26. Dezember 1805 wurde zu Preßburg der Friede zwischen Oesterreich und Frankreich geschlossen.

Die Nachricht von dem Siege bei Austerlitz traf bereits am

Schlacht bei Austerlitz. (Nach einem alten Stiche.)

9. Dezember in Paris ein. Die Stadt war außer sich vor Jubel und entsandte eine aus zwölf Personen bestehende Deputation der Maires von Paris nach Schönbrunn, dem Aufenthalt Napolon's,

wo biefe am 16. von dem Kaifer fehr gnädig aufgenommen wurde. Er
übergab ihnen fünfzig bei Aufterlit erbeuteten Fahnen und Standarten,
die fie dem Senat in einer außerordentlichen Sitzung überbringen
follten. Die Fahnen wurden in Notre Dame aufgehängt.

Am 22. Dezember fand in Paris eine große Verherrlichungs=
feier nebft einem Tedeum in Notre Dame ftatt und Abends war die
ganze Stadt auf das herrlichfte illuminirt. Der Kaifer kehrte mit
feinen Generälen am 27. Januar 1806 nach Paris zurück, der Senat
aber decretirte die Errichtung eines Denkmals für „Napoleon den
Großen".

Neunzehntes Capitel.

(Die Jahre 1806 und 1807.)

Die Hoffnung der Franzofen auf einen dauernden Frieden war
feit Napoleon's Thronbesteigung fchon mehr als einmal getäufcht worden
und wurde es von Neuem im Jahre 1806. Der gewaltige Kriegs=
held konnte, trotzdem Oefterreich und Rußland durch die Schlacht bei
Aufterlit zu Boden gefchlagen waren, keine Ruhe halten und fand
bald Grund zu neuen kriegerifchen Verwickelungen. Er machte mit
Neapel den Anfang, deffen Königin Karoline fchon längft feinen Zorn
gereizt hatte. Als nun am 19. November 1805 fogar ein englifch=
ruffifches Heer in Neapel landete und von der Regierung und dem Volke
als Befreier begrüßt wurde, entbrannte fein Zorn auf das höchfte
und er decretirte bereits von Schönbrunn aus, daß das Haus Bourbon
von jetzt an in Neapel aufgehört habe, zu regieren. Das ruffifch=
englifche Corps fchiffte fich denn auch angefichts des Heranrückens der
durch den Preßburger Frieden freigewordenen franzöfifchen Heeres=
theile wieder ein und die Franzofen befetzten unter dem Prinzen
Jofeph Napoleon am 14. Februar Neapel. Mit diefem Lande
begnügte fich vorläufig der Kaifer und ließ bis auf weiteres den König
Ferdinand im Befitz Siziliens, während er Jofeph laut Decret vom
30. März zum König von Neapel erhob.

Der gewaltige Mann begann jetzt an dieser Königsmacherei Geschmack zu finden. In keines Regenten Leben ist so deutlich zu erkennen, wie sich oft Jahre hindurch Geschick und Glück verketten, wie in dem Napoleon's.

Von diesem Zeitpunkt an aber sah man deutlich, wie der Heroismus in ihm erwachte, wie er glaubte, sich Alles erlauben zu können und Gottes Allmacht geradezu herausforderte.

Er hatte bereits im März 1805 begonnen, Mitglieder seiner Familie auf theils erledigte, theils neugeschaffene Fürstenthrone zu setzen, indem er das Großherzogthum Berg an seinen Schwager Murat gab. Er fuhr am 5. Juni 1806 damit fort und gab seinem Bruder Louis die Krone der bisherigen batavischen Republik, des neuen Königreiches Holland; Louis wurde, wie das die Soldaten nannten, dadurch „zum Könige befördert".

In Wirklichkeit blieben diese neu geschaffenen Reiche aber nur Vasallenstaaten Frankreichs, was auch des neuen Königs Louis Aeußerung Napoleon gegenüber bei der Benachrichtigung seiner neuen Königswürde beweist: „Eh bien, Sire, ich werde in Holland regieren, wie es die Holländer wünschen und Eure Majestät es befehlen." An dem gleichen Datum ernannte Napoleon den Marschall Bernadotte zum Fürsten von Ponte Corvo und gab ihm das zum Fürstenthum umgeschaffene Land, eine ehemalige päpstliche Enclave im Neapolitanischen, als Eigenthum. Napoleon sagte bei dieser Gelegenheit lächelnd zu der neuen Fürstin: „Nun, Eugenie, ist es mir gelungen, Dir eine Freude zu machen? Nimm die Krone als einen Beweis meiner Dankbarkeit an."

Gleichzeitig erhielten die Herzöge von Württemberg und Sachsen den Königstitel und auch Talleyrand wurde zum Herzog von Benevent erhoben. Aber diese Ernennungen genügten dem merkwürdigen Manne noch nicht, der jetzt in einer Machtvollkommenheit dastand, wie kein Herrscher seit Jahrhunderten. Er wollte alle seine Verwandten zu Fürsten resp. Fürstinnen machen. Zu diesem Zweck verheirathete er die Nichte der Kaiserin, Stephanie Beauharnais, mit dem Churprinzen von Baden. Wir sahen ferner, wie er eine Verheirathung seines jüngsten Bruders Jérome mit der Prinzeß Katharine von Württemberg anbahnte. Er verlobte auch seinen Stiefsohn Eugène Beauharnais mit der Prinzeß Marie von Bayern und veranlaßte schließlich Dalberg, dem ihm ganz ergebenen Churfürsten von Mainz, seinen Großonkel, den Cardinal Fesch zum Coadjutor und Nachfolger vorzuschlagen, was natürlich von dem Papste bestätigt wurde. Waren das die neuen Fürsten der Napoleonischen Familie, so legte er gleichzeitig durch die Stiftung des Rheinbundes das alte deutsche Reich in Trümmer und machte sich dadurch zu dem Protector, d. h. Beherrscher von 34 deutschen Staaten, deren Fürsten zwar ihre Souveränität in ihrem Lande behielten, aber dem Kaiser das Recht der Bestimmung über Krieg und Frieden überließen. Die Fürsten mußten Heerfolge leisten, wenn er es befahl.

Napoleon wurde hierdurch in Wahrheit Herr über Deutschland und alle Fürsten mußten ihm gehorchen bis auf Preußen, das noch immer unverletzt bastand. Nun sollte auch dieses an die Reihe kommen. Der Franzosenkaiser hatte es durch seine Intriguen, Anreizungen und fortwährende kleine Nadelstiche erreicht, daß der König des Reiches Friedrich's des Großen aus seiner, bis dahin streng durchgeführten Neutralität heraustreten und Frankreich den Krieg erklären mußte. Die fortwährende Anwesenheit größerer französischer Heere in Süddeutschland, die Verletzung preußischen Gebietes bei den Durchmärschen und die Stiftung des Rheinbundes veranlaßten Preußens König die Gründung eines „Norddeutschen Bundes" in das Auge zu fassen. Napoleon erklärte zwar dem preußischen Gesandten gegenüber sein Einverständniß mit diesem Plan, verbot aber gleichzeitig den Hansestädten, sowie Sachsen und Hessen, dem Bunde beizutreten, woran das ganze Project scheiterte. Außerdem versprach er Schweden, durch preußische Landestheile zu belohnen, falls es seinen Krieg mit Preußen fortsetze, und England, Hannover, das Preußen soeben erst durch den Preßburger Frieden erhalten, wieder zu geben, sofern es dem Bunde fern bliebe. — Diese Intriguen entfesselten schließlich Preußens Zorn und besonders die Armee, zwang den König beinah zu der Kriegserklärung an Frankreich.

Napoleon hatte, dieses längst erwartend, seine Armee am Rhein concentrirt und sandte bereits am 7. October den Marschall Soult mit drei Divisionen gegen Hof vor, wo er den Anmarsch eines preußischen Corps unter Tauentzien erwarten sollte. Soult traf dort auf die Preußen und drängte sie zurück. Am 10. October fand das blutige Gefecht bei Saalfeld statt, in dem der tapfere Prinz Louis Ferdinand fiel und die Avantgarde des Hohenloheschen Corps

Baron Dalberg, Churfürst Karl Theodor, Erzkanzler des Reiches.
(Gemalt von Tischbein. Gestochen von F. Müller.)

zerſprengt wurde.   Am 14. kam es zu der, die preußiſche Armee faſt
vernichtenden Doppelſchlacht bei Jena und Auerſtädt.*)

Der Marſchall Bernadotte hatte zu dem Feldzuge eine Diviſion
des früheren Corps Ney zu führen erhalten. Wenn auch ſeine Wirkſam-
keit in der Schlacht am 14. nicht ſehr glorreich war und Napoleon
ihm beſonders ſein langes Zögern jenſeits der Saale zum Vorwurf
machte, wo er thatenlos bei Dornburg ſtehen blieb, ohne dem Marſchall
Davouſt die Hand zu reichen, ſo machte er dieſen Fehler doch am 17.
bei Halle wieder gut. Er errang hier mit einem Corps von nur
15 000 Mann einen glorreichen Sieg über das 30 000 Mann ſtarke
17. Corps unter dem Herzog von Württemberg, das er vollſtändig
aus einander ſprengte. Auch Napoleon ſpendete ihm wegen dieſes un-
erſchrockenen Angriffes volles Lob, indem er äußerte: „Ich würde es
kaum mit einer doppelt ſo großen Heeresmacht gewagt haben, hier anzugreifen, aber.“ — dabei wandte er ſich lächelnd an die Generäle
ſeiner Umgebung, — „der Bernadotte zweifelt ja an Nichts,
am wenigſten an ſich ſelber.“ —

Der Marſchall Lefèbre, Bernadotte's Freund, ſagte, als Napoleon weiter geritten war: „Deine Widerſacher werden durch dieſes,
Dir ertheilte Lob gedemüthigt, ſie würden mit Deinem Mißerfolge
zufriedener geweſen ſein, denn Du weißt ja, daß Du in ihren Augen
nur ein General von der Rheinarmee biſt.“**)

Es iſt noch heute unaufgeklärt, wie der Prinz von Württemberg,
auf die Nachricht von der verlornen Schlacht von Jena hin, einen
Vorſtoß der Franzoſen bei Halle erwarten konnte, anſtatt ſich gegen
Magdeburg oder Deſſau zu wenden.

Es iſt bekannt, welcher Kleinmuth ſich nach den Niederlagen bei
Jena und Auerſtädt der preußiſchen Generäle und des Heeres bemächtigte; der Fürſt Hohenlohe ergab ſich mit 16 000 Mann bei Prenzlau,
die ſtärkſten Feſtungen kapitulirten, einige ohne einen Schuß zu thun,
und die geſchlagene Armee fluthete unaufhaltſam bis über die Elbe

---

*) Es liegt nicht in der Tendenz dieſes Werkes, hier auf dieſen ganzen Feldzug
in allen ſeinen Einzelheiten näher einzugehen, ſondern es wird nur die Schlachten ꝛc.
erwähnen, in und an denen Bernadotte betheiligt war.

**) Dieſe Aeußerung mag ſich vielleicht auf die Abneigung beziehen, die Na-
poleon und die Generäle der Armee in Italien damals auf die Armee am Rhein
unter dem Commando Moreau's, des Siegers von Hohenlinden, hegten.

Anmerkungen des Herausgebers.

keinen Versuch, die Plünderung zu hindern, sondern mußten sich sogar selbst durch die Schätze der reichen Handelsherren zu bereichern. Die Tage dieser Plünderung werden stets einen Schatten auf Bernadotte's sonst so ruhmreiches Leben werfen.

Inzwischen hatte das Unglück und die Feigheit vieler preußischer Generäle, sowie eine Reihe von Unfällen die Länder zwischen Elbe und Oder im Verlauf weniger Tage in die Gewalt der Franzosen gebracht und diese drängten bereits die letzten preußischen Truppen der Weichsel zu. Friedrich Wilhelm III. blieb nichts Anderes übrig, als um Frieden zu bitten. Ein solcher wurde von Napoleon aber vorläufig abgelehnt und er gewährte schließlich nur einen Waffenstillstand unter sehr harten Bedingungen.

Nach diesen Bedingungen sollten die Franzosen alles Land und alle Festungen bis zur Weichsel und die Festungen Schlesiens bis auf Breslau und Glogau als Pfand bis zu den in Charlottenburg angesetzten Friedensverhandlungen behalten. Der König von Preußen lehnte entrüstet diese Bedingungen ab und beschloß den Krieg mit Hülfe seines nun endlich eingetroffenen Verbündeten Rußland fortzusetzen. Es fanden die blutigen Schlachten bei Pultusk und die vom 7. bis 8. Februar 1807 dauernde Schlacht bei Eylau statt, wo zwar seitens der Verbündeten der tapferste Widerstand geleistet wurde, aber doch Napoleon's Feldherrngenie sowohl hier, wie am 14. Juni bei Friedland in solcher Weise siegte, daß die Alliirten den Widerstand aufgeben mußten.

Die Räumung Königsbergs war die erste Folge dieser Siege, die bald darauf auch den Frieden von Tilsit herbeiführten. Dieser wurde mit Rußland am 21. und mit Preußen am 25. Juni abgeschlossen. Der Kaiser von Rußland gab hierbei den Ausschlag, da er in Anbetracht der Schwächung seines Heeres und der Unvorbereitheit seines Reiches gegen eine feindliche Invasion den Krieg zu beenden suchte.

Die harten Friedensbedingungen sind bekannt, sie verringerten Preußen um zwei Drittel seines Besitzes und legten ihm die härtesten Lasten auf. Napoleon benutzte aber diese Gelegenheit, um wieder ein Mitglied seines Hauses auf einen Königsthron zu setzen, indem er unter Garantie der Mächte aus Theilen Preußens, Hannovers, Braunschweigs und Hessens das Königreich Westphalen schuf, zu dessen Herrscher er seinen jüngsten Bruder Jérome ernannte.

Bernadotte's Mitwirkung in den letzten Schlachten dieses Feld-

der Ueberführung der von Frédéric le grand in Berlin erbeuteten Gegenstände in das Hotel des Invalides, die hier vor acht Tagen vor sich ging. Ich habe der Feier mit Julie und den anderen Mitgliedern der Familie beiwohnen können und muß ich Dir das doch beschreiben.

Die Kirche der Invaliden war auf das kostbarste mit Fahnen, Standarten und Lorbeerkränzen ausgeschmückt, und man hatte in der Mitte einen herrlichen Thron hergerichtet, auf dem die Kaiserin, umgeben von uns Damen und den ersten Würdenträgern, Platz nahm. Die höher gelegenen Logen waren für die Mitglieder des Senates, des diplomatischen Corps und des Tribunals bestimmt.

Bei Annäherung der die Orden und den Degen Friedrich's, sowie die zahlreichen Fahnen tragenden Abtheilung der Invaliden empfing der Marschall Serrurier, der Gouverneur der Invaliden, den Fürsten Erzreichskanzler an dem Gitter des Vorhofes und geleitete ihn bis zu der Empore, wo er seine Aufstellung nahm. Hinter ihm standen die Großoffiziere der Ehrenlegion und die Würdenträger, darunter auch Dein College Moncey. Nun stellten sich die Träger des Ordens und des Degens, sowie die alten Veteranen mit den Fahnen vor Cambacérès auf, während von der Orgel die hehren Töne einer militärischen Symphonie erklangen. Der weite Raum der Kirche war mit vielen, theils zu Krüppeln geschossenen Offizieren und Soldaten angefüllt. Die Ceremonie wurde durch ein von den Invaliden gesungenes Triumphlied eingeleitet, worauf Fontanes *) eine Rede auf die Siege des kaiserlichen Heeres über die Völker des Continents hielt.

Sie war nach seiner bekannten Redeweise verfaßt und bewegte mit ihren reichen Stilblüthen, kühnsten Bildern und seltsamsten Vergleichen Aller Herzen. Seine Rede wurde von Serrurier beantwortet. Hierauf folgte wieder ein Chorgesang der alten Krieger, worauf der Erzreichskanzler ein Protokoll über die Uebergabe des Degens und der Fahnen in das Register des Invalidenhotels eintrug, das von ihm und Serrurier unterschrieben wurde.

Eine Artilleriesalve kündigte den Schluß der ernsten Feier an, worauf sich die Kaiserin mit uns Damen zurückzog und die Versammlung sich auflöste. Auf mich machte die Feier einen fast wehmüthigen Eindruck. Wenn ich, die einfache Waffe des großen Preußenkönigs be-

---

*) Der Präsident des Gesetzgebenden Körpers.

Anmerkung des Herausgebers.

und am 28. und 29. fanden die Empfänge der einzelnen Corpora=
tionen und Stände statt, wobei S e r r u r i e r an Napoleon die folgende
Ansprache hielt: „Sire, Euer Majestät stehen über der Geschichte des
Menschengeschlechtes, Sie gehören dem Heldenzeitalter an und stehen
über Aller Bewunderung, nur die Liebe für Sie kann uns vielleicht bis
zu Ihnen erheben 2c. 2c. 2c."

Als ich die Worte dieser Rede im Moniteur las, siehst Du, da
war mein Jugendtraum erfüllt; was ich einst in Napoleon, dem
Helden meiner Kindheit, vorahnend sah, das hat sich nun in noch viel
höherem Grade erfüllt. Mein Held ist der Beherrscher der ganzen
Welt geworden und hat Frankreich eine Fülle des Ruhmes gebracht,
der noch in Jahrtausenden die Völker in Erstaunen setzen wird. Glaubst
Du nun, Du lieber Zweifler, daß ich damals doch recht hatte? Ver=
gißt auch Du nun endlich über seinem Ruhm die Schwächen des
sterblichen Menschen, der durch seine großen Thaten ein Halbgott ist?
So räume es mir doch endlich einmal ein, und denke nicht mehr
an Dein persönliches Uebelwollen, es sind ja nur die Menschen in des
Kaisers Umgebung, die Dir stets zu schaden suchen und nicht der
Kaiser selbst. —

Wie ich soeben höre, soll Jérome's Hochzeit mit Katharina von
Württemberg hier in vier Wochen festlich begangen werden. Dann wirst
Du hoffentlich wieder bei uns sein. O welches Glück!" —

———————

Der Kaiser Napoleon verlegte nach seiner Rückkehr im September
seine Residenz nach F o n t a i n e b l e a u, wohin ihn die Kaiserin be=
gleitete. Es fand sich dort in den nächsten Wochen eine zahlreiche
Gesellschaft von Fürstlichkeiten zusammen und zwar der Rest der, zu
Jérome's *) Hochzeit in Paris eingetroffenen illustren Persönlichkeiten
Darunter befanden sich die Königin von Holland, die sich damals
wieder in guter Hoffnung befand und ihren Gemahl nicht nach seiner
Residenz begleitet hatte, ferner K a r o l i n e, die Großherzogin von
Cleve und Berg, außerdem m a d a m e m è r e, die sich jetzt scheinbar
mit Napoleon's Kaiserthum ausgesöhnt zeigte, der Großherzog und
die Großherzogin von Baden, zwei Prinzen von Mecklenburg,

———————

*) Siehe das bei Schmidt & Günther in Leipzig von demselben Verfasser er=
schienene Werk: „Jérome Napoleon, König von Westphalen, und sein
Garde du corps". Anmerkung des Herausgebers.

Katharina, Prinzessin von Württemberg, Königin von Westphalen.
Mit Erlaubniß Sr. Majestät des Königs von Württemberg veröffentlicht.

der Prinz von Sachsen=Coburg, der Erzreichskanzler Dalberg, die Fürsten von Benevent und Neufchâtel, die Fürstin Pauline und — Desirée, Fürstin von Ponte Corvo, mit ihrem Gemahl.

Die Fürstin Pauline Borghese bewohnte in dem Schlosse ein besonderes Appartement, wohin sie ihren ganzen Hofstaat, wie die Kammerherrn von Montreton und Clermont=Tonnerre und die Marquise de Bréhan, mitgebracht hatte. Sie gab dort häufige Feste, bei denen sich alle die Menschen einfanden, die als Gegner der Kaiserin anzusehen waren. In diesen Gesellschaften wurde auf besonderes Anstiften der madame mère und Pauline's immer von Neuem für eine Scheidung Napoleon's von Josephine intriguirt und man suchte die Angelegenheit zu beschleunigen, da man ahnte, daß der Kaiser bereits Pläne für eine neue Ehe hege. Natürlich wurde die Kaiserin selbst nie zu diesen Festen Pauline's eingeladen.

Die arme Josephine kam in dieser Zeit aus der Angst vor einer bevorstehenden Scheidung nicht mehr heraus und klagte oft in Thränen Desirée ihr Leid. Sie mußte trotzdem bei den öffentlichen Festen stets an Napoleon's Seite erscheinen, und bei den großen, fast täglich stattfindenden Parforcejagden in Fontainebleau, bei denen auch auf die Hirsche aus Hannovers Wäldern gejagt wurde, stets die liebenswürdige Wirthin machen. Keiner der Gäste konnte dabei der noch immer schönen Frau die Thränen ansehen, die sie täglich weinte.

Sie trug an solchen Jagdtagen eine grünsammtne, reich mit Silberstickerei verzierte Taille, ein langes Reitkleid von weißem Atlas, sowie einen Federhut mit langer Straußfeder und ritt auf einem der weißgeborenen Schimmel aus dem Marstall Herrenhausens bei Hannover. — Wer hätte in dieser stolzen Erscheinung die von Feinden umgebene Frau vermuthen können? Ihre Gegner hatten bereits damals in dem Volke das Gerücht von einer bevorstehenden Scheidung des Kaisers zu verbreiten gewußt, und die Kunde wurde von den Parisern mit großer Trauer aufgenommen. War doch Frau Josephine bei den Parisern wegen ihrer Milbthätigkeit und Liebenswürdigkeit sehr beliebt und der Kaiser erhielt in jener Zeit so manches anonyme Schreiben, in dem die Bitte enthalten war, seinen guten Engel nicht von sich zu lassen. Waren diese Briefe daran schuld, oder schwebten noch die Verhandlungen mit dem russischen Hofe wegen der Großfürstin Anna, genug, Napoleon zeigte sich in jenen Tagen bei jeder Gelegenheit an Josephine's Seite, um das Gerücht der bevorstehenden Scheidung vor=

gouverneur auch ziemlich unbehelligt und sprach ihm mehrfach seine
Zufriedenheit aus.

Bernadotte konnte nach einem viermonatlichen Aufenthalt in Ham=
burg, nachdem er in Paris den Zauber einer glücklichen Häuslichkeit
wieder kennen gelernt hatte, die Trennung von seiner Desirée und dem
kleinen Oscar nicht länger ertragen und bestürmte seine Frau so lange
mit Bitten, bis diese Ende September zu einem vierwöchentlichen Aufent=
halt bei ihm eintraf. Es war das erste Mal, daß die für Paris be=
geisterte Französin Norddeutschland kennen lernte und wie jubelte sie
mit dem kleinen Oscar um die Wette, als sie zum ersten Mal Ham=
burgs Hafen mit seinen Hunderten von Handelsschiffen erblickte. Auch
hier wirkte Napoleon's gewaltiger Wille, denn in Folge der Continental=
sperre war kein englisches Schiff in dem Hafen zu sehen und der Export=
handel der großen Handelsstadt wurde durch diese Maßregel schwer be=
einträchtigt. Wollte doch der den Continent beherrschende Kaiser durch
sein Verbot der Einführung englischer Waaren das Inselreich schädigen,
das er nicht unter seine gewaltige Faust zwingen konnte. Er überlegte
dabei aber nicht, daß er dadurch alle Colonien in die Hand Englands
brachte und daß dieses durch den rasch emporblühenden Schleichhandel
an allen Küsten fast mehr, als durch den früheren Import verdiente.
So wurde denn die Continentalsperre der Grund zu dem Ruin allen
Handels auf dem Continent, England, dem er schaden wollte, hatte den
Vortheil davon, indem es die Concurrenz der anderen Staaten auf den
überseeischen Handelsplätzen los wurde.

Es waren vergnügte, glückliche Wochen, die die Gatten in Hamburg
und den anderen Städten, wohin Desirée den Fürsten begleitete, ver=
lebten. Die Handelsherren bemühten sich durch reiche, der schönen Frau
ihres Gouverneurs gegebene Feste, Desirée zu feiern und die Offiziere
aus der Begleitung ihres Gemahls wetteiferten mit den Rathsherren,
um einen freundlichen Blick der schönen Fürstin zu erhaschen. So
gingen die Wochen wie im Fluge dahin und als der Fürst seine Gattin
nach einem Besuch Fribericias mit großem Gefolge über Kolding=
hus nach Odense begleitete, wo Desirée sich zu der Rückfahrt ein=
schiffen wollte, als er sich mit Thränen von ihr verabschiedete, da
wurde es den Beiden von Neuem klar, daß das Glück der Welt für
sie nur in einem innigen Zusammenleben beruhe.

Desirée verlebte nach ihrer Rückkehr nach Paris einige Wochen
mit ihrer Schwester Julie in Plombières und Beide traten schließlich

Am 26. October fand in den Tuilerien großer Empfang statt, bei dem der Kaiser dem Senat und dem Gesetzgebenden Körper mittheilte, daß er mit einem Theil der Armee nach Spanien gehen werde, um mit Hülfe des dortigen Heeres die Engländer von der Halbinsel zu vertreiben.

Er fügte hinzu: „Mit Rußland bin ich vollständig einig und habe bei meinem Aufenthalt in Erfurt mit dem Kaiser Alexander innige Freundschaft geschlossen, wir sind unveränderlich in Krieg und Frieden vereint. Bald werden meine Adler auch in Lissabon wehen."

Die Fürstenversammlung in Erfurt mit ihrem Parterre von Königen, der der Kaiser in seinen Worten Erwähnung that, hatte kurz vorher stattgefunden und es waren dort wirklich die innigsten Freundschafts= versicherungen zwischen beiden Kaisern gewechselt. Diese beiden mächtigsten Herrscher des Continents hatten dort auch sehr werthvolle Geschenke mit einander ausgetauscht. Der Kaiser Alexander schenkte Napoleon unter Anderem drei kostbare Zobelpelze im Werte von 10—20000 Ru= beln. Von diesen Pelzen gab der Kaiser den einen an Josephine, den zweiten seiner Schwester Pauline, den schönsten und werthvollsten aber erhielt seine treuste Anhängerin Désirée Bernadotte.

Anfang November begab sich der Kaiser mit einer Armee von 180000 Mann nach Spanien. Da wo der große Schlachtenlenker selbst zugegen war, fesselte sein Feldherrngenie den Sieg an seine Adler und bald begannen sich die Verhältnisse für die Franzosen günstig zu ge= stalten.

Da erfuhr er plötzlich, daß ihm von Oesterreich ein neuer Krieg drohe.

Es lag bei allen seinen Unternehmungen gegen England wie ein Unstern über ihm, wie das Geschick ihn 1805 von Boulogne ab= rief, so geschah es von Neuem in Spanien. Es unterliegt keinem Zweifel, daß der Kaiser in diesem Zeitpunkt nicht an einen Krieg mit Oesterreich gedacht hatte. War er doch so leicht zu dem Frieden von Preßburg zu bestimmen gewesen, um endlich einmal mit Oesterreich Ruhe zu haben und die Verhältnisse in Spanien unbehelligt beendigen zu können. Nun aber hatte das verhaßte England von Neuem eine Coalition der Mächte gegen ihn angezettelt. Er mußte daher schleunigst gegen den neu erstandenen Feind Front machen.

Er schrieb gleich aus Valladolid an seine Vasallen, die Rhein= bundfürsten, und befahl ihnen, ihre Contingente mobil zu machen.

Er selbst aber eilte wie auf Sturmesflügeln nach Paris und dirigierte 100 000 Mann der spanischen Armee in Eilmärschen gegen den oberen Rhein, seine Generäle konnten zusehen, wie sie die Geschichte in Spanien allein zu Ende führten.

Der Generalissimus der Oesterreicher, Erzherzog Karl, hatte am 9. April 1809 den Ausbruch des Krieges verkündet und war mit der Hauptarmee in Bayern eingerückt, während eine zweite Armee Polen bedrohte und eine dritte gegen Tirol und Italien vordrang.

Aber auch Napoleon hatte seine Rüstungen beschleunigt, er ver-einigte schnell die Heere seiner Verbündeten mit den seinen, zog die, Deutschland occupirenden Corps heran und eilte mit Windeseile herbei, um die Länder seiner Bundesgenossen zu schützen.

Die österreichische Armee brachte sich, wie gewöhnlich, durch die Langsamkeit ihres Aufmarsches um den ersten Erfolg, sie brauchte elf Tage, um bis nach Regensburg zu gelangen und versäumte so die Gelegenheit, die französische Armee in ihrer Entwickelung zu stören und Napoleon's Abwesenheit benutzend, die verschiedenen Corps einzeln zu schlagen. Napoleon aber eilte in vier Tagen von Paris nach der Donau; das Auge des Genius übersah sofort die ganze Sachlage und bald folgte Sieg auf Sieg. Er brachte den Oesterreichern in fünf Tagen durch die Schlachten bei Thann, Abensberg, Landshut, Eckmühl und Regensburg so empfindliche Verluste bei, daß sich der Erzherzog Karl, die Straße nach Wien freigebend, nach Böhmen zurückziehen mußte.

Da die französischen Regimenter noch nicht heran sein konnten, so wurden diese Siege fast allein von den deutschen Rheinbundtruppen erkämpft. Napoleon verstand es aber, ihren Enthusiasmus zu wecken, er hielt ihnen jene berühmte Ansprache, die ihre Begeisterung ent-zündete. So erschien er in der Mitte der Bayern und Württemberger und redete sie mit den folgenden Worten an: „Soldaten, ich bin nicht als Kaiser zu euch gekommen, sondern als Beschützer eueres Landes und als Protector des Deutschen Bundes, kein Franzose ist noch unter euch, ich weiß, daß ihr allein die Oesterreicher schlagen werdet.“ Und wie er so dastand inmitten der deutschen Soldaten, der kleine, unscheinbare Mann mit der ehernen Stirn und dem Adlerauge, da kam ein unerschütterliches Vertrauen über Alle. Denn sie mußten, bei ihm war der Sieg, wer an seiner Seite kämpfte, der em-pfand seine Macht. — Das ist jener wunderbare Zusammenhang der

Truppen mit ihren genialen Führern. In dem Führer allein be=
ruht die Verkörperung Aller. Sein Sieg ist ihr Sieg, sein Ruhm
ihr Ruhm, seine Ehre ihre Ehre.

Da war keiner von der alten Garde, keiner von seinen Grena=
dieren, der nicht in der Schlacht allein auf Napoleon sah, der nicht
jeden Augenblick sein Leben für den kleinen Corporal hingegeben hätte.
Die Soldaten sahen die Energie in seinem klaren Feldherrnauge, sie
sahen seinen Muth; wer aber selbst nichts fürchtet, der wird gefürchtet,
ihm folgen Alle.

Wer mochte zögern, wo der Kaiser voranging? Alle folgten ihm
zum Siege und wenn er befahl, zum Tode. So muß ein Feldherr
beschaffen sein, wenn er Erfolg haben will, denn nur uner=
schütterliches Vertrauen giebt den Sieg, die Zögerer und
Nörgler gehören hinter die Front. — Dieser Enthusiasmus nahm von
den deutschen Truppen Besitz und sie wetteiferten, die Deutsch=Oester=
reicher, ihre Landsleute zu schlagen. Das ist der geheimnißvolle Ein=
fluß, den eine Persönlichkeit bisweilen auf die Gemüther der Menschen
auszuüben vermag.

Am 10. Mai, genau vier Wochen nach Ausbruch des Krieges,
stand Napoleon mit seiner siegreichen Armee vor Wien. Er decretirte
von Schönbrunn aus die Einziehung des Kirchenstaates, womit er
bisher nur gedroht hatte. Oesterreich war aber trotz der Einnahme
Wiens noch nicht überwunden und der Erzherzog Karl eilte mit seinem
wieder ergänzten Heere zu dem Entsatz der Kaiserstadt herbei. Napoleon
ging ihm entgegen und es kam am 21. und 22. Mai bei Aspern
und Eßlingen zur Schlacht. Die beiderseitigen Truppen kämpften
mit unvergleichlicher Tapferkeit, schließlich aber wurde Napoleon zum
ersten Mal geschlagen und mußte den Rückzug befehlen; ja sein Heer
wäre verloren gewesen, wenn die Oesterreicher zu einer energischen
Verfolgung angesetzt hätten. So gelangte Napoleon mit seinem Heere
trotz der zerstörten Brücken über die Donau. Dann standen sich die
beiden feindlichen Armeen sechs Wochen lang, nur durch den Fluß
getrennt, gegenüber, bis es Napoleon am 5. Juli für an der Zeit hielt,
von Neuem anzugreifen. Er passirte, ohne von den Oesterreichern ge=
hindert zu werden, die Donau und ging dem Erzherzog Karl ent=
gegen, um ihm fast auf demselben Schlachtfelde, auf dem dieser ihn
kürzlich besiegt, die Schlacht anzubieten. Anderthalb Tage wurde bei
dem Dorfe Wagram auf das heftigste gekämpft, die Oesterreicher

Znaim abgeschlossen wurde; aus ihm ging im October der Schön=
brunner Friede hervor.

Oesterreich verlor dadurch die Hälfte seines Landes, das theils an
Frankreich, theils an Rußland abgetreten wurde. Es war das das
erste Geschenk, das Napoleon seinem Freunde Alexander barbrachte.

Der Marschall Bernadotte hatte an dem Tage der Schlacht
bei Wagram das Commando über das sächsische Hülfscorps in der
Stärke von 20 000 Mann. Mit ihm eroberte er zuerst das Dorf
Wagram, wurde aber an dem Abend durch die Oesterreicher wieder
hinausgeworfen. Bei diesem Rückzug befand sich sein Corps in einer
derartigen Unordnung, daß mehrfach sächsische Bataillone in der Dunkel=
heit auf französische feuerten und jeder Unterführer ohne Befehl zurück=
ging, wohin es ihm gerade beliebte. Von einer einheitlichen Leitung
des Rückzuges war keine Rede. — Der Marschall hatte bei Wagram
eben seinen Unglückstag, er verlor vollständig den Kopf und es be=
durfte der ganzen Energie einzelner seiner Unterführer, um nur einiger=
maßen die Unordnung in der Nacht zu entwirren.

Der Kaiser befahl ihm, am nächsten Morgen Wagram wieder zu
nehmen, das gelang aber trotz der Tapferkeit der, ihm gleichfalls bei=
gegebenen Division Dubois nicht, deren braver Führer dabei den
Tod fand. Bernadotte mußte dem Corps des österreichischen Generals
Bellegarde weichen, und es trat abermals bei dem Zurückgehen eine so
colossale Verwirrung ein, daß er seine Truppen nicht wieder in die Hand
bekommen konnte, und das Ganze in eine Art von Flucht ausartete. Es
war das eben ein Unglückstag für den Marschall, wie er wohl jedem
Sterblichen einmal beschieden ist. Sein ausgegebener Gefechtsbefehl war
ein Meisterstück von Ungenauigkeit, und als sich der, über das Miß=
geschick seiner sächsischen Bundesgenossen ergrimmte Kaiser diesen Befehl
vorlegen ließ, löste er sofort Bernadotte von seinem Posten als Heer=
führer ab und schickte ihn nach Paris zurück.

Es muß damals eine ganz tolle Scene zwischen den Beiden statt=
funden haben. Als Bernadotte sich mit der Schwerfälligkeit seiner Unter=
führer entschuldigen wollte und dagegen sein eigenes Verdienst, sowie
die Thaten seiner Truppen lobte, außerdem aber, wie schon früher einmal,
die Disciplin in der Armee bekrittelte, schrie ihn Napoleon an, er solle
nicht die Schuld auf Andere schieben, er allein sei der Schuldige und
solle lieber die Wahrheit sagen. — Der lange zurückgehaltene Aerger
auf den Verhaßten kam jetzt einmal zum Ausbruch, und er murmelte,

Bernadotte entlaſſend, leiſe aber verſtändlich etwas von einem „lügen=
haften Gascogner". Schon wollte der Marſchall dieſe Beſchimpfung
rächen und gegen den Kaiſer aufbrauſen, da erſchien ihm im Geiſte

Deſirée's holdes Geſicht, deren Augen ihm abriethen. Er that, als habe
er die Aeußerung nicht gehört und wandte dem Kaiſer den Rücken.

Napoleon's Zorn aber wurde noch mehr durch den Tagesbefehl erregt,
den der Marſchall bei ſeinem Scheiden an ſeine Truppen erließ. Er be=
glückwünſchte darin die Truppen wegen ihrer, am 5. und 6. bewieſenen

Tapferkeit. Auf diesen Tagesbefehl antwortete der Kaiser durch einen anderen, datirt Schönbrunn den 9. Juli, der in einem, den Marschall auf das höchste beleidigenden Tone abgefaßt war. Er sagte darin, Bernadotte habe sich den Ruhm Anderer aneignen wollen, die Wahrheit verletzt und die nationale Ehre beleidigt.

So schieden beide in größtem Zorn von einander, keine vermittelnde Desirée war zur Stelle und der Marschall reiste nach Paris zurück.

Bald jedoch verrauchte der Zorn des Kaisers und Napoleon, dem zwar das Unabhängigkeitsgefühl, der Ehrgeiz und Stolz seines Marschalls zuwider waren, der aber doch seine staatsmännischen und organisatorischen Fähigkeiten zu schätzen wußte, ernannte ihn zum Oberbefehlshaber eines in Antwerpen neu zu errichtenden Corps gegen eine von den Engländern geplante Landung in Belgien oder Holland. Er schrieb ihm sogar darüber persönlich einen Brief, in dem folgender Passus vorkommt: „Wenn Vlissingen genommen wird, so kann ich das nur einem Mangel an Einsicht des dortigen Commandanten zuschreiben. Ich halte Antwerpen für uneinnehmbar und vertraue auf Ihre Tapferkeit, Geschicklichkeit und Erfahrung, jede Landung bei Walcheren und sonstwo zu verhindern."

Der Grund zu dieser Commandirung war der folgende:

England, das seine Betheiligung an den einzelnen Coalitionen, wie bei seinen meisten Kämpfen überhaupt, stets am liebsten durch Zahlung von Geld bethätigt hatte, dem seine eigenen Heiligengebeine für den Krieg viel zu schade waren und das es lieber sah, wenn gutmüthige Deutsche ihr Blut für das Inselreich vergossen, hatte sich ausnahmsweise bei der letzten Coalition zu einem persönlichen Eingreifen entschlossen. Zwar wurden auch in dem Feldzuge in Spanien englische Hülfstruppen verwendet, den Löwenantheil an den Erfolgen auf der Halbinsel aber hatten die Truppen der englisch-deutschen Legion, wenn die englischen Führer auch deren Ruhm nachher für sich einheimsten. Nun wollten sie aber einmal zeigen, daß sie auch im Stande wären selbst zu kämpfen. Schade nur, daß dieser erste Tapferkeitsversuch so traurig enden sollte.

England hielt Frankreichs Boden, da Napoleon's Heer da unten in Oesterreich so hübsch beschäftigt war, von Truppen entblößt und eine Invasion daher sehr zeitgemäß. Die Engländer rüsteten deshalb eine Riesenflotte von 40 Linienschiffen, 30 Fregatten und 700 bis 800 Transportschiffen aus, verluden darauf 40 000 Mann Truppen,

die Festung in Vertheidigungszustand zu setzen. Da nun König Louis mit seinen 8000 Holländern auch bereits im Anmarsch war, so schien auf diese Weise die Hauptgefahr beseitigt und jeder Tag vermehrte die Schlagfähigkeit von Bernadotte's Heer.

Die Engländer ließen ihm auch schöne Zeit hierzu; ihr Feld= herr Chatham schien überhaupt einen großen Respekt vor dem fran= zösischen Festlande zu haben und das Prestige der Napoleon'schen Armeen war so groß, daß er nur wenige Meilen in das Land hinein zu rücken wagte. Er verlor die Lust an einem offensiven Vorgehen voll= ständig, als er mit seinem durch das Sumpffieber um die Hälfte redu= cirten Corps bei Katz ankam. Als er dort die Kunde von Bernadotte's Rüstungen und von dem Herannahen der Holländer erfuhr, machte er Halt, berief einen Kriegsrath und trat, da Vorsicht bekanntlich die beste Eigenschaft der Tapferkeit ist, den Rückzug an. Bald darauf räumte die englische Armee Belgien, sowie auch die Insel Walcheren und segelte ihren Heimathsinseln zu. Die Eroberung der an sich ganz bedeutungslosen Feste Vlissingen war das einzige Resultat dieses englischen Tapferkeitsversuches. Bernadotte aber triumphirte und stand bald an der Spitze eines so ausgebildeten Heeres, daß er keinen An= griff mehr zu scheuen brauchte. Diese Machtstellung des ihm per= sönlich so unangenehmen Marschalls paßte aber wieder dem Kaiser nicht und so löste er ihn bereits Anfang October von seinem Posten ab. Gründe dafür fanden sich; da hieß es, Bernadotte habe sich von Antwerpen aus in Verbindungen mit den revolutionären Demokraten eingelassen, dann machte ihm der Kaiser zum Vorwurf, des Marschalls Tagesbefehl vom 20. August habe den Effectivbestand der in Ant= werpen vorgefundenen Besatzung ganz unnöthiger Weise in der wirk= lich vorhandenen Stärke angegeben, nur um sein Verdienst zu er= höhen und was der Beschuldigungen mehr waren. Folgende in einem Brief an den Marschall Bessières enthaltene Stelle documentirt am besten, wie sehr die um Napoleon spielenden Intriguen sein Ur= theil über Bernadotte beeinflußt hatten. Er schreibt darin: „Ich habe keinen Grund mit dem Fürsten von Ponte Corvo unzufrieden zu sein, aber ich halte es nicht für angemessen, einen Mann von so schwankender Gesinnung an der Spitze so bedeutender Kräfte zu lassen."

Er löste also Bernadotte ab und verlieh ihm, als der Mar= schall sich persönlich über eine derartige durch nichts gerechtfertigte Be= handlung beschwerte, die mit einem Jahreseinkommen von zwei Millionen Francs dotirte Stellung eines Generalgouverneurs in Rom. Aber auch hier ließ ihn der Kaiser nur ein halbes Jahr, nach dessen Ablauf er ihn nach Paris zurückrief, und ihn nach kurzer Zeit zu einer Commandostelle in Catalonien bestimmte. Diese aber lehnte Bernadotte ab, da zu gleicher Zeit andere Anerbietungen an ihn herantraten.

Einundzwanzigstes Capitel.

Doch wir sind bereits den Ereignissen vorangeeilt und haben erst noch die wichtigen Vorgänge des Jahres 1809/10 zu schildern.

In dem Kaiserschlosse Schönbrunn war bereits in Napoleon's Seele der Entschluß, sich von Josephine scheiden zu lassen, herangereift. Er, der Königsmacher, der Königreiche entstehen und vergehen ließ, der seinem Willen alle die Könige unterthan gemacht hatte, daß sie thun mußten, was er befahl, wollte ihnen nun auch ebenbürtig werden. Da das nicht durch Abstammung möglich war, so wollte er sich mit ihnen noch mehr als bisher durch die Bande der Verwandtschaft verbinden. War das nun ein Motiv seines Entschlusses, so bewegte ihn auch der Gedanke, daß er für das unermeßlich große, von ihm durch sein Schwert geschaffene Reich auch einen Sohn, einen Erben haben wolle. Da das aber bei Josephine's Kinderlosigkeit nicht mehr wahrscheinlich war, so begann er sich bereits in Schönbrunn nach einer Prinzeß umzusehen, die er zu seiner Gemahlin machen könne. Vorerst aber mußte hierzu die Scheidung von Josephine ausgesprochen sein. Er war sich nicht im Unklaren, daß ihm dabei schwere Kämpfe bevorstehen würden.

Diese beabsichtigte Scheidung ist die erste dieser Art, die in der Geschichte zu finden sein dürfte, insbesondere weil dadurch nicht die geringste Veränderung, in den Gefühlen der beiden, die Trennung beabsichtigenden Eheleute zu einander eintrat. Sie wurde in der Folge von beiden Gatten nur als ein dem Interesse und der Politik des Kaiserreiches gebrachtes Opfer angesehen.

In Frankreich betrachtete man aber die Ehe als ein religiöses Sacrament, zu dessen Lösung sowohl die bürgerliche, als auch die kirchliche Vermittelung nöthig war. Die bürgerliche, nach der Verfassung des Kaiserreiches dazu allein geeignete Behörde, um die Trennung der

Ehe eines Mitgliedes der regierenden Familie herbeizuführen, war der Senat, die kirchliche aber der Papst oder der erste Cardinal Frankreichs.

Wie schwer dem Kaiser trotzdem der Gedanke an eine Schei= dung von seiner Josephine wurde, geht aus dem Schmerze hervor, den er bei der Begrüßung mit ihr nach seiner Rückkehr in Fontainebleau empfand. Er verbarg diesen Schmerz, indem er die noch immer Ge= liebte mit fast brüsquer Härte behandelte, aber er konnte kaum ihren Bitten widerstehen, als sie Abends vor der, zum ersten Mal ver= schlossenen, ihre Gemächer verbindenden Thür, vergeblich um Einlaß flehte. Aber er widerstand und dadurch merkte Josephine, daß sein Entschluß unumstößlich sei.

Der Kaiser berief am 15. Dezember 1809 Abends 9 Uhr den Erzreichskanzler Cambacérès mit dem Staatssecretair Regnauld de St. Angely in die Tuilerien, um die nöthigen Erklärungen über die gesetzlichen Bestimmungen zur Scheidung entgegenzunehmen.

In dem Thronsaal war zu der bestimmten Stunde die ganze Napoleonische Familie versammelt, darunter auch der Fürst und die Fürstin von Ponte Corvo. Sämmtliche Herrschaften nahmen auf den in einem großen Halbkreis aufgestellten Sesseln Platz, vor denen ein Tisch für Cambacérès und seinen Secretär stand. Hinter den Stühlen mußten sich die Oberhofchargen, die Ehrendamen der Kaiserin, sowie die Hofdamen der anwesenden Königinnen aufstellen. Als alle Anwesenden Platz genommen hatten, stand der Kaiser auf und verlas eine Rede, in der er, sich auf die Politik seiner Regierung beziehend, die Vorsehung anrief und mit großer Liebe des Opfers seiner bedauernswerthen Gattin gedachte. Er erwähnte darin des Glückes, das ihm Josephine in seiner fünfzehn= jährigen Ehe bereitet und versicherte, daß sie stets sein bester und theuerster Freund bleiben werde. Schließlich betheuerte er, daß er nur auf Frankreichs Ruhm bedacht sei und deshalb so handele.

Ergriffen hatten die Anwesenden seine Worte gelauscht, diese Er= griffenheit steigerte sich aber zu innigstem Mitgefühl, als die Kaiserin sich erhob und blassen Angesichts erwiderte:

„Avec la permission de mon auguste et cher époux je dois dèclarer, que placé par sa bonté sur le tròne et ayant reçu de ses peuples tant de témoignages d'affection et d'amour, je ne puis mieux reconnaître les sentiments, qui m'ont été si chers, qu'en assurant

à ses sujets, par la dissolution d'un mariage, auquel le ciel a refusé
des faveurs si ardemment désirées, le bonheur d'être un jour
gouvernés par le fils d'un grand homme, qui a retabli l'ordre dans

Scheidungsscene.
(Nach Choffelat, gestochen von Boiss mann.)

l'état, la félicité dans les familles et porté la France au plus haut
degré de sa gloire. Eloignée de l'empereur il sera toujours présent
à ma pensée. Je ne cesserai point d'être sa meilleure amie. Je
lui dois la justice de dire, que cet acte pénible, que commandait

la politique et de si grands intérêts, a froissé son âme, et que j'ai lu dans son cœur qu'il accomplissait avec amertume le plus grand sacrifice que nous puissions faire l'un et l'autre à ses peuples."

Heldenmüthig mußte Josephine, während sie also sprach, ihren Schmerz zu bekämpfen, sie hatte bei den triumphirenden Mienen der madame mère und Paulines nicht gezittert, nicht gewankt, als sie die Thränen der Liebe und des tiefen Mitgefühls in den Augen ihrer Freundinnen sah, doch als sie mit fester Hand ihre Unterschrift auf dem, ihr von Cambacérès vorgelegten Protocoll vollzogen hatte und damit nun Alles für sie vorbei war, als sie einen letzten Blick zu dem Kaiser hinüberwarf, der von diesem schmerzlich erwidert wurde, da war es mit ihrer Selbstbeherrschung vorbei. Von Hortense's und Desirée's Armen umschlungen, wankte sie aus dem Zimmer und weinte, in ihren Gemächern angekommen, ihren heißen Schmerz in deren Armen aus.

Tags darauf wurde durch den Senat die Trennung der kaiser= lichen Ehe ausgesprochen, Josephine verließ die Tuilerien und siedelte nach Malmaison über, das so viele Jahre hindurch Zeuge ihres Glückes gewesen war.*) Hier verblieb ihr die ganze kostbare Einrichtung, selbst die von Napoleon's Privatgemächern. Sie erhielt als Apanage eine Herrschaft in Navarra und einen Jahresgehalt von drei Millionen Francs.

Der bürgerliche Act der Scheidung war hiermit vollzogen und blieb nur noch der der kirchlichen Trennung übrig. Das bischöfliche Consortium von Paris sprach denn auch, nachdem es sich auf das genaueste über die, in diesem Falle anzuwendenden Formen unterrichtet hatte, gleichfalls die Scheidung aus. Zwar erhob der Papst zuerst Schwierigkeiten und behauptete, in diesem Falle hätte er selbst zuerst gefragt werden müssen; die Bischöfe erwiderten aber, vor dem Auge Gottes sei in dieser Beziehung ein Fürst so gut ein Mensch wie jeder andere und müßte deshalb auch ebenso behandelt werden. Außerdem wären aber bei der Trauung Napoleon's durch den Cardinal Fesch die gesetzlichen Vorschriften nicht alle beobachtet worden, der berechtigte

---

*) Die Kaiserin Josephine lebte in Malmaison noch fünf Jahre bis zu ihrem 1815 erfolgten Tode. Sie widmete sich nur Werken der Wohlthätigkeit und sah außer ihren Kindern nur wenige Freundinnen bei sich. Sie erhielt in diesen Jahren nur drei bis vier Besuche ihres früheren Gemahls.

Anmerkung des Herausgebers.

gegen diese Ehe verzögerten immer wieder den Entschluß des Kaisers Alexander, so daß Napoleon schließlich ärgerlich wurde und den ganzen Plan aufgab.

Oesterreich dagegen verstand es, aus dieser Situation Vortheil zu ziehen. Kaum war die Scheidung ausgesprochen, da ließ der Kaiser von Oesterreich durch Vermittelung des Grafen Narbonne, des französischen Gouverneurs von Triest, und des Grafen Metternich Napoleon die Hand der Erzherzogin Marie Luise antragen. Narbonne theilte dieses Anerbieten sofort dem österreichischen Gesandten, Fürsten Schwarzenberg, mit und dieser sprach darüber mit dem sich gerade in Paris auf= haltenden Könige von Bayern. Dem aber war die Sache gerade recht und er betraute seinen Schwiegersohn Eugène mit der Aufgabe, dem Kaiser davon Mittheilung zu machen.

Es gab damals in der engeren Familie Napoleon's einige Stimmen, die sich auch für die Wahl einer Französin aussprachen; hierauf ging aber der Kaiser nicht ein und das Project wurde denn auch bald fallen gelassen.

Um die Wahl einer Kaiserin, diesen für Frankreich so wichtigen Gegenstand, noch näher zu begutachten, wurde von Napoleon, dem es ja besonders darauf ankam, dem Throne einen Erben zu geben, eine besondere aus Staatsmännern und Sachverständigen bestehende Com= mission ernannt, die ihr Gutachten über die Angelegenheit abgeben sollte. In dieser Commission fanden lange Berathungen und Er= kundigungen über die „Verhältnisse" statt und gelang es schwer zu einer Einigung zu kommen, da in der Commission Anhänger für die vier verschiedenen Candidatinnen vertreten waren. Schließlich gaben jedoch drei Viertel der Geladenen ihre Stimmen für die Erz= herzogin ab und da Napoleon sich hiermit vollständig einverstanden erklärte, so erhielt der Prinz Eugène zusammen mit dem Fürsten Schwarzenberg und Cambacérès den Auftrag einen Ehevertrag zwischen Napoleon und der Erzherzogin Marie Luise aufzusetzen.

Diesem wurde der ehemalige Ehevertrag Louis' XVI. und Antoinette's zu Grunde gelegt und die ganze Angelegenheit binnen 24 Stunden erledigt.

Es circulirte damals in Paris das Gerücht, daß diese Verbindung mit der Erzherzogin bereits in Wien gewissermaßen als eine der Be= dingungen des Friedensabschlusses aufgestellt sei, dem widerspricht aber

erstlich die Werbung in Petersburg und zweitens ist auch nicht an=
zunehmen, daß ein Charakter wie der Napoleon's die Annahme seiner
Hand als eine Friedensbedingung hingestellt habe.

Der Kaiser von Oesterreich willigte sofort in die Heirath ein und
am 12. März wurde bereits die jugendliche Erzherzogin in Wien
dem Erzherzog Karl, als Vertreter des Kaisers Napoleon, an=
getraut. Sie trat hierauf die Reise in ihr neues Land an und wurde
am 16. März in Braunau der von Napoleon ihr entgegengesandten
Königin von Neapel übergeben. Hier mußte sich die neue Kaiserin
einem alten Gebrauch gemäß vollständig entkleiden und wurde dann
als Sinnbild ihres neu beginnenden Lebens mit neuen französischen
Kleidern angethan.

Hierauf setzte sie ihre Reise nach Paris fort und wurde in allen
Orten, die sie berührte, mit größtem Jubel begrüßt.

Es ist bekannt, wie Napoleon die Lust, seine junge Gattin zu
sehen, nicht zu zügeln wußte, ihr, nur von Murat begleitet, bis
Compiègne entgegenfuhr und dort, sehr gegen das Ceremoniell, einen
Tag mit ihr verlebte.

Am 29. März reiste das Kaiserpaar nach Saint Cloud weiter,
wo die bürgerliche Trauung in der Galerie des Schlosses stattfand,
dieser folgte am 2. April die Ceremonie der kirchlichen Trauung
in Paris in der Capelle des Louvre. Der Trauung ging der
feierliche Einzug der Neuvermählten voran. Inmitten eines Gefolges
von Königen und Königinnen, von Generälen und Würdenträgern
fuhren sie in einem ganz vergoldeten Wagen durch die jubelnde
Menge dahin. Die Familien des alten legitimistischen Adels folgten
in den nächsten Wagen, sie alle hatten ihren Ehrgeiz darin gesucht,
in den Hofstaat der neuen Kaiserin aufgenommen zu werden. Die
Kanonen donnerten ihren Jubelgruß, die Fahnen wehten und die
Straßen, sowie die Häuser waren bis zu den Dächern hinauf mit
frohen, jauchzenden Menschen angefüllt. Da gab es von der Porte
Maillot bis zum Concordienplatz kein Fenster, das nicht besetzt und nicht
zu 4 bis 5 Louisd'or vermiethet war und das kleinste Zimmer in den
Gasthöfen mit einem Fenster nach der Straße hinaus, in der der Zug
vorüberging, war zu einem Preise von 500 Francs vermiethet.

So gelangte der Zug bei dem glänzendsten Sonnenschein eines
prachtvollen Frühlingstages, umjauchzt von dem Jubel Hunderttausender
durch die Gärten der Tuilerien bis zum Louvre. Hier wurden die

Wagen verlassen und der Hochzeitszug begab sich durch die mit wundervollen Teppichen geschmückte Gallerie in den in eine prachtvolle
Capelle verwandelten Apollosaal.

Man hatte dort für die Könige und fremden Fürsten und
Fürstinnen, für die Carbinäle, Gesandten und Minister und die ersten
Persönlichkeiten des Kaiserreichs Tribünenplätze errichtet, vor deren
Mitte der Altar aufgestellt war. Vor diesem stand in vollem Ornat
der Großalmosenier des Kaiserreiches, Carbinal Fesch, der den
Ehesegen über das Kaiserpaar aussprach. Hierauf begaben sich die
kaiserlichen Majestäten nach den Tuilerien.

So verlief die Trauung. Aller Glanz und Schimmer, alle Ehren,
der Volksjubel der Massen, genug alle Herrlichkeit, die ein Mensch nur
erdenken kann, füllten diesen Tag. Es war eine fast wahnsinnige, an-
betende Verehrung, die das Volk Frankreichs seinem Kaiser darbrachte.
Die Glocken läuteten, die Menschen fielen sich auf den Straßen glück-
wünschend in die Arme und der Kanonendonner war bis auf mehrere
Meilen in das Land hinaus zu vernehmen. Er brang auch bis zu dem
von grünenden Gärten umgebenen Malmaison, wo eine stille Dulderin
saß und — weinte. — Welche Gedanken mochten bei diesem Festes-
jubel ihr Herz durchziehen?

*　　*　　*

Für den Kaiser aber war an dem Tage auch nicht Alles Licht
und Glanz; er hatte während des Festes sowohl, wie auch bei den
Vorbereitungen dazu wieder so mancherlei Aerger gehabt. Und zwar
erstens durch einen Theil der Geistlichkeit und zweitens, wie gewöhnlich,
durch einzelne Mitglieder seiner Familie.

Bei der bürgerlichen Trauung in Saint Cloud waren sämmtliche
Carbinäle und Bischöfe Frankreichs zugegen, desto ärgerlicher aber
war es für den Kaiser, daß bei der Ceremonie in der Capelle mehrere
Sessel der Carbinäle leer blieben. Auf seine zürnende Frage hin, wo
diese wären, erfuhr er die Erklärung von sechs Carbinälen, daß es
ihnen aus Achtung vor dem heiligen Vater nicht möglich gewesen sei,
der kirchlichen Trauung beizuwohnen, da dieser bei der Trauung eines
katholischen Souverain's zugegen sein müsse.

Die anderen Carbinäle und Bischöfe wiesen diese Behauptung
mit Entrüstung zurück und selbst der Papst desavouirte die fünf

erwuchs, so bereiteten ihm zwei seiner Schwestern natürlich wieder Elisa und Pauline eine weitere.

Sie führten ganz dieselbe Comödie auf, die sie sich bereits bei der Krönung Josephine's erlaubt hatten, nur daß ihr Hochmuth sich jetzt noch in dreisterer Weise zeigte. Beide weigerten sich zusammen mit den Königinnen von Holland und Westphalen bei der Trauung die Schleppe des Mantels der Kaiserin zu tragen. Beide waren doch nur einfache Fürstinnen, während Hortense und Karoline die Königskrone schmückte, sie hätten in Folge dessen desto eher die Gefügigeren sein müssen; aber sie zeigten im Gegentheil viel mehr Stolz als die anderen, die sich gern bereit erklärten. Besonders weigerte sich Pauline, der „häßlichen deutschen Gans“, wie sie sich hochverrätherisch ausdrückte, diesen Dienst zu leisten. Es war eine peinliche Scene, die sich wegen dieser Angelegenheit in dem Zimmer des Kaisers in Compiègne abspielte und als Pauline, nach ihrer Gewohnheit mit dem Fuße auftretend, wüthend rief: Pardi, pardi, j'aimerais mieux mourir, je n'y consentirais — jamais — jamais —,“ da faßte der wegen dieser Benennung seiner jungen Frau auf das höchste erzürnte Kaiser ihre Hände und drückte sie so heftig, daß sie sich in Schmerzen zu seinen Füßen wand. Schließlich befahl er als Kaiser, daß sie sich fügten und als dann wie gewöhnlich Desirée's Vermittelung angerufen wurde, gaben endlich beide Schwestern nach.

Elisa, Großherzogin von Toscana.
Nach Duenebey.

Pauline hatte zum ersten Mal Napoleon's Zorn kennen gelernt, sie vergaß diese Scene nie und ließ der an der Sache ganz unschulbigen Kaiserin, lebenslang ihren Haß entgelten. So wurde durch die Schwestern auch in diese neue Ehe Zwietracht hineingetragen.

Nach der kaiserlichen Hochzeit folgten sich Feste auf Feste, ganz Paris befand sich wochenlang in einem Freudentaumel. Unter den zu Ehren der Kaiserin gegebenen Feiern war auch die der Fürstin Borghese am 14. Juni in den Gärten Neuillys. Vielleicht wollte diese durch die Eigenart ihres Festes den noch immer erzürnten Bruder versöhnen und zeigen, daß sie bereit sei, sich den neuen Verhältnissen zu fügen, vielleicht wollte auch die eitele Frau von allen Festen das schönste geben, genug sie hatte sich eine ganz eigenthümliche Feier ausgedacht.

Zuerst fand auf einer, in den Gärten mit feenhafter Pracht aufgeschlagenen Bühne die Aufführung einer comischen Oper durch die Gesellschaft Feydeau statt, an die sich eine wundervolle Illumination anschloß. Plötzlich erloschen alle Flammen und es zeigte sich Marie Luise's väterliches Schloß Schönbrunn, in märchenhaftem Mondesglanz. Es zeigten sich die Plätze, wo die junge Kaiserin als Kind gespielt, dann wechselte das Bild und von rosigem bengalischen Feuer beleuchtet erschien der „Tempel des Hymen".

Pauline.
Nach R. Lefèvre.

Pauline erreichte ihren Zweck. Ihre Idee wurde allgemein gepriesen, die Kaiserin dankte ihr in Thränen für die zarte Aufmerksamkeit und auch Napoleon drückte ihr die Hand.

Eine schreckliche Unterbrechung dieses Jubels bildete ein am 1. Juli von dem Fürsten Schwarzenberg in einem Botschaftshotel gegebenes Tanzfest. Der Fürst hatte zur Aufnahme der Hunderte von Gästen einen Riesensaal aus Holz in dem Garten des Hotels errichten lassen; während des Balles entzündete sich an einem Wandleuchter einer der Vorhänge und in einem Moment stand der ganze Saal in Flammen. Eine sinnlose Panik bemächtigte sich der vielen Hunderte von Gästen, Napoleon ergriff seine Gemahlin, hob sie in seinen Armen auf, trug sie mit Hülfe des Fürsten Schwarzenberg durch eine kleine Thür in den Garten hinaus und von da zu dem Wagen, dann kehrte er selbst zurück und blieb, bis der stolze Bau in Trümmer sank. Aber wie sah es in dem Saale aus! Alle Menschen hatten vollständig den Kopf verloren, sie stürzten auf und über einander und wurden in der Hast, mit der Alles den Ausgängen zudrängte, zu Boden getreten. Da gelang es einem, sich aufzuraffen, er sprang auf die Schultern der

21*

ihn Umgebenben unb eilte dem Ausgange zu. Alles brängte und
quetschte sich vorwärts im wilden Drang, das eigene Leben zu retten.
Dabei gellende Rufe, das Angstgeschrei der Damen nach ihren Angehörigen, brennende Vorhänge flatterten auf die Menge herab, das
Jammern der Verwundeten, das Schreien der Zerquetschten und Ver-
brannten, ein bicker, stickenber Rauch, dazwischen einzelne jammernbe
Wehlaute, genug — die Hölle.

Als das Gebäude zusammengesunken war, stellten sich folgenbe
Unglücksfälle heraus: Die Fürstin Schwarzenberg unb zwanzig
andere Damen waren tot, die Fürstin Aremberg, die Frau des
Bruders des Gesanbten, hatte sich bereits aus dem Saale gerettet,
ba stürzte sie sich in Sorge um das Schicksal ihrer Tochter von
Neuem hinein, wollte eine kleine, in das Gesandtschaftshotel führende
Pforte erreichen, unb endete in den Flammen. Der russische Gesandte
Fürst Kourakin wurde burch schreckliche Brandwunden schwer ver-
letzt unb die Zahl der anderen Verwundeten war schwer zu bestimmen.
So mußte gerabe das Fest enden, das von Oesterreichs Kaiser zur
Feier der Hochzeit seines Kindes gegeben wurde. Alle biejenigen aber,
die in dem Jahre 1771 Zeugen der Verehelichung Ludwig's XVI. unb
Antoinette's gewesen waren, erinnerten sich einer von der Stadt Paris
in den Elysäischen Feldern zu Ehren der österreichisch-französischen
Allianze gegebenen Feier, bei der zweitausend Personen theils erbrückt
wurben, theils in den Gräben ertranken. Sie sahen das Unglück als
ein böses Omen für biese zweite Verbindung mit Oesterreich an.

Unter bem zu dem Balle Geladenen befand sich natürlich auch
der Fürst von Ponte Corvo mit seiner Desirée. Als die Katastrophe ausbrach, stand er, gerade, mit seinem Freunde Lefèvre plau-
bernd, in der Nähe des Einganges, da sah er plötzlich eine Flamme wie
eine Feuerschlange an einer der reich brapirten Säulen emporzüngeln,
sein Schrei „Feuer" war einer der ersten, die ertönten, und er sprang
eilig hinzu, um die Vorhänge herabzureißen. Doch schon war es bazu
zu spät, in einem Hui brannte Alles um ihn her. Sein erster
Gebanke galt Desirée. Rings um ihn her tobte der Kampf der nach
dem Ausgang zustürzenden Menge, ba sah er über die Köpfe hinweg
Desirée's schönes Haupt, sah, wie sie sich bemühte, mit der Königin
von Holland, die festgekeilte Menschenmenge zu durchbrechen, wollte zu
ihr hinstürzen, um sie zu retten, da klammerten sich bebende, zitternbe
Hände an ihn an, er stieß sie zurück und kämpfte weiter dem Menschen-

strom entgegen. Er stieß mit seiner Löwenstärke die gegen ihn an=
bringenden Körper zurück und stürzte ringend und kämpfend der Lücke
zu, durch die er soeben noch Desirée's Kopf gesehen. Sein Fuß trat
auf lebendige, sich windende Menschenleiber, — noch eine gewaltige
Kraftanstrengung — und er war bei ihr — bei seiner Desirée, die
er, vor Freude aufjauchzend, auf seine Schultern hob. Lefèvre war
ihm gefolgt, er umschlang Hortense und so traten sie den Rückweg an;
sie kamen vorwärts. Lefèvre schlug den Weg zu einer kleinen, ihm
vorher aufgefallenen Nebenthür ein, durch diese gelangten sie in's
Freie — wenige Secunden darauf brach der Saal hinter ihnen prasselnd
zusammen.

Sie waren gerettet und Bernadotte trug sein theueres Weib bis
zu ihren Wagen.

Desirée war bis auf einige unbedeutende Brandwunden unver=
sehrt, ob aber der furchtbare Schreck und die überstandene Angst, die
sie in dem Augenblick der höchsten Gefahr um ihre Freundin Hortense
empfunden, daran schuld war, sie verfiel in eine schwere Krankheit,
ein Nervenfieber fesselte sie viele Wochen an das Bett. Endlich aber
wurde die Krankheit gehoben, sie durfte Mitte August aufstehen,
um auf einem Canapé ruhend, ihre vollständige Genesung zu er=
warten.

So ruhte sie eines Mittags, es war der 21. August, wieder in
dem Boudoir ihres prachtvollen Hotels in der Rue d'Anjou und sah
träumerisch in den Park hinaus, dessen Bäume sich nach dem heißen
Sommer bereits herbstlich zu färben begannen. Ihre, von der Krank=
heit bleichgewordenen Wangen fingen an sich wieder zu röthen und
der Glanz ihrer schönen Augen bekundete, daß die böse Mattigkeit der
Reconvalescenz im Schwinden sei. Ihr kleiner Sohn Oscar hatte sie
soeben verlassen, nachdem er ihr einen Teller voll schönster Trauben
zur Erfrischung gebracht und ihre weißen Finger führten eine Beere
nach der anderen zum Munde.

Sie fühlte so recht das Wohlbehagen, das man nach langer, glück=
lich überstandener Krankheit zu empfinden pflegt. — Da öffnete sich leise
die Thür und ihr Gemahl lugte vorsichtig hinein. Als er sie so in
ihrer holden Schönheit vor sich sah, ging ein glückliches Lächeln über
seine Züge; mit einem Sprung war er bei ihr, kniete vor ihr nieder
und sagte, ihre beiden Hände in die seinen nehmend: „Desirée, liebst
Du mich?"

„O, mein Jean, wie kannst Du fragen? Unaussprechlich liebe ich Dich."

„Mein holdes Weib," erwiderte der Fürst und schlang den Arm um ihren Leib, „bist Du auch bereits stark genug, um eine wichtige Angelegenheit zu vernehmen?"

„Aber gewiß, mein Jean, doch was hast Du, mein Geliebter, Du bist so sonderbar?"

„Erinnerst Du Dich, Desirée, noch Deiner Vision von Sémur? Denkst Du noch der Wahrsagung jener alten Zigeunerin aus Deiner Kinderzeit, die Dir einst eine goldene Krone prophezeite?"

„O gewiß, mein Jean, doch was willst Du damit sagen, weshalb erwähnst Du dieses Kindermärchens gerade heute? So sprich doch."

„Nun wohl, Du meine Geliebte," erwiderte Bernadotte mit ernster Stimme, „so höre denn:

Soeben war eine Commission bei mir, die mir Schwedens zukünftige Krone anbot und mir mittheilte, daß mich die Nation mit Einwilligung ihres Königs Karl's XIII. zum Kronprinzen des schwedischen Reiches erwählt habe. Ich aber habe diese Wahl angenommen."

„O, mein Gott!" rief Desirée, die kleinen Hände zusammenschlagend, „so soll ich denn wirklich eine Königin werden? Aber wie ist denn das möglich? So erzähle doch, Jean, erzähle.

Zweiundzwanzigftes Capitel.

In Schweden herrschten seit dem Jahre 1808 ganz eigenthümliche Zustände.

Der König Gustav IV. hatte sich durch seine verkehrten Maßnahmen nachgerade mit allen Nationen verfeindet. Zuerst wollte er Finnland von den Russen erobern und gerieth dann nach dem Mißlingen seiner kriegerischen Expedition mit seinem bisherigen Bundesgenossen England in Streit. Das englische Ministerium hatte bald die Unzuverlässigkeit eines solchen Bundesgenossen erkannt und versuchte den König mit Rußland und Dänemark zu versöhnen. Hierzu theilte es ihm das, von Napoleon und dem Kaiser Alexander im October 1808 von Erfurt aus an England gerichtete Friedensgesuch mit. Der König aber erklärte, daß er niemals mit einem Manne wie Napoleon Bonaparte (den Kaisertitel gab er ihm nie) über den Frieden verhandeln würde. Hierauf versuchte er, mit Dänemark einen Separatfrieden zu schließen, um mit König Friedrich VI. gegen England vorzugehen. Als daraus nichts wurde, schloß er sich von Neuem England an. Er ließ dann wieder 2000 Mann seiner Garden bei Helsinge landen, die direct gegen Petersburg vorgehen sollten, genug, er vollführte solchen politischen Unsinn, daß aus diesen Maßnahmen allein seine geistige Unzurechnungsfähigkeit erkennbar wurde. Hierzu kamen noch so manche andere Dinge, die den unzweideutigen Beweis seiner Geistesschwäche gaben. So ließ er, z. B. um den Gehorsam seiner Unterthanen auf die Probe zu stellen, Häuser von einer Straße Stockholms in die andere versetzen, die Truppen blieben ohne Sold und wurden mit den hirnverdrehtesten Aufträgen beschäftigt, genug, es war kein Wunder, daß die Armee den Entschluß faßte, den unzweifelhaft verrückten König abzusetzen.

Am 7. März 1809 erklärte sich die Westarmee gegen den König und der General Adlercreutz marschirte mit einem Detachement von 2000 Mann gegen die Residenz. Der sich in Haga aufhaltende König erhielt von diesem Anmarsch erst Nachricht, als Adlercreutz nur noch zehn Meilen entfernt war. Er eilte nach Stockholm, um die Stadt in Vertheidigungszustand zu setzen, wurde aber am 13. März durch den General Adlercreutz gefangen genommen und in der Festung Gripsholm internirt. Der Herzog von Südermannland, der bereits während Gustav's Minderjährigkeit Reichsverweser gewesen war, wurde darauf am 8. Juni von dem Reichstage als Karl XIII. zum Könige gewählt, Gustav IV. aber für sich und seine Erben für alle Zeit der Krone Schwedens und Norwegens für verlustig erklärt. König Gustav nahm den Titel eines Obersten Gustavson*) an und ging nach der Schweiz, während seine Gemahlin mit ihren Kindern vorläufig in Schweden blieb. — Damit war die Aufgabe des Reichs= tages aber noch nicht erledigt. Die Nation besaß zwar wieder einen König, aber einen alten Mann ohne Nachkommenschaft; es mußte daher für die künftige Thronfolge gesorgt werden.

Am 14. Juli wurde der Prinz Christian August von Schleswig=Holstein=Sonderburg=Augustenburg zum Kron= prinzen gewählt und die Wahl am 28. August auch von dem Könige bestätigt.

Dieser Prinz starb jedoch bereits am 28. Mai 1810 eines plötz= lichen Todes, woran, ist bis heute noch nicht recht aufgeklärt. Die Volkswuth erklärte, der allgemein beliebte Prinz sei durch Gift getödtet und der Graf Fersen an dem Morde betheiligt. Bei des Erbprinzen Leichenbegängniß stürzte sich eine rasende Volksmenge auf den, als Marschall die Leichenparade commandirenden Grafen und riß ihn buch= stäblich in Stücke.**)

---

*) Gustav Adolf lebte von der Zeit an theils unter obigem Namen, theils unter dem eines Grafen von Gottorp abwechselnd in der Schweiz und in Deutsch= land. Er ließ sich im Jahre 1812 von seiner Gemahlin, der Königin Friberike, Tochter des Großherzogs von Baden und Schwester der Kaiserin von Rußland und Königin von Bayern, scheiden. Er starb am 7. Februar 1837.

**) Es ist das derselbe Graf Fersen, der sich in dem Jahre 1791 durch seine Anhänglichkeit an den König Ludwig XVI. und die Königin Marie Antoinette auszeichnete. Er organisirte die Flucht des Königspaares, wurde in Varennes mit gefangen und entging damals mit knapper Noth der Guillotine. Siehe das bei Schmidt & Günther in Leipzig erschienene Werk: „Die Memoiren der Baronesse de Courtot".

Anmerkung des Herausgebers.

Auf diese Weise wurde Schweden seines Kronprinzen beraubt und die Thronfolge war wieder in Frage gestellt.

Die sogenannte „Augustenburgische" Partei war damals, besonders in der Residenz, die mächtigste und wünschte den Bruder des Verstorbenen, den König von Dänemark, zum Thronfolger. In Folge dessen sollte bereinst die Skandinavische Union Wirklichkeit werden und der König die drei Kronen von Schweden, Norwegen und Däne= mark auf seinem Haupte vereinigen. Der König Karl befand sich aber damals in einer solchen Abhängigkeit von dem allmächtigen Kaiser der Franzosen, daß er in Bezug dieser Wahl keinen Schritt ohne Na= poleon's Zustimmung thun wollte. Der schwedische Gesandte in Paris, General Wrede, erhielt daher den Auftrag, des Kaisers Intentionen über die Wahl eines Thronfolgers einzuholen.

Außerdem sandte Karl XIII. noch den Oberstleutnant von An= karswärd mit einem Briefe nach Paris, in dem er Napoleon's Rath in der Angelegenheit erbat.

Nun gab es aber in Schweden außer der Augustenburger noch eine zweite, nicht minder mächtige, auf dem Lande und besonders im Reichstage fast überwiegend Partei, das war die sogenannte „fran= zösische".

Diese gab dem Oberstleutnant von Ankarswärd heimlich den Auf= trag, in Paris festzustellen, ob dem Kaiser nicht auf Schwedens Thron etwa ein französischer Prinz genehm sein würde. Man richtete dabei in erster Linie das Augenmerk auf Bernabotte, Macdonald und Eugène Beauharnais.

Die Schweden hatten Bernabotte's guten Dienste nicht ver= gessen, die er einst als Gouverneur der Ostseeprovinzen dem Lande geleistet, die Offiziere und Soldaten waren ihm damals wegen seines Benehmens in Lübeck und Hamburg vielfach zu Dank verpflichtet und diese Zuneigung hatte sich selbst nicht vermindert, als er mit der dänischen Armee in Schweden einrückte. Er galt außerdem als „guter Engel Hannovers" und sein Renommée als Staatsmann, als Kriegs= minister und General war in ganz Europa bekannt. Er hatte alle Menschen, die jemals mit ihm in Berührung gekommen waren, durch seine Liebenswürdigkeit bezaubert, galt nebenbei für sehr reich und war durch seine Frau ein naher Verwandter des großen Franzosenkaisers. Genug, alle diese Gründe wogen schwer genug, seine Wahl zum Thronfolger zu erstreben. Man hatte bereits früher die

Aufmerkſamkeit des Reichstages auf Bernadotte zu lenken gewußt und beſonders hatte ſich ein Offizier, ein Baron Mörner, ſchon längſt für die Candidatur des Fürſten von Ponte Corvo bemüht.

Während ſich der Brief des Königs an Napoleon für die ſchleswig= holſteiniſche Thronfolge ausſprach, ſpielte ſich zu Bernadotte's Gunſten in Paris heimlich eine eigenthümliche Intrigue ab.

Obiger Baron Mörner hatte ſich ſelbſt dahin begeben und durch Vermittelung des belgiſchen Geſandten Lapie eine Audienz bei dem Fürſten von Ponte Corvo erreicht, der ſich auch der ſchwediſche Generalconſul Signeul anſchloß. Beide trugen Bernadotte im Namen der ſchwediſchen Nation die Bitte vor, die Stelle eines Thronfolgers annehmen zu wollen. Sie waren hierzu entſchieden nicht berechtigt, wenigſtens von der franzöſiſchen Partei in Stockholm nicht dazu autoriſirt. Während alſo Napoleon noch mit dem Könige Karl XIII. im Briefwechſel über die Thronfolgerangelegenheit ſtand, wozu er, ohne ſich jedoch irgendwie zu binden, den König von Dänemark em= pfahl, waren bereits hinter Napoleon's Rücken die Verhandlungen mit Bernadotte ſo weit gediehen, daß ſogar der General Wrede am 25. Juni eine Conferenz mit Bernadotte haben konnte, worin er ihm die officielle Bitte der franzöſiſchen Partei vortrug. Der Fürſt von Ponte Corvo nahm die Sache anfangs ziemlich gleichgültig auf, erklärte ſich aber dann ſowohl zu der Annahme, wie auch dazu bereit, den lutheriſchen Glauben und die ſchwediſche Nationalität annehmen zu wollen. Selbſtverſtändlich aber nur unter dem Vorbehalt, daß der Kaiſer Napoleon ſeine Zuſtim= mung gebe.

Der Baron Mörner reiſte hierauf nach Stockholm zurück und theilte dem Reichstage mit, der Fürſt von Ponte Corvo ſei bereit zur Annahme der Thronfolgerſtelle, wobei er noch beſonders hervorhob, daß dieſe Wahl die Zuſtimmung des Kaiſers habe.

Trotzdem konnte ſich der Reichstag und namentlich die Miniſter anfangs nicht zu der Wahl entſchließen, namentlich da der König die Meldung von der Angelegenheit zuerſt ſehr ungnädig aufnahm und auch der Hofkanzler von Wetterſtedt ſowie der Miniſter von Eggeſtröhm dagegen ſprachen. Die Reichstagsſitzung blieb reſultatlos und die Entſcheidung über die Frage wurde bis zu der nächſten Sitzung in Örebro vertagt. Dieſe Zwiſchenzeit verſtand der Baron Mörner

auszunutzen. Er ließ in dem Lande eine Flugschrift über die Thron=
folgerwahl verbreiten, in der er die Verdienste des Fürsten von Ponte
Corvo als Kriegsminister, als Staatsmann, als Gouverneur in Han=
nover und den Hansestädten hervorhob und besonders seine Verwandt=
schaft mit dem Kaiser Napoleon betonte. Er setzte darin aus einander,
wie diese Wahl eine Allianz mit Frankreich, dem mächtigsten Staate
Europas, bedeute, und fügte hinzu, daß Bernadotte mit seinem Millionen=
reichthum wahrscheinlich einen Theil der Nationalschuld übernehmen
werde. Er schloß seinen Artikel mit folgenden Bemerkungen*): „Was
Schwedens politische Stellung anbetrifft, so kann sie durch eine so nahe
Verbindung mit Frankreichs mächtigem Kaiser nur gewinnen. Wählen wir
daher einen Prinzen, der des unsterblichen Kaisers Hochachtung besitzt,
der als Schwager des Königs von Spanien nahe mit ihm verwandt
ist, und wir werden dadurch eines höheren Grades von Wohlwollen
dieses großen Monarchen gewiß sein, als wenn ein anderer den Thron
bestiege. Die natürliche Verbindung, die seit uralter Zeit zwischen der
französischen und schwedischen Nation besteht, wird dadurch an Stärke
gewinnen — Alles liefert neue Gründe für diese Wahl. Die Annahme
des Prinzen von Ponte Corvo sichert die Nation vor einem Aussterben
des Königlichen Hauses, der Prinz hat einen Sohn von elf Jahren,
der in die Fußtapfen seines Vaters zu treten verspricht und da der
Prinz 1763 in Pau geboren ist, wo einst auch Heinrich IV. das Licht
der Welt erblickte, so erscheint nach der Ordnung der Natur die Thron=
folge gesichert und das Land gegen eine Minderjährigkeitsregierung ge=
schützt, welche immer schwach und verhaßt sein wird, wenn sie nicht
von Jemand geführt werden kann, der durch Geburt oder Verdienst
für die ganze Nation über alle Mitbürger erhaben ist."

Dieses in vielen Tausenden von Exemplaren in dem Lande und
bei den Mitgliedern des Reichstages verbreitete Flugblatt verfehlte
seine Wirkung nicht — es schlug durch. Der ganze Bauernstand
war von Anfang an für eine Wahl Bernadotte's gewesen, als nun in
dem (vom 14. bis 18. August zu Orebro tagenden) Reichstag auch der,
inzwischen anderen Sinnes gewordene, alte König Bernadotte in den
schmeichelhaftesten Ausdrücken empfahl, erkannten die Stände die Wahl
des Prinzen von Ponte Corvo zum Thronfolger mit allen gegen zwei

---

*) Wörtliche Uebersetzung des schwedischen Originaltextes.
Anmerkung des Herausgebers.

Stimmen an und der König bestätigte dieses Urtheil durch Decret vom 21. August.

Somit war denn in Stockholm Alles in Ordnung; nun kam die schwierigere Frage, wie wird Napoleon die Sache aufnehmen, wenn er durch den König die Benachrichtigung von Bernadotte's Wahl erhält?

Der König Karl theilte Napoleon den Ausfall der Wahl in einem eigenhändigen Briefe vom 25. August 1810 mit und sprach darin gleichzeitig seine Genugthuung aus, daß dieser Erfolg, wie ihm mitgetheilt wäre, dem Kaiser angenehm sein würde.

Napoleon aber wüthete vor Zorn und der Erste, der seinen Aerger ausbaden mußte, war der Generalconsul Signeul, von dessen Mitwirkung an der Intrigue er durch Fouché schnell genug erfahren hatte. —

„Wer hat Sie zu der Mittheilung an Ihren König ermächtigt, daß die Wahl des Prinzen von Ponte Corvo zu Schwedens Thronfolger meine Billigung fände?" schrie er ihn an. Zitternd stand der Gemaßregelte vor ihm und vermochte nur stammelnd zu erwidern, daß nicht von ihm diese Benachrichtigung ausgegangen, sondern daß vielleicht der Baron Mörner der Schuldige sei.

„Ah bah," schrie der Kaiser, „ich kann nicht glauben, daß dieses unbekannte Individuum überhaupt die Unverschämtheit gehabt haben dürfte, sich mit einer Mission betraut zu erklären. Ich habe Ihrem Könige den König von Dänemark als Thronfolger empfohlen und keinen Anderen. Ich gebe dem Fürsten von Ponte Corvo nicht die Erlaubniß, Thronfolger in Schweden zu werden. Damit basta, gehen Sie!" —

Damit war der Generalconsul entlassen und verfügte sich in größter Angst, was nun aus der ganzen Sache werden sollte, sofort in das Palais in der Rue d'Anjou, um dem Prinzen von Ponte Corvo die Kundgebung des Kaisers mitzutheilen. Er traf den Fürsten nicht zu Haus, wurde aber von der Frau Fürstin empfangen.

Als er dieser Napoleon's Zorn und sein Ausspruch mittheilte, die Erlaubniß zu der Annahme der Wahl zu verweigern, fühlte Desirée, daß für sie einmal wieder der Moment zur Vermittelung zwischen dem Kaiser und ihrem Gatten gekommen sei. Sie entließ den Generalconsul, theilte Bernadotte brieflich mit, daß er sich binnen einer Stunde bei dem Kaiser melden und ihm seine Wahl dienstlich anzeigen möge;

befahl das Anspannen und rüstete sich zu der Fahrt nach St. Cloud, um sofort eine Audienz bei Napoleon nachzusuchen.

―――――――

Die Fürstin von Ponte Corvo fuhr in St. Cloud vor und er= hielt auch gleich durch Duroc die erbetene Audienz. Wußte dieser doch, daß Desirée seit Jahren stets freien Zutritt habe, und so führte er sie denn nach vorangegangener Meldung in das Arbeitszimmer des Kaisers.

Napoleon saß bei ihrem Eintritt an seinem Schreibtisch; seine Stirn zeigte sich umwölkt, und er war scheinbar mit einer, alle seine Ge= danken beschäftigenden Arbeit beschäftigt. Besaß er doch eine Arbeitskraft und eine Schnelligkeit der Auffassung, wie vielleicht kein Anderer jemals vorher. Schnell sprang er auf und ging Desirée entgegen. Es zeigte sich zwar wie immer bei ihrem Anblick ein freundliches Lächeln in seinem Antlitz, das aber bei ihren ersten Worten wegen des Grundes ihres Kommens verschwand. Er schlug die Arme in einander, seine Züge versteinten sich gewissermaßen, und er schrie sie in einem, von ihr noch nie vernommenem Tone an: „Was ist das für eine Neuigkeit, die mich ganz unvorbereitet findet? Wie konnte Bernadotte mich so lange darüber im Unklaren lassen? War es nicht seine infame Pflicht und Schuldigkeit, mich zuerst davon in Kenntniß zu setzen, daß ihm dieses Anerbieten gemacht war? Wie aber konnten Sie mir diese Angelegenheit verschweigen? Antworten Sie — je le veux!“ und dabei trat er zornig mit dem Fuße auf den Boden.

Desirée hatte sich bei des Kaisers Worten und dem ihr ungewohnten Ton der Anrede stolz aufgerichtet, und ihre Wangen waren erblaßt. Jetzt trat sie Napoleon einen Schritt näher und sagte, ihn mit ihren klaren Augen muthig ansehend: „Meines Gemahls bisheriges Schweigen geschah auf meine Veranlassung, und ich allein trage die Schuld daran.“

„Wie, Sie sind daran Schuld? Ich verstehe nicht — wie konnten Sie?“ —

„Euer Majestät werden es mir huldvollst verzeihen, wenn ich diese meine Intention dahin begründe, daß ich gar nicht annehmen konnte, Euer Majestät seien nicht in erster Linie durch die schwedische Regierung von dem Project in Kenntniß gesetzt. Der Fürst von Ponte Corvo hat der schwedischen Deputation sofort mitgetheilt, daß er seine Annahme der Würde eines Kronprinzen von der Genehmigung

Eurer Kaiserlichen Majestät abhängig machen müsse. Mein Gemahl
fühlte sich daher bei dem gestrigen Wiedererscheinen der Deputation
mit der Ankündigung des Verlaufes der Reichstagssitzung in Örebro
zu dem Glauben berechtigt, daß seitens des Königs von Schweden diese
Genehmigung bei Eurer Majestät bereits nachgesucht sei.
Mein Gemahl folgt mir auf dem Fuße nach, um Euer Majestät seine
Meldung zu erstatten."

Bei Desirée's Worten war die ärgerliche Spannung aus des
Kaisers Zügen gewichen und hatte einem milderen Ausdruck Platz
gemacht; er mochte wohl fühlen, daß er sich in seiner eigenen Schlinge
gefangen habe und versuchte daher, der vollzogenen Thatsache gegenüber einzulenken. Desirée's Anblick wirkte wie gewöhnlich versöhnend
auf ihn ein. Die ganze Vergangenheit, alle, ihm in dem Laufe der Jahre
von ihr erwiesenen Dienste, ihre Anspruchslosigkeit, mit der sie nie
etwas für sich erbeten hatte, fielen ihm ein. Er mußte ihrer unwandelbaren Anhänglichkeit an seine Person gedenken und — dachte vielleicht
auch in diesem Augenblick an seine Schuld gegen sie aus der
Jugendzeit. So konnte er denn ihr gegenüber nicht länger in
seiner kühlen Reserve bleiben und bot ihr freundlich die Hand. Er
trat ganz nah zu ihr heran, seine Augen ruhten mit Wohlgefallen auf
ihren Reizen, und er sagte, die Hand auf ihren schönen Arm legend,
zärtlich: „Wenn ich, petite, nun meine Einwilligung gebe und Du
dadurch die zukünftige Königin Schwedens wirst, kannst Du mich denn
wirklich verlassen, kann denn meine treueste Freundin von mir
gehen? Soll ich Dich denn niemals wiedersehen? Denkst Du dabei
denn nicht auch an mich, oder aber hast Du mir immer noch nicht verziehen, daß ich damals dieses kleine Herz bethörte und — Dich dann
verließ? Glaube mir, petite, ich habe das später oft genug bereut!"

Es war das erste Mal, daß Napoleon seit jenem, ihr unvergeß-
lichen Tage in Sémur diese Zeit berührte und ihr ehemaliges Verhältniß zu einander erwähnte. Dadurch trat noch einmal, als wäre
es gestern geschehen, der Schmerz ihrer Jugendzeit an sie heran und
was sie damals an Napoleon verlor. Die Erinnerung an diese,
ihre erste Liebeszeit berührte sie ganz eigenartig. Alle ihre Träume
von damals fielen ihr wieder ein und wie sie sich ihre Zukunft an
dieses Mannes Seite ausgemalt. Sie erblaßte und über die sonst
so lebenssichere Frau kam eine eigenartige Verwirrung, sie wankte und
wäre gefallen, hätte nicht Napoleon's Arm sie umschlungen und sie vor

dem Zusammensinken bewahrt. — So ruhte sie denn einen Augenblick an seinem Herzen, während seine Augen entzückt ihre Reize tranken. Zärtlich flüsterte er: „Kannst Du mir, petite, meinen Fehler von damals nicht vergeben, wenn ich Dir sage, daß ich Dich heute noch immer liebe, ja viel, viel mehr!" —

„Halten Sie ein, Majestät," erwiderte die schöne Frau, sich auf=richtend. Sie machte sich aus seinen Armen frei; ihre Farben kehrten zurück, ihre dunklen Augen sprühten und sie trat einen Schritt von ihm fort. „Halten Sie ein, Sire. Sie haben damals gethan, was in Ihren Kräften stand, vielleicht war Ihr Gefühl für mich nur Er= barmen — Mitleid, — was weiß ich? — Aber Liebe war es nicht — das weiß ich schon lange. — Sie betrogen damals sich — und — mich mit einem jeden Liebeswort, — mit jedem — Kuß. Sie haben da etwas geheuchelt, was Sie gar nicht empfanden. Und ich? Endlich muß ich Ihnen auch das einmal sagen, da Sie mich fragen, ob ich Ihnen nicht vergeben könne? Ich muß Ihnen sagen, auch ich habe Sie nie geliebt — wenigstens nicht so geliebt, wie die wahre Liebe sein muß. Jetzt, wo ich in langen, glücklichen Jahren die echte Liebe erkannt habe, da weiß ich erst, was sie bedeutet. Und doch, — wie wunderbar ist das! — Es kommt — mir — oft — so vor, — als lebten zwei Seelen in meiner Brust, die eine, ganz von Liebe für meinen Jean erfüllt und dann — noch eine andere, die Sie, Sire, verehrt, die für Ihre Größe, Ihren Ruhm begeistert sich jubelnd sagt, daß auf Ihnen das Heil Frankreichs und damit das der Welt beruhe. — Und sehen Sie, Sire," fuhr Desirée mit leiser Stimme erröthend fort — „sehen Sie, Sire, diese meine Schwärmerei für Sie — die — bringt — mich oft in einen Conflict — mit der Liebe zu meinem Manne — denn ich weiß, daß auch er einst nach der höchsten Gewalt strebte. Ich aber kenne ihn und weiß, daß seine Fähigkeiten zwar groß sind, sein Herz aber zu milde ist, und daß ein Mann, der so Großes leisten will, wie Sie, Sire, die Milde in politischen Dingen nicht kennen darf. — Sehen Sie, mein Kaiser, das ist meine Ansicht über Sie und — Bernadotte. — Weil ich aber so denke, deßhalb — erfüllen Sie meine Bitte, und lassen Sie mich von hier fortziehen, lassen Sie uns Schwedens Krone annehmen und — lassen Sie mich in jenes ferne Land gehen, — es ist besser so . . ."

Ein eigenthümlicher, fast triumphirender Ausdruck trat bei Desirée's leise geflüsterten Worten in des Kaisers Antlitz, er verschränkte nach seiner Gewohnheit die Arme und sah sinnend vor sich hin.

„Also das ist der Grund," murmelte er leise, „so habe ich doch über Dich gesiegt — Bernadotte." — Dann nahm er Desirée's beide Hände in die seinen und sagte zärtlich: „Ich danke Dir, Desirée, daß Du mich einen Blick in Dein kleines Herz thun ließest. — Nun, so zieh denn hin. — Ich gebe meine Einwilligung — vielleicht hast Du Recht. Schicke Bernadotte zu mir. — Er geht wohl vorläufig allein seiner Bestimmung entgegen, und ich sehe Dich noch?"

„Nur wenige Wochen, dann folge ich ihm mit Oscar," war Desirée's Erwiderung.

„Nun denn, auf Wiedersehen!" sagte der Kaiser und schüttelte ihre Hände. „Lebe wohl!" Noch einen langen Blick tauschten sie mit einander aus. Was lag darin? — —

Der Kaiser aber sah ihr nach, bis die Flügel der Thür hinter ihr zusammenfielen, dann sagte er leise vor sich hin: „Schade darum — doch es war mein Destin, das uns damals trennte."

————

Der Fürst von Ponte Corvo bat den Kaiser bei der Abschiedsaudienz um ein sogenanntes Emancipationspatent und damit um die Erlaubniß, das Anerbieten des schwedischen Parlamentes annehmen zu dürfen. Der Kaiser verlangte zuerst als Gegenverpflichtung, daß Bernadotte niemals die schwedischen Waffen gegen Frankreich führe. Das verweigerte aber der Fürst mit der Begründung, diese Forderung stehe im Gegensatz zu der schwedischen Verfassung, indem er dadurch in ein Vasallenverhältniß zu Frankreich trete, und fuhr dann fort: „Ich werde fortan mit Leib und Seele Schwede sein, Euer Majestät aber können sich versichert halten, daß Sie stets auf mich rechnen können, so lange Sie nichts von Schweden fordern, was seiner Ehre und seinem Interesse zuwiderläuft; niemals aber, wenn Euer Majestät das Gegentheil von mir fordern sollten. Ich müßte sonst auf die mir angebotene Krone verzichten."

„Nun wohlan — auch das," erwiderte Napoleon ärgerlich, „die Papiere sollen Ihnen zugesandt werden."

„So leben Sie denn wohl und — möge sich unser Schicksal erfüllen."

Eine tiefe Verbeugung Bernadotte's — dann ging er, — um den Kaiser niemals wiederzusehen.

einmal nach der nahen Ostsee hinüber, die ihre Salzwellen durch un=
zählige Klippen in des Mälars süße Wasser treibt.

Das Zimmer, in dem sich die Kronprinzeß befindet, ist ein könig=
liches Prunkgemach. Goldgepreßte Ledertapeten bedecken die hohen
Wände und auf den daran befestigten eichengeschnitzten Borten stehen
Becher und Schaalen von massivem Gold und Silber, elfenbein=
geschnitzte Pocale und sonst allerhand seltene Kostbarkeiten, von denen
gar manches Kleinod einst bei Gustav Adolph's Kriegszügen als Beute=
stück seinen Weg aus deutschen Edelhöfen in die schwedischen Schlösser
fand. Denn wie schrieb damals der alte Hermann Wrangel an
seinen, bei der Armee des Königs Gustav Adolph stehenden Sohn
Gustav? „Bleib bei dem Herren, Junge, und mache, daß Du was auf=
hebst, wie es auch die Anderen thun, der was nimmt, hat was."

Und die schwedischen Hauptleute thaten damals nach seinen Worten
und stahlen in Deutschland wie die Raben.

Die Möbel, die Tische, Stühle und Gueridons, die in dem
weiten Gemach herumstehen, sind meist in dem Geschmack des cinque=
cento gehalten, mit reichem Goldschmuck versehen, und schwere indische
Teppiche bedecken das eichene Parquet des Fußbodens. Unter den
vielen in dem weiten Raum befindlichen Oelgemälden, meist Originalen,
fällt, auf einer Staffelei in das beste Licht gerückt, ein Oelgemälde
auf, das ein kleines Landhaus mit einem dunklen Laubengang daran
darstellt. Häufig wendet die Kronprinzeß ihre schönen Augen dahin
und sieht es gar zärtlich an. Ist es doch ein Bild des kleinen Land=
hauses in Sceaux, der Stätte ihres damaligen jungen Glückes in
der französischen Heimath.

Leise flüstern ihre Lippen: „Ach, könnte ich doch nur ein einziges
Mal, wie damals, in dem einfachen, weißen Kleidchen, mit meinem
Jean durch die Abendschatten des kleinen Gärtchens dahingehen! O,
wie so schön war es doch in meiner südlichen Heimath und wie kalt
ist es dagegen hier! O, wie kalt, gerade so, wie es alle die Menschen
hier sind!"

Sie schaudert leicht zusammen und fährt, ihr Spitzentuch an die
in Thränen schwimmenden Augen drückend, fort: „Wie schön und
lustig war es doch in der Heimath und in meinem herrlichen Paris,
wo das Volk, Alt und Jung, in dichten Schaaren in das Freie eilt,
in die Dörfer hinaus und in die kleinen Herbergen, wo überall Tanz=
musik und frohe Lieder erschallten, — ach, und hier kennt man das

Alles nicht. Hier, in dem kalten Norden, wo die Menschen ihrem Klima gleichen, wo sie so hölzern und steif sind. Ach, wäre ich doch wieder daheim!"

Von Neuem giebt sie sich ihren sehnsüchtigen Gedanken hin, sie stützt den Kopf in die kleine Hand und blickt traumverloren in die Gegend hinaus. Während sie so von dem Abendlicht überflossen da=sitzt, fällt in ihrem Aeußeren eine Veränderung auf. Ihre Wangen sind blaß geworden und die Augen liegen tief in ihren Höhlen, ein Schmerzenszug liegt um ihren Mund und ihre schönen Züge haben einen scharfen, beinah verbitterten Ausdruck angenommen. Der Norden und die neue Stellung scheinen keinen günstigen Einfluß auf die hohe Frau gehabt zu haben. Ist es das Heimweh nach dem sonnigen Frankreich, das sie so verändert hat, oder sind es seelische Eindrücke, die ihr in der neuen Heimath geworden sind und nicht dem Phantasiegebilde entsprechen, das sie sich von ihres Gemahls zukünftigem Königreich gemacht hat? Wir werden sehen, wie vielleicht in beidem der Grund ihres Leidens liegt.

Der Kronprinz, Karl Johann, hatte damals, wenige Tage nach der Abschiedsaudienz bei dem Kaiser, mit seinem Gefolge Paris ver=lassen und die Reise nach seinem neuen Bestimmungsorte Stockholm angetreten. Die Kronprinzessin sollte vorläufig noch in Paris ver=bleiben, bis in Stockholm Alles zu ihrem Empfang vorbereitet wäre und dann mit dem Prinzen Oscar folgen. Sie empfand den Abschied von ihrem Gemahl gar schwer und fand allein bei ihrer Schwester Julie, der Königin von Spanien, die damals in Paris weilte, eine tröstende Hülfe. Mit ihr zusammen bewohnte sie das schöne Palais in der Rue d'Anjou. Beide Damen waren in der Zeit damit beschäftigt, die Garderobe der Kronprinzeß für ihre hohe Stellung vorzubereiten und alle die Sachen verpacken zu lassen, die Desideria in die neue Heimath folgen sollten. Auch ein Hofstaat französischer Damen wurde von ihnen ausgewählt, zu dem von der Kronprinzessin auch ihre liebe Freundin Adele Talhuèt, deren Mann gestorben war, und Fräulein Anais be Monbréton bestimmt wurden.

Der Kronprinz schrieb noch vor seiner Abreise an den König Karl den folgenden Dankesbrief:

Paris, 7. Sept. 1810.

„Sire! Je ne chercherai point' à peindre à Votre Majesté les sentiments dont j'ai été pénétré, en apprenant, qu'une nation illustre

dans les fastes du monde avait daigné fixer ses regards sur un
soldat, qui doit son mérite à son amour pour sa patrie. Il me
serait également difficile d'exprimer toute ma reconnaissance et
mon admiration pour cette étonnante magnanimité avec laquelle
Votre Majesté a bien voulu présenter elle-même pour son successeur
un homme auquel rien ne l'attachait. Plus Votre Majesté a cru
faire en cela pour le peuple suédois, plus cette idée, infiniment trop
flatteuse pour moi, m'impose d'obligation. Je ne me dissimule point
leur étendue, ni leur difficulté; mais si j'en crois mon cœur, je
les remplirai, car jamais il n'exista pour l'âme d'un mortel un plus
puissant mobile, jamais il ne se présenta une plus belle occasion
de consacrer sa vie au bonheur d'un peuple entier.

Ausitôt que la lettre de Votre Majesté m'a été remise par le
comte de Mörner, je me suis empressé de la communiquer à sa
Majesté l'empereur et roi, elle a daigné mettre le comble à ses
bontés pour moi en m'autorisant à devenir le fils adoptif de Votre
Majesté.

D'après ce qu'elle daigne me dire, je vais accélérer mon départ.
Il me tarde de mettre aux pieds de Votre Majesté l'hommage dû à
ses vertus, il me tarde aussi, de la rendre dépositaire de mes sermens.

Jusqu'à ce jour j'ai mis toute ma gloire, tout mon bonheur à
servir mon pays; mais la France, j'ose m'en flatter, daignera encore
applaudir à mes efforts pour ma nouvelle patrie. Elle ne pourra
voir sans intérêt un de ses enfants appelé par les destinées du
monde à défendre un peuple généreux, qu'elle compte depuis longtemps parmi ses plus dignes alliés.

Agréez Votre Majesté etc. etc.

Charles Jean.

Er trat dann seine Reise an und traf nach einem fünftägigem
Besuch an König Jérome's lustiger Residenz Cassel (vom
9. bis 14. October) am 20. October in Helsingborg ein.

Dort wurde er von seinem neuen schwedischen Gefolge, dem Obersten
Gyllerskeld, dem Baron Stiernkrone, dem Baron von Essen
empfangen, zu welcher Begrüßung sich auch der Baron Wetter-
stebt und der Kammerherr des Königs Graf von Brahe ein-
gefunden hatten. Viele Tausende von Zuschauern begrüßten ihn und
der Jubel der Schweden über ihren Kronprinzen war grenzenlos. Karl

Johann begrüßte die Herren seines neuen Hofstaates mit folgender Ansprache:

„Messieurs! Le roi et la nation suédoise m'ont donné une

Jérome Napoleon, König von Westphalen.
(Aus der historischen Sammlung der Zeit Napoleon I. des Herrn H. Buhrig in Leipzig.)

grande preuve d'estime et de confiance. J'ai tout sacrifié pour y répondre. J'ai quitté la France pour laquelle j'avais vécu jusqu'à ce jour. Je me suis séparé de l'empereur Napoléon, auquel la plus vive reconnaissance et un infinité d'autres liens

und sich von Anfang an bemüht, die Liebe des Herrscherpaares und
des Volkes zu gewinnen. Ihre Bemühungen stellten sich aber bald als
vergeblich heraus. Ein Grund hiervon lag vielleicht in der Religions=
verschiedenheit. Als an ihren Gemahl die Anforderung herantrat, zu
dem lutherischen Glauben überzutreten und auch ihr Sohn in dieser
Confession erzogen werden mußte, hatte sie angenommen, daß man
auch ihr, der zukünftigen Königin, eine Convertirung vorschlagen
würde, das war jedoch von keiner Seite geschehen. Desirée gehörte nach
ihrer ganzen Lebensauffassung am allerwenigsten etwa zu den ortho=
doxen Katholiken. Es war das aber doch einmal die Religion ihrer
Kinderzeit, ihrer Heimath, und sie empfand kein Verlangen danach, sie
unaufgefordert aufzugeben.

Sie hatte ihre religiöse Duldsamkeit ja am besten durch die
Heirath mit dem, dem reformirten Glaubensbekenntniß angehörigen
Gatten bewiesen, daß aber auch ihr Sohn in einer anderen Weise zu
dem Schöpfer beten sollte als sie selbst, erregte in ihr doch ein eigen=
thümliches Gefühl. — Was sie aber in Schweden von den Priestern
und deren religiöser Unduldsamkeit sah, beförderte am allerwenigsten ihre
Neigung, unaufgefordert überzutreten. In Schweden, diesem Lande
der formellen Frömmigkeit und des Branntweines, dem Lande, wo die
Geistlichkeit damals so mächtig war, wo aber viele Priester mit Recht
sagen konnten: „Richtet euch nach meinen Worten, aber nicht nach
meinen Werken," war die Confession eine Macht, mit der man rechnen
mußte. Es war zwar bereits unter Gustav's III. Regierung die Aus=
übung der katholischen Religion freigegeben, in Wirklichkeit aber wurde
jeder Katholik von den zelotischen Priestern verdammt und verfolgt.

Der mystische, frömmelnde König Karl ging nicht minder,
wie die mit Rosenkreuzern, Illuminaten und anderen Betrügern im
innigsten Verkehr lebende Königin Charlotte in der Verurthei=
lung alles Katholischen voran und trat der Kronprinzessin deshalb von
Anfang an mit einem gewissen Vorurtheil entgegen. Wenn das bei
der Gutmüthigkeit des alten Königs auch nicht immer in gehässiger
Weise zu Tage trat, so war dagegen das Verhalten der Königin Char=
lotte der Kronprinzeß gegenüber von der ersten Begrüßung ein steifes,
ja beinah unfreundliches.

Hierzu kam der Etiquettenzwang des in den Formen um fünfzig
Jahre zurückgebliebenen kleinen Hofes, der die, an den großartigen
Glanz der kaiserlichen Hoffeste gewöhnte Desirée oft beinah komisch

stille Art und Weise zurückgefallen, und das stieß sie ab. Ihr, den
französischen Damen gegenüber, über die Schweden gefällte Urtheil
lautete: „So viel ich die hiesigen Menschen bisher kennen gelernt habe,
sind sie leicht von einem Gefühl ergriffen und hingerissen, ja, ich will
auch zugeben, daß sie hier und da Edelmuth zeigen können, werden
sie aber leidenschaftlich, dann sind sie in dieser Leidenschaftlichkeit roh,
ja grausam und können eine Gefühllosigkeit an den Tag legen, die
mich in Erstaunen setzt. Sympathie erwecken sie mir nicht, wie ich
ihnen vielleicht auch nicht sympathisch bin,“ fügte sie traurig hinzu.
„Ich verstehe nur eins nicht,“ fuhr sie fort, „wie man diese Schweden
‚die Franzosen des Nordens‘ nennen kann, einzig ihre Sucht,
sich unserer Sprache zu bedienen, könnte man als Grund dafür anführen.“

Dieses Gefühl der Abneigung gegen alles Schwedische verstärkte
sich mit der Zeit in der Kronprinzeß immer mehr. Man hatte dem
kronprinzlichen Paar, wie wir wissen, zuerst das alte Königsschloß
Haga zur Residenz angewiesen. Dieses kleine, alterthümliche Schloß,
einst der Lieblingsaufenthalt Gustav's III., mochte mit seinen Pavillons
und Kiosks für den Geschichtsforscher von Interesse sein, war aber
mit seinen dunklen Räumen und engen, finstern Korridoren für die
an die Pracht und den Glanz ihres Pariser Palais gewöhnte Kronprinzessin durchaus nicht geeignet. Waren die für sie bestimmten Gemächer auch mit königlicher Pracht ausgestattet, so machte doch die
ganze Umgebung den Eindruck des Verfalls, wozu die gegenüberliegenden,
dicht mit Unkraut überzogenen Ruinen des, einst von Gustav Adolph
begonnenen, aber nie vollendeten Schlosses nicht wenig beitrugen. Nun
war es Winterszeit, die ganze Gegend rings umher mit dem weißen
Leichentuch des Schnees bedeckt, aus dem nur hier und da die Spitzen
der schwarzen Coniferen hervorragten, den blauen Spiegel des Bruns-
wicker Sees verbarg starres Eis und die Zimmer waren schwer zu
erwärmen, was Wunder, daß Desirée, die verwöhnte Tochter des
Südens, bei dem Anblick dieser öden Winterlandschaft fröstelnd bis in
das Herz hinein erschauerte? Denselben Eindruck des Schauders empfand sie auch jedes Mal bei dem Betreten des königlichen Schlosses in
Stockholm. Wenn sie dort die steife Pracht der Räume betrachtete, treppa-
auf, treppab durch die schmalen Korridore dahinschritt, so erweckte das
Alles ein beinah beängstigendes Gefühl in ihr. Sie glaubte, sich in einem
finsteren Zauberschloß zu befinden, aus dessen dunklen Ecken und Winkeln

sie die Geister der unglücklichen Menschen angrinsten, die hier in dem Laufe der Jahrhunderte von einem Erich dem Heiligen bis zu einem Gustav herab, ermordet waren. — Und bei diesem Gedanken kam ein banges Angstgefühl über sie.

Die französischen Damen des Hofstaates trugen auch nicht gerade dazu bei, ihr den Aufenthalt in dem neuen Lande behaglich zu machen; auch sie fanden keinen Geschmack an den Schweden und ihrer steifen Hof= etiquette und beunruhigten außerdem das Gemüth der, schon an und für sich bedrückten Frau durch die Erzählung von Geistergeschichten der Ermordeten, die in ihren Gräbern nicht Ruhe finden könnten und in dem alten Königsschlosse Haga allnächtlich ihr ruheloses Wesen trieben. So berichteten sie auch von dem Teufel, der in der Bibliothek nächtlich mit seinem „Teufelscoder" herumspuke.

So, von allen Seiten geängstigt, durch die Behandlung der Kö= nigin zurückgestoßen und vielfach geärgert, blieben der armen Desirée nur ihr Gemahl und ihr Sohn Oscar, an denen sich ihr Herz er= freuen konnte. Aber auch diese sah sie nur selten, da der Kronprinz in Folge seiner vielen Studien und dienstlichen Beschäftigungen behufs Uebernahme der Regierung für den erkrankten König, sie viel allein lassen mußte und auch ihr Sohn, der neue Herzog von Süder= mannland, dem Baron Cederjelm zur Ausbildung übergeben war.*)

So war sie denn meist allein und brütete für sich hin.

Es bemächtigte sich mit der Zeit der kaum 28jährigen schönen Frau eine tiefe Melancholie. Sie empfand keine Freude mehr an der Ausübung ihrer kleinen Talente und seit Monaten hatte sie keinen Pinsel mehr zur Hand genommen. Das bei ihrer im Frühjahr erfolgten Uebersiedelung nach Schloß Drottningsholm begonnene Bild des Mälarsees im Frühlingsschmuck stand noch unvollendet auf der Staffelei und die Saiten ihrer Harfe waren schon lange nicht mehr unter ihren zarten Händen erklungen.

So sitzt sie auch jetzt, den Kopf in die Hand gestützt und blickt melancholisch in das Land hinaus, das ihr so viel versprach und bisher so wenig hielt. Da draußen ist Alles im Treiben und Blühen, in

---

*) Der Brief des Kronprinzen Karl Johann an Baron Cederjelm behufs Uebernahme des Erzieheramtes des jungen Prinzen Oscar steht in dem Nachtrage des Werkes.

Anmerkung des Herausgebers.

Desirée's Herzen aber ist nur Trauer und Unzufriedenheit mit den Verhältnissen um sie her, in die sie sich nicht hineinzufinden vermag.

Da scharrt es an der Thür und der eintretende Kammerdiener meldet den Besuch Seiner Hoheit des Kronprinzen.

Vierundzwanzigstes Capitel.

. Der Kronprinz Karl Johann betritt das Zimmer seiner Gemahlin und bleibt überrascht vor dem sich ihm bietenden Anblick einen Augenblick hinter dem Thürvorhang stehen. Desirée sitzt trotz der Anmeldung regungslos in ihrem Sessel, sie mag vielleicht die Worte des Kammerdieners gar nicht gehört haben und sieht, in ihre trüben Gedanken vertieft, traumverloren zum Fenster hinaus. Besorgt ruhen Karl Johanns Augen auf ihrem schönen, nun so blassen Gesicht, das sich ihm heute zum ersten Mal so verändert zeigt. Er selbst sieht im Gegensatz zu ihr wohl und kräftig aus. Ist es, weil er sich in seiner neuen Stellung als Vertreter des erkrankten Königs*) zum ersten Mal als unbeschränkter Herrscher seines Volkes fühlt, ist es das Bewußtsein, nun endlich dem ihm so unerträglichen Verhältniß zu Napoleon entflohen zu sein, das ihn so froh macht, oder ist es das stolze Gefühl, sich als Sohn der Republik in dem Schmucke des Purpurs zu sehen? Man sieht ihm wahrlich nicht mehr den Sohn des einfachen Bürgers in Pau an, kein Königssohn kann eine fürstlichere Haltung haben, als er.

Sein schmales, intelligentes Gesicht mit der großen, etwas gebogenen Nase ist ja nie gerade schön gewesen, aber der Ausdruck des Ganzen, seine feurigen, dunklen Augen, der zarte, feingeschnittene Mund und sein volles, in Locken bis auf den Kragen herabfallendes Haar rufen doch einen bestechenden Eindruck hervor. Er trägt der schwedischen Sitte gemäß einen schmalen Backenbart, der dicht vor dem Ohr bis in die das Kinn halb verdeckende, weiße Halsbinde hinuntergeht, die vorn zu einem Knoten verschlungen ist. Er ist in die schwedische Generaluniform, einen einreihigen, langen blauen Rock, gekleidet und trägt weiße Beinkleider in glänzenden hohen Stiefeln.

*) Der König hatte ihm wegen seiner eigenen Erkrankung am 17. März 1811 unter gewissen Beschränkungen die Regierung des Reiches übertragen.

Anmerkung des Herausgebers.

hier Rücksicht auf mich. — Bin ich doch nur ein unnützes — Anhängsel von Dir, den Jedermann liebt und der sich bei Jedermann beliebt zu machen weiß! — Ach, wie bin ich doch so grenzenlos elend und un= glücklich!" — Dabei schlägt sie die Hände vor das Gesicht und bricht in krampfhaftes Weinen aus.

Erschreckt legt ihr Gemahl den Arm um ihre Schultern und versucht, sie liebreich zu beruhigen. Dadurch wird die Sache aber nur ärger, sie stößt ihn zurück und ruft, von ihrem Sitze aufspringend, in heftigem Ton: „Laß mich! Eins will ich Dir aber sagen: ich er= trage das nicht länger, ich mag und will dieses, meiner unwürdige Leben nicht weiter führen. Ich will dieses ewige Nachgeben, das Sichfügenmüssen vor dieser faden, sittenstrengen und einseitigen Königin, diese ewigen Nörgeleien der pedantischen Oberhofmeisterin und ihres ganzen langweiligen Hofstaates nicht länger ertragen. Ich will es nicht — nein, ich will es nicht!" Dabei stampft sie fest mit dem Fuße auf. „Du wirst es erleben, daß ich daran noch zu Grunde gehe." —

„Aber so fasse Dich doch, mein theures Weib," sagt der Kronprinz tröstend, „so beruhige Dich doch nur, es wird ja noch Alles mit der Zeit besser werden, wenn Du Dich erst an die Menschen hier gewöhnt hast, so vertraue doch auf die Zukunft und auf mich, Deinem Gatten!"

„Auf Dich? Karl Johann?" rief Desirée und lacht nervös auf, während ihre Wangen glühen und ihre Augen blitzen: „Auf Dich soll ich vertrauen? O, Du mein Geliebter, was bin ich Dir denn noch? Dir geht ja Deine Stellung, Dein Volk weit über mich, Deine Frau! Ja, in Paris," fährt sie schluchzend fort, „da war das anders, da konnte ich Dir von Nutzen sein, aber hier bin ich überflüssig und diene nur zu Deinem Schaden. O mein Gott, wie soll ich das er= tragen?" jammert die arme Frau und läßt sich schluchzend in ihren Sessel fallen.

„Desirée, nun ist es genug," mahnt der Kronprinz mit tief= ernster Stimme: „Du bist krank, Du mußt krank sein, sonst könntest Du Deinem Jean nicht solche Dinge sagen und mir nicht derartige, durch Nichts gerechtfertigte Vorwürfe machen."

„So, also krank bin ich, und meine Vorwürfe sind ungerechtfertigt," ruft Desirée erregt und springt von Neuem auf. „So sag doch, hast Du mich nicht hier von Anfang an zurücksetzen lassen, hast Du es nicht mit angesehen, wie sehr ich darunter litt! Ist Dir nie der Gedanke gekommen, wie verletzend es für mich sein mußte, wenn mein Gemahl,

vielen. Und das soll ich ertragen? Nein, ich kann es nicht und — will es nicht!" —

Der Kronprinz ist mit wachsender Besorgniß diesen, in höchster Ekstase gesprochenen Worten des geliebten Weibes gefolgt. „Was ist das nur?" sagt er sich schaudernd. „Das ist ja Wahnsinn. Ist denn die mit erhobenem Arm und funkelndem Auge vor mir stehende Frau dort noch meine sanfte, zärtliche Desirée? Sie muß krank sein, gewiß ist es eine Nervenüberreizung, die sie wegen des ewigen Aergers befallen hat." — Und Desirée fährt von Neuem, ihre Thränen aus den Augen schüttelnd, fort: „Nein — ich kann und will das nicht länger ertragen; ich habe diese fortwährenden Nörgeleien und Correcturen satt, wenn sie mich denn hier einmal nicht leiden mögen — gut — so gehe ich."

„Desirée," ruft der Kronprinz tief erschüttert, „versündige Dich nicht. Du willst mich, Deinen Gatten, der Dich so innig, o, so un= säglich liebt, willst Deinen Sohn, Deinen Oscar, verlassen? Kannst Du das, vermagst Du das?"

„Ja, Jean, ich kann es und ich muß es," erwidert Desirée ruhig, aber bestimmt, „glaube mir, es ist am besten so. Laß sich die Men= schen hier erst mit dem Gedanken aussöhnen, daß ich ihre Kron= prinzessin bin, dann wird vielleicht einst auch ihre Beurtheilung meiner Person gerechter werden. Vielleicht ändern sich auch die hiesigen Verhältnisse, und Du wirst dahin wirken, daß die königliche Familie Deine arme Desirée besser würdigen lernt. Wozu soll jetzt mein längeres Bleiben hier nützen? Die Kluft zwischen Jenen und mir wird immer größer werden, vielleicht so groß, daß es Dir schaden könnte. Deßhalb laß mich ziehen. O, mein Jean, theuerer Jean, kehre auch Du mit uns nach Frankreich zurück. Ich verzweifle ja hier in all' den Schrecknissen, die auch Dich bedrohen! Denke an den in Paris hingerichteten Meuchelmörder, jenen Dämon*); der,

---

*) Wegen dieses Attentats fand zwischen dem Herzog von Augustenburg, dem der Kronprinz die ihm von Paris aus übermittelte Nachricht durch den Grafen von Holst hatte mittheilen lassen, der folgende Briefwechsel statt:

Augustenbourg, 27 Janvier.

„Monseigneur, Mrs. de Holst m'a fait la communication à laquelle il a été autorisé par V. A. R. Je reconnais dans ce procédé la loyauté de votre caractère et je prie V. A. R. d'en agréer mes vifs remercîments.

Mon caractère est assez connu, il pêche peut être par trop de fierté et trop peu de souplesse. Les caractères de cette trempe n'aiment pas les voies tortueuses

Wie schwer es mir wird, von Dir zu gehen und Dich nebst Oscar zu verlassen, das kannst nur Du beurtheilen, denn Du weißt, daß Ihr mein Alles seid! Aber glaube mir, es ist am besten so, denn ich sterbe hier. So Gott will, ist unsere Trennung ja nicht für lange Zeit, und Du rufst mich bald zu Euch zurück. Mein Jean, vergiß mich nicht.". Und sie wirft die Arme um des tiefbewegten Gatten Hals und birgt ihr in Thränen schwimmendes Antlitz an seiner Brust.

Karl Johann sieht tief gerührt auf sie herab und sagt, das geliebte Weib fest an sich drückend: „Ja, Desirée, Du magst Recht haben. Vielleicht ist es besser so. Diesen ewigen Aufregungen bist Du Arme nicht gewachsen, und Deine Gesundheit geht mir über Alles in der Welt. Ich räume ein, daß Du in der Beurtheilung der Menschen hier nicht ganz Unrecht hast. Aber Dein Temperament trägt auch die Schuld. — So geh denn, mein Lieb, für einige Zeit nach Frankreich und kehre nachher gekräftigt und guten Willens zu mir zurück."

„Ja, Jean, so soll es sein, was an mir liegt, wird geschehen. Vielleicht hilft auch die Zeit, die jetzt bestehenden Härten ausgleichen. Wie schwer es mir wird, unter diesen Verhältnissen Paris und die uns um unsere hiesige Stellung beneidenden Bonaparte's wiederzusehen,

--- --- ---

Votre Altesse a pu reconnaître dans cette démarche la suite du caractère dont je me suis toujours fait gloire. Mais ce serait en vain, je pense, que l'on tenterait de se procurer des détails. C'est dans le secret que la déposition a eu lieu; et si les magistrats de la haute police font quelquefois les confidences aux personnes intéressées, on ne le doit qu'à leur obligeance.

Lorsque la succession au trône de Suède était vacante, tous les princes dignes de gouverner pouvaient et prétendaient. Si vos éminentes qualités, qui vous distinguent ne vous ont pas fait accorder la préférence, elles n'en sont pas moins un gage certain que vous êtes capable d'autoriser des menées ténébreuses contre celui qui l'a obtenu. L'honneur n'est pas seulement l'apanage des soldats français; leurs émules, leurs rivaux et leurs ennemis sont jaloux comme eux de transmettre un nom glorieux à la postérité. Prince, on est de la famille des rois quand on sait commander aux hommes et quand on a vaincu dans les batailles. En décernant à un soldat une couronne illustrée par les Charles et les Gustaves, les Suédois ont montré tout le cas, qu'ils font des vertus guerrières. Je marcherai dans la carrière sans crainte comme sans reproche; et si je succombe sous les embûches de mes ennemis, je mourrai avec la consolation d'avoir voulu le bien de ma nouvelle patrie.

Agréez etc. . . .   Charles Jean."

kannst Du ermessen. Aber es geht nicht anders, ich sehe es ein, ich gehe hier sonst zu Grunde, und sehne mich nach Paris zurück."

Es lag bei diesen Worten ein gar eigenthümlicher Ausdruck in Desiberia's dunklen Augen, wie ein übermächtiges Verlangen. Sollte der Grund ihrer Sehnsucht, von Schweden fortzukommen, vielleicht darin zu suchen sein, daß die schöne Frau das eigenthümliche Freundschafts= verhältniß zu Napoleon entbehrte und es nicht ertragen konnte, hier Nichts zu sein, während sie in Paris Alles war?*)

„Mein Liebling, ist es denn möglich, daß Du fortgehen willst?" sagt Karl Johann nach einer Pause bewegt, „ich kann ja den Gedanken gar nicht fassen. Aber wir müssen, wie stets bisher, in innigster Ver= binbung mit einander bleiben und Du mußt mir wöchentlich schreiben. Deine Briefe sind ja in dieser Trennungszeit das Einzige, was ich von Dir habe. Wie köstlich waren sie immer! Schreibe nur über Alles, was Dich betrifft und auch über die Verhältnisse und den Kaiser. — Wie soll ich die Trennung von Dir ertragen?"

In Folge dieser Besprechung stellten die königlichen Leibärzte ein Attest aus, wonach sie eine Luftveränderung für die Kronprinzessin anempfahlen. Der Kronprinz legte dieses Attest dem Könige vor und bat um die Genehmigung zu Desiberias Abreise. Diese erfolgte auch bereitwilligst und die Kronprinzeß schied von den Ihrigen. Sie verließ unter Thränen Schweden, das sie vor kaum dreiviertel Jahren so hoffnungsfreudig betreten hatte. Konnte sie ahnen, daß sie seine Küsten erst in 15 Jahren wiedersehen sollte? Sie traf Ende August ganz unerwartet in ihrem Pariser Palais ein, das sie fortan unter dem Namen einer Gräfin von Gothland, mit ihrer Schwester, der Königin von Spanien und beren Töchtern, bewohnte.

---

*) Diese Ansicht war damals in Paris häufig vertreten und auch Frau von Remusat schreibt in ihren Memoiren, daß der Grund der jahrelangen Abwesen= heit Desiberia's aus Schweden wohl mehr in Napoleon selbst, als in der Königin Charlotte von Schweden zu suchen sei. Gegen diese Behauptung spricht wieder, daß Desiberia noch zwölf Jahre lang in Paris blieb, nachdem der Kaiser schon längst verbannt und tot war. Anmerkung des Herausgebers.

ne peuvent être dictés que par l'interêt personnel que les ennemis de la Suède se plaisent à propager.

Je prie aussi Votre Majesté de vouloir bien remarquer, que l'autorité royale en Suède est trés limitée et qu'il est des usages et des prérogatives que la constitution ne lui permet pas de froisser. Ce dont je puis assurer Votre Majesté, c'est que tout ce qui est possible sera fait, pour seconder le système continental. C'est avec le plus profond respect que je suis.

Sire

de Votre Majesté tois humble serviteur

Charles Jean.

Dieſes Schreiben sowohl, wie ein zweites vom 19. November blieb unbeantwortet. Der Inhalt dieſes zweiten Briefes lautet im Auszuge in der Ueberſetzung:

„Die ſchwediſchen Reichsgeſetze verbieten dem Könige ohne die Einwilligung der Stände neue Steuern zu erheben und der Krieg hat ſoeben erſt den ganzen Ertrag der Waarenzölle zerſtört. Schweden ſteht dicht davor, in einen beklagenswerthen Zuſtand zu gerathen, es iſt ohne Mittel, den von Euer Majeſtät geforderten Krieg weiter zu führen. Es liegt nicht in der Macht des Königs, das Confiscations= ſyſtem ſo auszudehnen, wie in anderen Staaten, denn die Verfaſſung ſichert die Rechte und das Eigenthum eines Jeden, ſodaß, wenn der König dem entgegen handelte, kein Mitglied des Staatsrathes ſeine Zuſtimmung dazu geben würde. Ich habe das Glück, die allgemeine Zuſtimmung der Nation zu beſitzen, aber ich würde ſofort dieſe moraliſche Gewalt einbüßen, wenn man erführe, daß ich die Reichs= verfaſſung verletzen wollte.

Wenn Euer Majeſtät dem Lande Laſten aufzwingen, wie ſie dieſer neue Krieg erheiſcht und die Schweden nicht in der Lage iſt, zu tragen, ſo müſſen Sie ihm auch die Mittel dazu geben, die ihm fehlen, die aber Frankreich im Ueberfluß beſitzt. Wir bieten Ihnen unſer Heer und unſer Eiſen an, geben Sie uns dafür, was uns die Natur ver= ſagt ꝛc. ꝛc.

Karl Johann."

Aus diesem Schreiben ist ersichtlich, wie würdig sich der Kronprinz seines Adoptivlandes annahm. — Aber Napoleon nahm diese
persönlichen Mittheilungen höchst verächtlich auf und ließ dem Kronprinzen durch den Minister Alquier mittheilen, daß es nicht in seiner
Gepflogenheit liege, mit königlichen Prinzen zu corresponbiren, er thäte
das nicht einmal mit seinen Brüdern.

Der Kronprinz wußte das natürlich besser, diese Antwort diente aber
nicht dazu, seine persönlichen Gefühle für den Kaiser zu erhöhen.

Napoleon stellte die gleichen Forderungen wegen der Continentalsperre wie an Schweden auch an seinen „Freund", den Kaiser von
Rußland. Auch dieser fügte sich in keiner Weise, und so sah denn
der französische Kaiser, daß er nur durch einen Krieg mit Rußland
seinen Willen durchsetzen könne. — Er begann bereits zu Ende des
Jahres 1810 mit starken militärischen Rüstungen, die nur gegen Rußland gerichtet sein konnten.

Schweden mußte, wie wir oben gesehen haben, den Krieg
gegen England erklären, dieses wußte aber Schwedens Zwangs-
lage Frankreich gegenüber zu würdigen und vermied es, mit seinen
Schiffen Schwedens Handel zu bedrohen. Was der Feind unterließ,
das besorgte bagegen der sogenannte Freund. Napoleon ließ durch
französische Caperschiffe so viel schwedische Fahrzeuge fortnehmen, wie
diese nur konnten. Die Caper erfreuten sich der fetten „Prisen",
Napoleon aber der dabei ergriffenen Matrosen, die er seinen Kriegs-
flotten in Antwerpen und Toulon einverleibte.

Alle diese Verletzungen empörten die schwedische Regierung auf
das höchste und als alle Einsprachen gegen die Gewaltthätigkeiten
fruchtlos blieben, als Baron Alquier im Juli 1811 in ganz unver-
schämter Weise erneute Forderungen überreichte, setzte der Kronprinz
seine sofortige Abberufung durch.

Trotzdem dauerten die Gewaltmaßregeln gegen das unglückliche
Land fort. Napoleon ließ im Januar 1812 eine französische Armee
unter dem Fürsten von Eckmühl mitten im Frieden in Schwedisch-
Pommern einrücken, der General Ney beschlagnahmte dort alle Cassen,
schrieb ungeheuere Contributionen aus und schickte sogar zwei schwedische
Regimenter kriegsgefangen nach Frankreich.

Als der Kaiser Napoleon von Schweden sogar im Falle eines
Krieges die Aufstellung einer vierzigtausend Mann starken Armee gegen
Rußland forderte, war es mit der Gebuld Karl Johann's vorbei und

er erklärte dem neuen französischen Gesandten be Cabre, daß Schweden in diesem Falle eine friedliche Einigung mit Rußland vorziehe.

Der französische Gesandte wurde nach Paris zurückgeschickt und Karl Johann schloß am 24. März 1812 eine Convention mit dem Zaren, wonach beide einen Allianzvertrag gegen Frankreich eingingen.

Alexander I., Kaiser von Rußland.

Dafür versprach der Zar, das noch immer feindlich gesinnte Norwegen dem schwedischen Reiche einzuverleiben.

Am 20. August fand dann zu Abo in Finnland eine persönliche Zusammenkunft des russischen Kaisers mit dem Kronprinzen statt, bei welcher auch England der Allianz beitrat, Rußland ein Heer von vierzig= tausend Mann, Schweden ein solches von dreißigtausend Mann und England, wie gewöhnlich, nur Geld beitragen sollte.

Bei dieser Gelegenheit bat der Kaiser Alexander seinen Freund Karl Johann, den früheren französischen General Bernadotte, um Rath, wie er am besten die Vertheidigung seines Landes und die Kriegsführung in dem bevorstehenden Feldzuge in das Werk setzen könne. Karl Johann erklärte sich hierzu bereit und entwickelte dem Zaren, gestützt auf seine eigene Kriegserfahrung, den folgenden Plan:

„Sire, ich empfehle Ihnen vor Allem, lassen Sie sich nicht auf eine Hauptaction ein, suchen Sie besonders die großen Schlachten zu vermeiden und denken Sie an die Vortheile, die die **Cunctatoren** stets gehabt haben. Lassen Sie Ihre Generale mit ihren Heeresabtheilungen zurückweichen, verwüsten Sie das Land, peinigen Sie den Feind und lassen Sie ihm durch fortwährende Schar=mützel Abbruch thun, wie und wo Sie nur können, dann aber, wenn die nordische Kälte hinzukommt, dann ver=nichten Sie seine um die Hälfte verminderten Heer=schaaren und jagen Sie dieselben aus Ihrem Lande hinaus."

Wie der Zar diesen Rath befolgte, werden wir im Weiteren sehen, Karl Johann aber wurde durch diesen Rath der Retter Rußlands, was ihm der Zar nie vergaß; er blieb ihm dankbar bis zum Tode.

Napoleon bot Alles auf, um Karl Johann durch glänzende Ver=sprechungen von dieser Coalition abzuziehen, er verhieß ihm einen Theil von Ostpreußen, mehrere polnische Provinzen mit Danzig und bot ihm sogar den Oberbefehl über die französische Nordarmee an. Karl Johann aber blieb Rußland treu und zeigte sich sogar 1813 geneigt, die Ver=mittelung zwischen Frankreich und Rußland zu übernehmen. Er schrieb dem Kaiser Napoleon zu diesem Zweck am 23. April 1813 den folgenden Brief, der in der Uebersetzung lautet:

Stockholm, d. 23. 3. 13.

„Sire!

So lange Eure Majestät nur gegen mich gehandelt haben oder gegen mich haben handeln lassen, stand es mir nicht zu, Ihnen etwas anderes, als Ruhe und Stillschweigen entgegenzustellen. Aber jetzt, da das Schreiben des Herzogs von Bassano an Herrn von Ohsson zwischen dem Könige und mir jene Uneinigkeit zu erregen sucht, der Euer Majestät den Eintritt in Spanien erleichterte, so wende ich mich mit

Umgehung aller Formalitäten unmittelbar an Sie, um Ihnen das offene und ehrliche Verhalten Schwedens, selbst in den schwierigsten Zeiten, in das Gedächtniß zu rufen. Auf die Mittheilungen, zu denen Herr Signeul auf Befehl Euer Majestät beauftragt war, ließ der König erwidern: „Schweden kann, in der Ueberzeugung, daß es nur Ihnen, Sire, den Verlust Finnlands zuzuschreiben hat, niemals an Ihre Freundschaft glauben, wenn Sie ihm nicht zu dem Besitz Norwegens verhelfen, um es dadurch für den, ihm von Ihrer Politik zugefügten Nachtheil zu entschädigen."

In Betreff alles dessen, was in dem Schreiben des Herzogs von Bassano über die Einnahme Pommerns und das Verhalten der französischen Caper vorgebracht wird, sprechen die wirklichen Thatsachen, und wird es sich bei Vergleichung der Zeitangaben beurtheilen lassen, wer von beiden Recht hat, Euer Majestät oder die schwedische Regierung. Hundert schwedische Schiffe wurden genommen und mehr als zweihundert Matrosen gefangen; als die Regierung sich in die Nothwendigkeit versetzt sah, solchen Freibeuter aufzugreifen, der unter französischer Flagge in unsere Häfen eindrang, um sich unserer Fahrzeuge zu bemächtigen und unseres Vertrauens auf die Verträge zu spotten. Der Herzog von Bassano sagt zwar: „Euer Majestät hätten den Krieg mit Rußland nicht angestiftet und doch, Sire, sind Euer Majestät an der Spitze von vierhunderttausend Mann über den Niemen gegangen.

Von dem Augenblick an, als Euer Majestät in das Innere Rußlands vordrangen, war der Ausgang nicht mehr zweifelhaft. Der Kaiser Alexander, sowie der König, sahen bereits seit dem Monat August das Ende des Feldzuges und dessen unermeßliche Folgen voraus. Es erschien nach allen militärischen Berechnungen ausgemacht, Euer Majestät würden selbst in Gefangenschaft gerathen. Dieser Gefahr, Sire, sind Sie entgangen, aber Ihre Armee, die Blüthe Frankreichs, Deutschlands und Italiens, ist dahin. Die Tapferen sind dort unbeerbigt geblieben, die nicht Frankreich bei Fleurus retteten. Dieselben französischen Soldaten, die Italien besiegten, die der brennenden Sonne Aegyptens widerstanden, die bei Marengo, bei Austerlitz, bei Jena und Halle, bei Lübeck den Sieg an Ihre Fahnen fesselten, sie sind dahin.

Möge bei diesem erschütternden Bilde, Sire, Ihr Gemüth sich erweichen und genügt das nicht, um Sie ganz zu rühren, so gedenken Sie des Todes von mehr als einer Million Franzosen, die auf dem Felde der Ehre, als Opfer der, von Eurer Majestät geführten Kriege gefallen sind.

Euer Majeſtät berufen ſich auf Ihre Anſprüche auf die Freund=
ſchaft des Königs. Es ſei mir erlaubt, Sire, Sie daran zu erinnern, wie
wenig Werth Euer Majeſtät auf dieſe Freundſchaft legten, in Augen=
blicken, wo eine Erwiderung freundſchaftlicher Geſinnungen für Schweden
ſehr heilſam geweſen wäre. Als der König nach dem Verluſte Finn=
lands an Euer Majeſtät ſchrieb, und um Ihre Verwendung bat, daß
Schweden die atlandiſchen Inſeln behielte, antworteten Sie: „Wenden
Sie ſich an den Kaiſer Alexander, er iſt groß und edel=
müthig," und um das Maß Ihrer Gleichgültigkeit voll zu machen,
ließen Sie in dem Augenblick meiner Abreiſe nach Schweden in eine
amtliche Zeitung*) einrücken, „es finde in dieſem Königreich eine
Zwiſchenregierung ſtatt, bei der die Engländer ungeſtraft ihren Handel
trieben". Der König Guſtav trennte ſich von der Coalition des Jahres
1792, weil dieſe darauf ausging, Frankreich zu theilen und weil er
an der Zerſtückelung dieſer ſchönen Monarchie nicht theilnehmen wollte.
Zu dieſem Entſchluß, einem rühmlichen Denkmal ſeiner Politik, be=
wog ihn ſowohl ſeine Anhänglichkeit an das franzöſiſche Volk, als das
Bedürfniß, die Wunden des Königreiches erſt vernarben zu laſſen.
Dieſes weiſe und tugendhafte Verfahren gründete ſich auf der Anſicht,
daß eine jede Nation das Recht hat, ſich nach ihren eigenen Geſetzen,
Gebräuchen und nach ihrem eigenen Willen zu regieren und dieſes
Verfahren iſt gerade das, was der jetzige König ſich zum Grundſatz
gemacht hat.

Ihr Syſtem, Sire, will dagegen den Nationen die Ausübung
ihres Rechtes unterſagen, das ſie von der Natur empfangen haben,
das Recht, mit einander Handel zu treiben, einander im gegenſeitigen
Verkehr zu helfen und in Frieden mit einander zu leben. Aber die
Exiſtenz Schwedens iſt abhängig von der Ausdehnung ſeiner Handels=
verhältniſſe, ohne die es nicht beſtehen kann.

Weit entfernt, in meines Königs Verfahren eine Veränderung
dieſer Grundſätze zu ſehen, wird darin auch jeder Unparteiiſche nur die
Fortſetzung einer gerechten und ſtandhaften Politik finden. Dieſe wurde
in einer Zeit kund gegeben, als die Fürſten ſich gegen Frankreichs
Freiheit vereinigten; ſie wird mit deſto größerem Nachdruck verfolgt,
wo ſich die franzöſiſche Regierung jetzt fortwährend gegen die Freiheit
der Fürſten und Völker vergeht.

---

*) Moniteur vom 21. September 1810, Nr. 284.

Anmerkung des Herausgebers.

Ich kenne die Geneigtheit des Kaisers Alexander zum Frieden, sowohl wie die des Cabinets von St. James; die Drangsale des Continentes erfordern ihn. Euer Majestät sollten den Frieden nicht zurückweisen. Im Besitz der schönsten Monarchie auf Erden, werden Sie, Sire, stets deren Grenzen erweitern wollen, um einem, vielleicht weniger starken Arm, als der Ihrige ist, das Erbtheil endloser Kriege zu hinterlassen? Würden Eure Majestät nicht dahin trachten, die Wunden der Revolution zu heilen, von denen für Frankreich nichts übrig bleibt, als die Erinnerung an großen kriegerischen Ruhm und größtes Elend im Innern des Landes! Sire! die Lehren der Geschichte verwerfen den Gedanken einer Universal-Monarchie, der Trieb der Unabhängigkeit kann gedämpft werden, aber in den Herzen der Völker erstirbt er nicht. — Mögen Euer Majestät alle diese Rücksichten in Erwägung ziehen und endlich einmal durch die That an einen allgemeinen Frieden denken, dessen entweihter Name schon so viel Blutvergießen verursachte.

Ich selbst bin in dem schönen Frankreich geboren, das Sie, Sire, jetzt beherrschen, sein Ruhm und seine Wohlfahrt können mir niemals gleichgültig werden. Aber, obgleich ich nie aufhören werde, die besten Wünsche für das Glück dieses Landes zu hegen, so werde ich doch mit allen meinen Kräften sowohl die Rechte des Volkes, das mich berufen hat, als auch die Ehre des Königs vertheidigen, der mich der Ehre würdigte, sein Sohn zu heißen. — In diesem Kampfe der Freiheit der Welt und der Unterjochung eines Einzelnen, werde ich zu meinem bereinstigen Volke sagen: Ich fechte für Euch und mit Euch und die Wünsche aller freien Nationen werden unsere Anstrengungen begleiten.' — In der Politik, Sire, giebt es weder Freundschaft noch Haß; es giebt nur Pflichten gegen die Völker zu erfüllen, welche uns die Vorsehung zu regieren beruft. Ihre Gesetze und Gerechtsame sind theure Güter und wenn man genöthigt ist, ihretwegen alten Verhältnissen und der Anhänglichkeit an die Bande der Familie zu entsagen, so darf ein Fürst, der seinen Beruf erfüllen will, niemals zweifelhaft sein, wozu er sich entschließen soll.

Der Herzog von Bassano erklärt, Euer Majestät würden das Aufsehen eines Bruchs vermeiden. Aber, Sire, haben Sie nicht selbst unsere Handelsverhältnisse schwer geschädigt, indem Sie mitten im Frieden schwedische Schiffe wegnehmen ließen? Ist es nicht die Härte Ihrer Befehle, die uns seit drei Jahren allen Verkehr mit dem Festlande unterfagt und feit diefem Zeitpunkt über fünfzig fchwedifche Schiffe in Roftock, Wismar und anderen Orten zurückhalten läßt?

Der Herzog von Baffano fagt ferner: Eure Majeftät würden Ihr Syftem nicht ändern und hegten die größte Abneigung gegen einen Krieg, den Sie als einen Bürgerkrieg betrachten müßten. Das beutet an, daß Eure Majeftät Schwedifch-Pommern behalten wollen und daß Sie der Hoffnung nicht entfagen, über Schweden zu gebieten und auf diefe Weife, ohne felbft etwas dabei zu wagen, den fchwedifchen Namen zu erniedrigen. Durch den Ausdruck: „Bürgerkrieg“ bezeichnen Euer Majeftät ohne Zweifel den Krieg zwifchen Bundesgenoffen, allein man kennt das Gefchick, das Sie den Ihrigen bereiten. Wenn Euer Majeftät fich des Mißvergnügens erinnern wollen, das Sie kundgaben, als Sie den von mir diefer tapferen Nation im April 1809 zugeftandenen Waffenftillftand erfuhren, fo werden Sie die Nothwendigkeit erkennen, in der fich diefes Land befand, Alles zu thun, um feine Unabhängig= keit zu bewahren und um fich vor Gefahren zu hüten, in die fie Ihre Politik verftrickt haben würde, wenn fie diefe weniger gut ge= kannt hätte.

Während der, fich feit vier Monaten zufpitzenden Verhältniffe konnte die Entwaffnung der fchwedifchen Truppen in Pommern und ihre Ab= fendung als Kriegsgefangene nach Frankreich den Generälen Eurer Majeftät zur Laft gelegt werden. Allein, es dürfte doch nicht fo leicht ein Vorwurf zu der Widerlegung der Thatfache zu finden fein, daß Euer Majeftät niemals die Ausfprüche des Prifenconfeils haben beftätigen wollen und daß Sie befondere Ausnahmen zu Schwedens Nachtheil getroffen haben, wiewohl jener Gerichtshof zu unferen Gunften entfchied. Uebrigens, Majeftät, wird fich auch kein Menfch in Europa durch die Befchuldigung der Generäle Eurer Majeftät irre= leiten laffen.

Das Schreiben des Minifters der auswärtigen Angelegenheiten und die Antwort des Herrn de Cabre vom 4. Januar 1812 werden Ihnen beweifen, daß der König Ihrem Verlangen zuvorgekommen war und alle Mannfchaften der genommenen Caper in Freiheit fetzen ließ. Schon damals trieb die Regierung ihre Rückfichten fo weit, daß fie fogar Portugiefen, Algierer und Neger zurückfandte, die auf diefen Capern gefangen genommen waren und fich für Unterthanen Euer Majeftät ausgaben. Nichts hätte alfo im Wege ftehen follen, daß Euer Majeftät auch die Zurückfendung der fchwedifchen Offiziere und Mann=

schaften befehlen ließen, die jetzt noch immer in den Banden der Ge=
fangenschaft schmachten.

Was nun die, in dem Schreiben des Herzogs von Bassano ent=
haltenen Drohungen und die 40 000 Mann betrifft, die Eure Majestät
dem Könige von Dänemark geben wollen, so glaube ich nicht näher
auf diese Dinge eingehen zu müssen, um so mehr, da ich daran zweifele,
daß der König von Dänemark diese Hülfe wird benutzen können.

Was meinen persönlichen Ehrgeiz betrifft, so gestehe ich, daß der=
selbe sehr groß ist: Ich habe den Ehrgeiz, der Sache der
Menschheit zu dienen und die Unabhängigkeit der skandinavischen
Halbinsel zu sichern. Um das zu erzielen, baue ich auf die Ge=
rechtigkeit der Sache, die zu vertheidigen der König mir befahl, auf
die Ausdauer der Nation und auf die Ehrlichkeit unserer Bundes=
genossen.

Wie auch Ihr Entschluß ausfallen möge, Sire, für den Frieden
oder für den Krieg, so werde ich nichts besto weniger für Euer
Majestät stets die Gesinnungen eines alten Waffengefährten bewahren.

Karl Johann."

Dieser Brief blieb unbeantwortet, es ist der letzte, den Karl
Johann an Napoleon schrieb. Doch wir müssen zu der Erklärung
der weiteren Verhältnisse erst noch einmal auf den russischen Feld=
zug zurückgreifen.

Der Kaiser Napoleon war an der Spitze eines gewaltigen Heeres
von 400 000 Mann, dessen Kern aus alten, siegesgewohnten fran=
zösischen Truppen bestand, in Rußland einmarschiert. Er ging Anfangs
Juli über den Niemen und erließ aus seinem Hauptquartier Wilko=
wisczki den folgenden Armeebefehl, in dem er unter anderen sagte:
„Rußland hat seine Eide gebrochen und die französischen Adler durch
die Forderung ihrer Rückkehr beschimpft. Es wird dafür von dem
Schicksal ereilt werden, sein Verhängniß möge sich erfüllen."

Es war aber nicht Rußlands Verhängniß, das sich erfüllte, sondern
das Verhängniß riß Napoleon selbst fort, sein eigener Heroismus führte
ihn dem Verderben entgegen. Dieser Feldzug wurde die Ursache von
Napoleon's späterem Sturz. Er wurde zu Anfang unter für Frankreich
günstigsten Chancen begonnen.

Das Reich Alexander's war durch die theilweise Untersagung
seines Freihandels geschädigt, außerdem in einen, bis dahin sehr un=

günstigen Krieg mit der Türkei verwickelt und hatte außerdem seine Vorbereitungen für den Krieg noch lange nicht beendet. Wie ließ sich annehmen, daß die Türkei mitten in ihrem Siegeslauf plötzlich an-

Uebergang über den Riemen.
(Sammlung des Kriegsministeriums in Paris.)

halten und Frieden machen würde? Ganz Polen stand für Napoleon in Waffen, Preußen und Oesterreich hatten mehr an Hülfsheeren gestellt, als von ihnen gefordert war; und er mußte auch Schweden noch für sich verbündet halten.

Napoleon's Heere hatten siegreich die Dwina und den Dniester erreicht und Alles fragte sich, wohin wird der große Schlachtenlenker nun seine Schritte richten?

Da fing er an, Fehler über Fehler zu machen. Ob ihn der Ge=

Einzug der französischen Armee in Moskau den 14. September 1812.
(Nach einer Zeichnung damaliger Zeit.)

danke leitete, aus dem Kreml, der alten Burg der russischen Fürsten, seine gewohnten, an Phraseologie so reichen Siegesbulletins in die Welt zu senden, war es wieder der Sinn für das Mystische des Abend= landes, der ihn dahin trieb, genug, er wandte sich anstatt nach Peters= burg gegen Moskau, um, wie er sagte, seine Adler auf den Spitzen des

Kremls aufzupflanzen. Mit der Besetzung der Hauptstadt nahm er
den Krieg als beendet an, während die Eroberung Moskaus für die
Russen erst den Anfang bedeutete.

Napoleon beging in Moskau den weiteren Fehler, daß er durch
seinen Aufenthalt dort zwanzig Tage ungenützt verlor. Die Russen
gaben aber der Welt durch Einäscherung ihrer Hauptstadt und Ver-
wüstung des Landes rings umher ein Beispiel großen Patriotismus.
Sie umringten Napoleon während der ganzen Zeit, wo seine Heere
zwischen rauchenden Trümmern lagerten und erwarteten das Erscheinen
ihres furchtbarsten Bundesgenossen, „des nordischen Winters“.
Bald genug stellte er sich ein.

Napoleon, der in Moskau den Frieden dictiren wollte, mußte zu
seinem Leidwesen erfahren, daß die so glänzend erkämpften Siege
für ihn keine Siege waren, sondern daß er, in dem Bestande
seines Heeres geschwächt, von der ganzen russischen Nation in seinem
Aschenhaufen Moskau eingeschlossen und umzingelt war. Er merkte,
daß es für ihn praktischer und zeitgemäßer sei, um einen Waffenstillstand nachzusuchen, als, wie er gehofft hatte, den Frieden zu
dictiren. Er schickte deshalb den General Lauriston zu dem russischen Obercommandeur, dem Fürsten Kutusoff, um ihm einen
Waffenstillstand anzubieten. Der Fürst aber lehnte alle Anträge in
dieser Richtung ab und zwar in einer so malitiösen Weise, wie sie
Napoleon noch nie vorgekommen war. Auch ein zweiter Versuch des
Königs von Neapel scheiterte an der Charakterfestigkeit des russischen
Generals Miloradowitsch.

Von nun an wurde die Lage der französischen Armee eine sehr
kritische; sie versuchte die Straßen nach Twer und Kaluga zu ge-
winnen, mußte aber auch dort erfahren, daß die Russen sie von allen
Seiten eingeschlossen hatten. So lagerte sie denn um und in den
Trümmern Moskaus, bewaffnete Bauernschaaren tödteten täglich eine
Menge der auf Requisition ausgehenden französischen Abtheilungen und
die Kosakenlanzen trafen jeden, das Lager verlassenden, einzelnen
Mann.

Da auf diese Weise die Lage des Kaisers mit jedem Tage bedenk-
licher, der Mangel an Lebensmitteln fühlbarer, das Murren der Soldaten
immer lauter wurde und die Hoffnung auf den Frieden schwand, so
beschloß der Kaiser endlich nach fünf unbenutzt gebliebenen Wochen den
Rückzug anzutreten und die verpesteten Ruinen Moskaus zu verlassen.

Es liegt nicht in der Tendenz dieses Werkes, auf die Details des bekannten schrecklichen Rückzuges näher einzugehen.

Es interessirt uns hier nur die Zertrümmerung des großen französischen Heeres soweit sie den Kaiser Napoleon und den Kronprinzen Karl Johann angeht.

So war denn aus dem großen Kriege gegen Rußland, durch den sich der Schlachtenkaiser den Weg nach Indien bahnen wollte, eine vollständige Niederlage geworden. Napoleon, der ganz Europa gegen das eine Rußland geführt hatte, um dadurch sein Supremat über den Kaiser Alexander zu beweisen, war geschlagen, — aber nicht ohne eigene Schuld. Er machte auch thatsächlich strategisch-taktische Fehler.

Er ließ die Heerestheile seiner Verbündeten in sich geschlossen, anstatt sie unter die französischen zu mischen und mußte deßhalb erfahren, daß sich diese nach seinen Niederlagen Rußland näherten.

Er schlug zweitens die guten Rathschläge seiner erprobten Generäle in den Wind, die ihm einen Vormarsch durch die an Lebensmitteln, Pferden und feindlichen Depots so reichen Provinzen wie Wolhynien, Polen 2c. anriethen. Wäre Napoleon diesen Vorschlägen gefolgt, hätte sein Vormarsch durch die Ukraine, oder durch eine der anderen südlichen Provinzen stattgefunden, so konnte er dort den Türken die Hand reichen, die dann wohl keinen Frieden mit Rußland geschlossen haben würden. Drittens hätte er nach der Eroberung von Smolensk, bei der Kenntniß von der Schwäche der österreichischen Armee, die nicht im Stande war, der Moldauarmee zu folgen, sondern unthätig in Lithauen blieb, Riga belagern, Petersburg bedrohen und von dort aus mit Schweden und der Türkei anknüpfen müssen.

Endlich aber waren seine Maßnahmen Polen gegenüber durchaus fehlerhaft. Er hätte ihnen ihr längst versprochenes Polenreich wieder aufrichten müssen, unterließ das aber aus Rücksicht auf Oesterreichs polnische Besitzungen. Er beraubte sich damit der Hülfe der Polen, deren Enthusiasmus für ihn sofort erkaltete, als sie sich von ihm betrogen sahen. Es stellte sich in Folge dessen nur ein Viertel zu der Armee, die anderen blieben zu Hause. Gab es denn für ihn einen größeren Fehler, als gerade auf Moskau zu marschieren und seines pomphaften Siegesbulletins wegen den Ruf als Weltbezwinger und Sieger in hundert Schlachten auf das Spiel zu setzen? Napoleon hat sich entweder die Ausführung der Aufgabe zu leicht gedacht, oder wurde durch seine

Kundschafter über die Beschaffenheit der zu durchziehenden Provinzen getäuscht. So fand er in den weiten Ebenen seines Vormarsches, die er an Fruchtbarkeit denen Frankreichs gleich gehalten, nur eine sehr geringe Kultur, die es nicht gestattete, seine Hunderttausende von Soldaten zu ernähren.

Er hätte daher schnell erkennen müssen, daß es ihm hier nicht wie in den anderen eroberten Ländern gelingen würde, durch einige große Schläge das ganze Land zu erobern.

Der Kaiser Alexander aber handelte genau nach dem, ihm von Bernadotte gegebenen Rath, sich möglichst in keine großen Schlachten einzulassen, was ihm auch bis auf die Tage an der Beresina und bei Smolensk gelang. Er erinnerte sich der Kampfweise seiner Ahnen, der Parther, die diese einst gegen die Römer anwandten und die darin bestand, vor dem Feinde bis in ein vorher verwüstetes Land zurück= zugehen, ihm auf dem Marsche dahin durch fortwährende Scharmützel Abbruch zu thun und den schließlich erschöpften, durch Hunger und Strapazen decimirten Feind mit Hülfe des eisigen Winterfrostes zu vernichten. Auf dieselbe Kampfesweise hatte ihn aber der Kronprinz Karl Johann aufmerksam gemacht, und als der Kaiser Alexander am 9. Juli 1813 bei der Fürstenzusammenkunft in Trachenberg zum ersten Mal unseren Karl Johann wiedersah, schloß er ihn bewegt in die Arme und nannte ihn „den Retter Rußlands". Der Kaiser Alexander bewies bei der Einnahme der Hauptstadt seines Reiches eine bewundernswerthe Standhaftigkeit, die alle Pläne Napoleon's über den Haufen warf. Er zeigte sich dabei als ganzer Mann, der auf keine Unterhandlungen einging, so lange noch ein bewaffneter Feind innerhalb von Rußlands Grenzen stand. Schwedens sicher, das er später für das verlorene Finnland durch den Besitz Nor= wegens entschädigte, steigerte er den Enthusiasmus seiner Truppen auf das höchste, indem er sich selbst an ihre Spitze stellte. Als dann das große Désastre des Rückzuges der Franzosen begann, als die armen, halb verhungerten und frierenden, um neun Zehntel ver= ringerten Heerestheile über die Grenzen nach Preußen hineinstürzten und eine tödtliche Angst vor den Kosakenlanzen sie immer weiter trieb, als der preußische General York mit seinem Heere zu der russischen Armee übertrat, da fand Kaiser Alexander endlich auch seinen alten Bundesgenossen Preußen wieder, das mit ihm eine Allianz gegen Napoleon abschloß.

darauf wieder gegenüber. Ein sechswöchentlicher Waffenstillstand folgte, der von den Russen und Preußen benutzt wurde, ihre Streitkräfte um 100 000 Mann zu vermehren; die Oesterreicher traten endlich nach längerem Zögern den Alliirten bei, auch die Schweden trafen ein und endlich kam der Tag von Leipzig, der Napoleon's Herr=schaft in Deutschland ein Ende machte. Wir sahen oben, wie sich der Kronprinz Karl Johann durch den Vertrag von Abo mit Rußland ver=band. Er schiffte sich am 8. Mai mit seiner, in Carlscrona vereinigten Armee von 40 000 Mann ein und landete in Stralsund. Wir werden sehen, wie er später das Commando über die Nordarmee der Alliirten erhielt, um sich an dem Kampf gegen seinen alten Schlachtgefährten Napoleon zu betheiligen.

Sechsundzwanzigstes Capitel.

Wir haben die Kronprinzessin Desideria bei ihrer Ankunft in Paris am 20. August 1811 verlassen. Sie wurde dort auf das freudigste von ihrer Schwester Julie, der Königin von Spanien, be=grüßt, die sich mit ihren Töchtern noch immer in Paris aufhielt. Sie lebte in den ersten Wochen ganz zurückgezogen, nur auf die Wieder=erhaltung ihrer Gesundheit bedacht. Die Schwester pflegte sie nach besten Kräften und bald erblühte sie wieder zu neuer Schönheit und Frische. Ja, hier in Paris, in dem Umgang der Ihren, da konnte sie heiter und fröhlich sein, da konnte sie sich natürlich geben, ohne durch die steife Etikette und das zopfige Ceremoniell des schwedischen Hofes beschränkt zu sein und ohne auf jedes Wort, auf jede Bewegung ängstlich achten zu müssen, ob sie damit auch nicht die Königin, oder die noch schlimmere Oberhofmeisterin verletze. Alle die Damen und Herren ihres Pariser Umgangskreises erkannten ihre Anmuth und ihre geistige Ueberlegenheit an, ohne nach ihren Vorfahren in Marseille zu fragen. Hier war sie die Frau, die als solche geschätzt wurde und nicht wie in Stockholm nur als Gemahlin des Kronprinzen. So kehrte denn auch bald ihre frohe Laune zurück und die Tage gingen für sie in vertrautem Leben mit den Verwandten und mit Ausflügen in die herrliche Umgebung dahin. Sie fand bald wieder Interesse in der Ausübung ihrer kleinen Talente und richtete auch bereits im September ihre jours fixes wieder ein, an denen sie alle Menschen von Bedeutung empfing. Künstler, Schriftsteller, Maler und Musiker, lauter Leute, die der Genius geadelt hatte und denen nicht, wie in Stockholm, allein ein Wappenschild den Werth verlieh. Alle diese geistreichen Menschen wurden von der Gräfin von Gothland mit derselben Freundlichkeit empfangen, als stünde der stolzeste Adelstitel vor ihrem Namen. — Auch der Armen und Elenden, deren es in Paris zu jener Zeit so viele gab, vergaß sie nicht, und Dank der reichen Mittel, die ihr von ihrem Gemahl zur Verfügung gestellt wurden, that sie so viel Gutes, daß sie bald auf dem Montmartre und den anderen Stätten der Armuth den Beinamen „des schwedischen Engels", erhielt. Das Einzige, was sie schwer empfand, war die Trennung von ihrem Gemahl und dem einzigen Sohne. Sie schrieb, um ihrer Sehnsucht Ausdruck zu geben, fast wöchentlich ausführliche Briefe worin sie dem Kronprinzen, ihrem Versprechen gemäß, nicht nur ihre eigenen Erlebnisse, sondern auch die Pariser Verhältnisse schilderte.

Wir wollen versuchen, hier einige nach den Factas zusammenzustellen. *)

Paris, 25. Sept. 1811.
Rue b'Anjou.

Mein geliebter Jean!

Dein letzter lieber Brief hat mich sehr entzückt, Du sprichst darin von einem Wiedersehen, willst Du zu mir kommen? Ehe sich die Verhältnisse in Stockholm nicht gänzlich geändert haben, kehre ich nicht dahin zurück. O, komm' Du hierher zu mir! Mein Jean, mein geliebter Oscar, wie sehne ich mich nach Euch! Wenn ich oft an dem Abend mit Julie und deren Mädchen in dem Garten unfern des Pavillons sitze und mit Staunen das Weltwunder, den großen Kometen betrachte, der wie ein großes Fragezeichen am nördlichen Himmel steht, dann denke ich oft, ob Ihr, meine Lieben, ihn wohl gleichfalls betrachtet und seufze darüber, daß ich nicht bei Euch sein kann. Hier heißt es, der Komet bedeute einen großen Krieg und es sieht ja auch wieder kriegerisch genug aus. Wie ist doch unser glückliches Zusammenleben durch die Verhältnisse und durch die Annahme Deiner Stellung in dem kalten Norden gestört worden! Wie schön war es vor einem Jahre! Da hatte ich Euch, Ihr, meine Lieben noch! und nun? — Doch ich

---

*) Die Briefe liegen nicht in der folgenden Form vor.
Anmerkung des Herausgebers.

will mich nicht wieder aufregen und dadurch die soeben erst ein-
getretene Besserung meines Zustandes auf das Spiel setzen. Man verlangt hier ja stets Gleichmuth von mir, immer wieder Gleichmuth und
den zu bewahren, ist oft so schwer!

Ich soll Dir Alles von hier erzählen. Du weißt, wie ich mein
tägliches Leben eingerichtet habe und kennst die Gesellschaft, in der ich
mit Julie und den wenigen, mir näherstehenden Menschen lebe. Meine
Empfangsabende finden immer mehr Beifall und es sind viel interessante
Menschen unter denen, die sich bei mir zusammenfinden. Es sind in
der letzten Zeit noch mehrere hinzugekommen, die auch Dich interessiren
würden. Da ist z. B. mein dramatischer Freund, der alte Boutet
de Monvel, ferner Duval, sowie der geistreiche Kritiker Geoffroy, da
kommt auch bisweilen Mr. Chabrol de Volvic, der neue jugendliche
Präfect de la Seine, den der Kaiser selbst zu dieser Stellung erhob,
dann der berühmte englische Arzt Jenner und auch Bertin l'aîné, der
Gründer des Journals des Débats. Von Deinen alten Waffengefährten
sehe ich zuweilen den Grafen Lariboisière und auch der alte Baraguey
d'Hilliers stellt sich häufig ein. Isabey, der mich wieder im Malen
unterrichtet, kommt wohl jedesmal und auch zuweilen Talma; aber
natürlich ohne Frau. Von Damen sehe ich außer den Verwandten
am meisten Adèle Reynauld Saint Angely, die Rovigo und auch die
Duchatel und andere. Wie aber konntest Du annehmen, daß ich die
Bassano nach alle dem empfangen würde, was Dir deren Gemahl
Böses zugefügt?

Ich empfinde stets eine besondere Freude bei dem Besuch der
beiden „Antithèses", wie sie in meinem Kreise genannt werden,
das ist die Gräfin Montesquiou, die neue Gouvernante des
Königs von Rom und die Ehrendame der Kaiserin, unsere so reizvolle
Herzogin von Montebello. Das heißt, Gegensätze sind die Beiden
eigentlich nur in ihren Anschauungen und nach ihrem Herkommen,
sonst sind sie sich sehr freundlich gesinnt. Die Gräfin ist von ältestem,
legitimistischem Adel, während unsere schöne Lannes, — nun, Du kennst
sie ja, — noch ganz so ist, wie früher. Kein Mensch kann ihr übrigens
in Bezug auf ihren Lebenswandel das Geringste nachsagen; obgleich ihr
Benehmen oft gar wunderbar ist und namentlich sehr gegen die Etiquette
verstößt, die jetzt so streng an dem Kaiserhofe gehandhabt wird. Man
kann ihr Benehmen oft geradezu impertinent nennen und glaube ich,
daß sie der Kaiser, trotz seiner Freundschaft für den gefallenen Lannes,

und Pathinnen waren, außer dem Kaiserpaar, der Kaiser von Oesterreich, Madame mère, Joseph, Jérome, Eugène, Pauline. Sonst aber waren noch zugegen: Murat, Borghese, Hortense, der Fürst von Neufchatel und die Fürstlichkeiten, und die Vertreter aller Staaten mit Ausnahme Englands. Der Kaiser von Oesterreich ließ sich durch den Fürsten Schwarzenberg vertreten. Das Schiff der Kirche war gefüllt mit den Ministern, den Großoffizieren der Ehrenlegion und unzähligen Offizieren und Beamten.

Nachdem der Cardinal den Taufact vollzogen, hielt Napoleon seinen Sohn mit beiden Händen in die Höhe, um das Kind allen Anwesenden zu zeigen. Hierbei soll ein enthusiastisches, bis dahin durch die Heiligkeit der Handlung unterdrücktes Jubelgeschrei ertönt sein. Der Ruf: Vive le roi de Rôme! durchbrauste den weiten Raum. Während dieses allgemeinen Jubels entfernte sich die Gräfin Montesquiou mit ihrem Schützling und der Cardinal flehte den Segen des Himmels auf den Kaiser und die Kaiserin herab. Hierauf defilirten die Prinzessinnen mit ihren Begleitern vor dem Kaiser und der Kaiserin vorüber, um vor den Majestäten ihre Wagen zu besteigen, während der Cardinal das Kaiserpaar nach kurzer, stiller Andacht mit der gesammten Geistlichkeit bis zu dem großen Portal von Notre Dame geleitete. Beide bestiegen ihre Galawagen und begaben sich in das Hotel de Ville, wo ein großes Festmahl stattfand. Julie hat hierbei links neben dem Kaiser gesessen.

Meine liebe Schwester weiß aus jenen Tagen überhaupt noch so Mancherlei zu erzählen. So theilte sie mir auch Einiges über das am 23. Juni in Saint Cloud zu Ehren des kleinen Königs gegebene Fest mit. Ein großer Theil des Parkes war an dem Tage für das Publikum geöffnet, das in großen Schaaren hinausgeströmt war. Von vier Uhr ab fanden Vertheilungen von Eßwaaren statt und aus mehreren Fontainen sprudelte rother und weißer Wein, so daß ein Jeder essen und trinken konnte, so viel er wollte. Um sechs Uhr fand eine große Rundfahrt des Kaisers mit allen seinen fürstlichen Gästen durch den Park statt, wobei ihm jubelnde Ovationen dargebracht wurden. Um achteinhalb Uhr begann auf der Seine ein Wettkampf mehrerer Schiffe gegen einander, wodurch ein Seegefecht dargestellt werden sollte, und um neuneinhalb erhob sich plötzlich das große erleuchtete Luftschiff der Madame Blanchard über dem Bassin de Cygne, gegenüber vom Schloß. Es muß das ein gar herrliches Schauspiel gewesen sein, als auf einmal das große Luftschiff in einer Höhe von fast 100 Fuß regungslos in den Lüften stand, erleuchtet und umspielt von bengalischem Feuer, während von allen Seiten in bunten Farben

sprühende Feuerwerkskörper aufflogen. So stand es wohl eine halbe Stunde lang, wie in einem Meer von Licht schwimmend da, um dann majestätisch über Paris hin zu ziehen. Die Luftschifferin aber ließ als Scheidegruß an das Publikum zahlreiche Zettelchen herabflattern, die mit Gedichten zu Ehren des Tages bedruckt waren. Mehrere in den Büschen des Parkes verborgene Orchester ließen dazu ihre Jubelfanfaren erschallen. Die Freude der Volksmenge soll bei der Vorführung einer Reihe von auf einem optischen Theater arrangirten Bildern grenzenlos gewesen sein. Da erschienen naturgetreue Scenen aus dem Leben der Kaiserin, wie z. B. „Marie Luise in Schönbrunn", „ihre Abreise von Wien nach Frankreich", „die erste Begegnung mit Napoleon in Compiègne" und andere. Doch was soll ich Dir, mein Jean, von diesem Festabend noch erzählen? Das Meiste hast Du ja schon im Moniteur gelesen. Ich kann nur immer von Neuem bedauern, nicht mit Dir zusammen das schöne Fest gesehen zu haben.

Auch von anderen Festabenden weiß Julie zu berichten. So erzählt sie besonders gern von einem Ball in Saint Cloud, auf dem Pauline und Karoline zu Ehren des Kaisers ein Pas de deur im Costüm getanzt haben. Pauline soll in ihrem Phantasiegewande als Französin ganz wundervoll ausgesehen haben, während Karoline in ihren vorgerückten Umständen als Italienerin ein beinah grotesques Bild abgegeben hat. Es ist mir unbegreiflich, wie sie sich dazu hergeben konnte. Gewiß hat sie Pauline wieder einmal dazu überredet, Du weißt ja wie neidisch sie auf ihrer Schwester frische Schönheit ist, da hat diese ihr gewiß als Folie dienen sollen. Aber wahrhaft strahlend soll Pauline ausgesehen haben; ihr Hals, Busen und Arme, ja sogar die Füße waren mit dem berühmten Diamantenschatz des Hauses Borghese *) bedeckt und das Mittelstück ihres Schildes bildete eine wundervolle Camée, eine sterbende Medusa.

Ihre ganze Erscheinung soll so bildschön gewesen sein, daß die Herren und sogar die Frauen noch jetzt davon schwärmen.

Aber, lieber Jean, ich nehme, wie gewöhnlich, das Dich am meisten Interessirende an den Schluß meines Briefes, nämlich die Aufnahme, die ich bei der Familie und besonders bei Napoleon und Marie Louise gefunden habe.

Ich fuhr acht Tage nach meiner Ankunft und nachdem ich mich etwas von den Strapazen der langen Reise erholt hatte, zu dem

---

*) Es sind das dieselben Diamanten, die von preußischen Husaren nach der Schlacht bei Waterloo in Napoleon's Wagen erbeutet wurden. Pauline hatte Napoleon ihre gesammten Kleinodien im Werthe von vier Millionen für die Expedition von Elba zur Verfügung gestellt.   Anmerkung des Herausgebers.

Zweck meiner Aufwartung mit Julie nach St. Cloud. Wir hatten vorher
durch die Gräfin Lucay bei der Kaiserin anfragen laſſen, ob unſer Beſuch
genehm ſei. Länger durfte ich dieſen nicht mehr wegen Napoleon's be-
vorſtehender Reiſe nach Holland aufſchieben. Die Kaiſerin ſchrieb mir
denn auch einige freundliche Zeilen, daß unſer Kommen ihr erwünſcht
ſei, und wir fanden uns pünktlich ein. Wir wurden von der Gräfin
Lucay in den, Dir bekannten ſchönen Salon Marie Louiſe's geführt,
in dem die Gobelinmeubles der unglücklichen Marie Antoinette ſtehen
und dort von der Kaiſerin ſehr freundlich empfangen. Sie fragte ſehr
theilnehmend nach meinem Geſundheitszuſtande und vermied taktvoll, wie
ſie ja immer iſt, jede Erkundigung nach den Stockholmer Verhältniſſen.
Ich konnte dabei die Bemerkung nicht unterdrücken, daß die Frau nach
ihrer Entbindung eigentlich viel hübſcher geworden iſt. Ihre Figur,
die, wie Du weißt, früher etwas zum embonpoint neigte, iſt jetzt
ſchlank, ſehr ſtattlich und von majeſtätiſcher Haltung. Ihre blonden,
bisher etwas matten Augen haben einen lebhaften Ausdruck angenommen.
Dieſe Augen, ihr ſchönes blondes Haar, ihre friſchen Farben und der
klare Teint machen ſie zu einer ganz hübſchen Erſcheinung. Nichts
kann graziöſer und liebenswürdiger ſein, als die Art und Weiſe, wie
ſie ſich in einem kleinen, ihr angenehmen Kreiſe bewegt; erſcheint
ſie aber öffentlich, oder iſt der Kaiſer anweſend, ſo fühlt ſie ſich genirt
und nimmt dann eine Haltung an, die von den Menſchen für hoch-
müthig und ſtolz gehalten wird.

So war es auch bei unſerer Aufwartung, als plötzlich und un-
angemeldet der Kaiſer das Gemach betrat, und erſt Julie, dann mich
begrüßte. Auch er hat ſich in dem Jahre etwas verändert, er iſt ſtärker
geworden, was ihn aber gut kleidet. An dem Tage war er entſchieden
ſehr ſchlechter Laune. „Sieh da," ſagte er, mir die Hand reichend
ziemlich kühl; „biſt Du wieder da? das hat ja nicht lange gebaut.
— Hat es Dir dort oben nicht gefallen? Kann es Dir nicht verdenken,
ſind langweilige Menſchen dort." — Dann ſah er mich prüfend an und
meinte: „Siehſt ſchlecht aus, biſt, wie ich höre, lange krank geweſen."
— Er warf dabei mit der bekannten Bewegung den Kopf in die Höhe und
ſagte mit funkelnden Augen: „Ich bin mit Bernadotte unzufrieden und
habe Grund dazu. Er ſcheint ſein Vaterland und was er mir ſchuldig
iſt, vergeſſen zu haben." —

Ich mochte bei dieſen ſeinen Worten wohl etwas verwundert aus-
ſehen, da ich doch am beſten weiß, wie wenig er Dir ſtets geneigt geweſen

Mir ist das übrigens nicht aufgefallen.

Wie Du wohl annehmen kannst, war ich auch gleich in den ersten Tagen in Malmaison, bei der armen, unglücklichen Josephine. Sie ist nicht wieder zu erkennen, so hat der Schmerz sie verändert, ihr schönes Haar ist ganz weiß geworden, und ihre frohe Laune für immer dahin. Sie kann eben nicht vergessen, läßt Dich auch viel=mals grüßen. Sie lebt nur noch der Vergangenheit und der Pflege ihrer Blumen. Einen fast noch traurigeren Eindruck machte Hortense auf mich, die in Malmaison zum Besuche war. Man möchte bei ihrem Anblick beinah an der Gerechtigkeit Gottes zweifeln, so elend und verhärmt sieht sie aus. Gewiß kann sie noch immer ihren Duroc nicht vergessen; dazu leidet sie jetzt noch außerdem am Magen, was sie noch elender macht. O, denke nur, wie reizend sie war, Sie hat mich von Anfang an bezaubert, und nun ist ihr junges Leben durch Louis, diesen jugendlichen Greis, der mir bisweilen für geistig nicht ganz zurechnungsfähig vorkommt, so verdorben worden! Es ist zu traurig. Hortense findet an Nichts mehr Freude, als nur an ihren beiden Knaben, denen sie sich ganz widmet. *)

Das Wetter war an dem Tage so prächtig, Schloß Malmaison in dem Kranze seiner blühenden Gärten so wundervoll, daß mir der Contrast zwischen der Trauer der beiden armen Frauen und dem Reiz der schönen Natur um so mehr auffiel. Als wir schieden, schloß mich Josephine mit Thränen in die Arme und flüsterte mir zu: „Wir sind jetzt in einer ähnlichen Lage, Desirée, Dich hat Napoleon einst als Verlobter, mich aber als mein Gemahl verlassen." Dieser Vergleich paßte mir wenig, und ich antwortete denn auch recht kühl: „Ja, ich habe aber dafür ein besto größeres Glück eingetauscht." War das nicht die richtige Antwort, theurer Jean?

Doch nun zu etwas Anderem. Alles spricht jetzt hier nur von Rußland und dem bevorstehenden Kriege. Wenn ich nur erst bestimmt von Dir erfahren könnte, wie sich Schweden dazu stellen wird. Ich höre die verschiedensten Gerüchte, ja mir werden darüber die ge=hässigsten Mittheilungen gemacht und kann ich von Dir nicht die Wahr=

---

*) In jener Zeit scheint aber die Königin Hortense doch auch noch an andern Sachen Freude gefunden zu haben, wenigstens wurde allgemein von ihrem Verhältniß zu ihrem Großstallmeister, dem Grafen Flahaut, gesprochen. Aus diesen Be=ziehungen soll der Graf Morny herstammen, der brüderliche Freund Napoleon's III.

Anmerkung des Herausgebers.

heit erfahren; auch der Gesandte hüllt sich, selbst mir gegenüber, in Schweigen. Einmal heißt es, Schweden bliebe neutral, Andere wollen wieder von einem Bündniß Deines *) Landes mit England oder sogar Rußland wissen. O, Jean — Jean — laß es nicht so sein! Würdest Du die Waffen gegen Dein Vaterland, gegen Napoleon und gegen uns Alle ergreifen können? Würde das Dir möglich sein? Ich mag den Gedanken gar nicht fassen und gerathe dadurch in einen großen Zwiespalt meiner Gefühle; Du und Oscar drüben bei dem Feinde — und Napoleon hier, das ist gar nicht auszudenken. Möge Gott verhüten, daß es dahin kommt. Gieb mir bald darüber Gewißheit.

Nun aber lebe wohl, theurer Jean, ich sende Dir und unserem geliebten Oscar die innigsten Grüße.

Bestelle auch der theueren Greisin, der erhabenen Königin Sophie Magdalena, meine herzlichsten Empfehlungen, und schreibe bald Deiner

Desirée.

Siebenundzwanzigstes Capitel.

Im April 1813 wurden 20 000 Schweden in Stralsund gelandet und der Kronprinz übernahm als Generalissimus den Befehl über dieses, zu den Alliirten stoßende Heer. Am 9. Juli traf er in Trachenberg in Schlesien zu einer verabredeten Zusammenkunft mit dem Kaiser von Rußland und dem Könige von Preußen ein und wurde hierbei mit dem Obercommando über die Nordarmee betraut.

Diese Nordarmee bestand aus den russischen Corps der Generäle von Winzingerode, Woronzoff und Czernitschef, aus einem Theil des vierten preußischen Corps unter dem Commando des Generalleutnants von Tauenzien, aus dem dritten preußischen Corps unter dem Befehl des Generalleutnants von Bülow und aus der schwedischen Armee unter dem Befehl des Feldmarschalls Grafen Stedingk.

Alle diese Truppentheile wurden bei Berlin und Umgegend consignirt und der Kronprinz traf zu der Uebernahme des Oberbefehls

---

*) Man sieht hieraus, wie sich Desirée noch immer nicht als Schwedens Kronprinzessin zu betrachten gelernt hatte, sondern sich noch ganz als Französin und Zugehörige Napoleon's fühlte.   Anmerkung des Herausgebers.

am 24. Juli in Berlin ein, wo er in dem königlichen Schloffe abstieg.
Er wurde dort von den anwesenden Prinzen und der Generalität auf
das freundlichste begrüßt und benutzte die nächsten Wochen, um eine
Parade über die ihm unterstehenden Truppen abzuhalten und ihre
Leistungsfähigkeit durch mehrere Manöver zu erproben. Sein Stab
bestand aus dem General von Löwenhjelm, dem General Adjutanten
Gyllerskeld, Baron von Stiernkrone, Baron von Essen, den Oberst-
leutnants von Camps, von Holst, General von Adlerkreuz, Major von
Flichet, ferner aus dem Hofkanzler des Königs, Baron Wetterstedt, dem
Kammerherrn des Kronprinzen, Graf von Brahe, und dem Cabinets-
secretär Baron Stiernelb.

Am 15. August erließ der Kronprinz den folgenden Armeebefehl
in französischer Sprache. Er lautet in der Uebersetzung:

„Soldaten! Durch das Zutrauen meines Königs und der mit ihm
verbündeten Monarchen dazu berufen, Euch anzuführen, baue ich auf
einen glücklichen Erfolg unserer Waffen, auf den Schutz Gottes, auf
die Gerechtigkeit unserer Sache und auf Eure Tapferkeit. Ohne ein
Zusammentreffen außerordentlicher Begebenheiten, welche die letzt-
verflossenen Jahre berühmt gemacht haben, würdet Ihr nicht auf deutschem
Boden vereinigt sein. Aber Euere Fürsten haben gefühlt, Europa sei
e i n e große Familie, und keiner der dazu gehörigen Staaten dürfe
gegen das Unglück gleichgültig bleiben, welches eine erobernde Macht
irgend einem von ihnen zufügen würde. Sie haben auch erkannt,
daß, wenn eine solche Macht, Alles zu überwältigen, Alles zu unterjochen droht, nur e i n Wille unter den Völkern herrschen darf, die entschlossen sind, sich dieser Schmach und Knechtschaft zu entziehen.

Ihr seid von den Ufern der Wolga und des Don, von den bri-
tischen Küsten und von den Gebirgen des Nordens herbeigerufen worden,
um Euch mit den Kriegern Deutschlands zu vereinen, die Europas
Sache verfechten.

Jede Eifersucht, jedes Vorurtheil, jede sonst gehegte Abneigung
zwischen den Völkern muß von jetzt an vor dem großen Zweck verschwinden, die Unabhängigkeit der Nationen zu sichern. —
Der Kaiser Napoleon kann nicht in Frieden mit Europa leben, außer
wenn Europa ihm dienstbar ist. Seine Verwegenheit hat 400 000
tapfere Männer über 300 Meilen weit von ihrer Heimath fortgeführt.
Drangsale, gegen die er unterlassen hatte, sie zu schützen, haben sie

getroffen und dreimalhunderttausend Franzosen sind in dem Gebiet des großen Reiches umgekommen, dessen Monarch Alles versucht hatte, um mit Frankreich in Frieden zu leben.

Man hätte nun hoffen können, daß dieses große von Gottes Zorn verhängte Unglück den Kaiser der Franzosen zu einer weniger verwüstenden Handlungsweise veranlassen würde; er werde, durch das Beispiel des Nordens und Spaniens belehrt, den Gedanken aufgeben, das Festland Europas zu unterjochen und der Welt endlich den Frieden gönnen. Diese Hoffnung aber ist vereitelt und der, von allen Regierungen erwünschte, von Allen erbetene Frieden ist vom Kaiser Napoleon verworfen worden.

Soldaten! Es bleibt also Nichts übrig, als zu den Waffen zu greifen, um Ruhe und Unabhängigkeit zu erkämpfen. Dasselbe Gefühl, das in dem Jahre 1792 das französische Volk beseelte und es antrieb, mit vereinten Kräften die, in sein Gebiet eingedrungenen Mächte zu bekämpfen, muß jetzt seine Tapferkeit gegen den richten, der in die Länder Eures Vaterlandes eindrang und noch jetzt Eure Brüder, Eure Frauen und Kinder in Banden hält.

Soldaten! Welche schöne Zukunft stellt sich Euch dar! Die Freiheit Europas, die Herstellung seines Gleichgewichtes, das Ende dieses schrecklichen Zustandes, der nun schon zwanzig Jahre dauert, der Friede der Welt wird die Frucht Euerer Anstrengungen sein. Durch Euere Eintracht, Euere Disciplin und Euren Muth macht Ihr Euch des schönen Looses würdig, das Euerer harrt.

Karl Johann.

Gegeben in meinem Hauptquartier
Oranienburg den 15. August 1813."

Als es sich für Frankreich und Dänemark mit Sicherheit herausstellte, daß Schweden der Allianz der Mächte beigetreten sei, machte ein dänischer Offizier Namens Hansen dem Kaiser Napoleon den Vorschlag, mit seiner Hülfe folgenden Operationsplan zur Ausführung zu bringen. Eine dänische Armee sollte von Norwegen aus in Schweden eindringen und den Sohn Gustav's IV. unter dem Namen König „Gustav V." zum König proclamiren, während eine zweite von 40 000 Mann, bestehend aus dem französischen Corps unter Davoust und aus 10 000 Dänen die bei Berlin stehende Armee des Kronprinzen vernichtete. Der Kaiser Napoleon zeigte sich aber diesem strategischen Plane Hansen's abgeneigt und meinte, die „Gustave" wären stets

seine persönlichen Feinde gewesen, während Bernadotte nur ein
Gegner seiner Politik sei. — Außerdem wäre eine derartige Expedition durch einen dadurch bestimmt hervorgerufenen Bürgerkrieg viel
zu theuer erkauft. So unterblieb die Geschichte, die vielleicht für
Frankreich von großem Nutzen gewesen wäre, und der Herr Hansen
merkte bald, daß er mit seiner Idee weder bei Napoleon noch bei dem
König von Dänemark durchdringen werde. Er rächte sich, indem er
die Franzosen durch Pamphlets in den Pariser Zeitungen gegen Bernadotte, „den Landesverräther", wie er ihn zu nennen beliebte, auf-
zuhetzen suchte.

Der Kronprinz von Schweden nahm am 16. August in Potsdam
Quartier und am 17. auf die Kunde eines feindlichen Anmarsches
hin in Charlottenburg. Er hatte seine ganze Armee in der Stärke
von 90 000 Mann zwischen Spandau und Charlottenburg concentrirt und sandte am Morgen des 18. ein größeres Detachement
zur Recognoscirung der feindlichen Stellung aus. Diese ergab, daß
die feindliche Armee unter dem Commando Ney's, aus den Corps der
Herzöge von Reggio, Belluno, Padua und dem der Generäle Bertrand
und Regnier bestehend, in der ungefähren Stärke von 90 000 Mann,
bei Baruth, Trebbin, Luckenwalde und Luckau stünde. Gefangene
Lanciers sagten außerdem aus, daß der Kaiser Napoleon selbst am
22. nach Luckau kommen werde, um das Commando über die zur
Einnahme Berlins bestimmte Armee zu übernehmen. Der Kronprinz
disponirte folgendermaßen: Das dritte preußische Corps des Generals von Bülow besetzt mit zwei Divisionen Heinersdorf und Klein-
beeren, mit der dritten und vierten Division Trebbin und Mitten-
walde. Das dritte preußische Corps unter General Tauenzien
besetzt Blankenfelde. Die Brigade des Generals von Wobeser
erhält den Befehl, nach Friedland und Buchholz vorzustoßen.

Die schwedische Armee unter General von Stedingk brach am
22. Morgens 2 Uhr von Potsdam auf und besetzte Buhlsdorf; ihr
folgte das russische Corps, das Gütergotz besetzte, während General
von Czernitscheff mit 3000 Kosaken und einer Brigade leichter Infanterie gegen die linke feindliche Flanke von Belitz und Treuen-
brietzen vorgehen solle. Endlich erhielt der in der Gegend Magde-
burgs stehende General von Hirschfeld die Ordre, mit seiner Brigade

sofort nach Potsdam aufzubrechen und dort Anschluß an die Armee zu erreichen. *)

So war die Situation, als der Feind am 22. früh die Stellung des Generals von Thümen von dem Bülow'schen Corps bei Trebbin angriff, der, der Uebermacht weichend, langsam zurückging. Am 23. früh fand der französische Angriff auf des Generals von Tauenzien Stellung bei Großbeeren statt und um dieses Dorf kämpften Feind und Freund den ganzen Tag. Das Gefecht endigte schließlich mit der vollständigen Niederlage der Franzosen. Diese verloren 2000 Todte und Verwundete, darunter den General Morio, 1500 Gefangene, 26 Geschütze, 30 Munitionswagen und viel Bagage.

Der Kronprinz leitete von der Höhe bei der Buhlsdorfer Mühle aus das Gefecht, während südlich von ihm am fernen Horizont, deutlich durch das Fernrohr erkennbar, Napoleon mit seiner großen Suite auf einem Hügel stand und von dort aus seine Befehle gab.

Es waren eigenthümliche Gedanken, die Bernadotte's Herz an diesem Schlachttage bewegten, an dem er zum ersten Mal seinen Lands= leuten gegenüber stand. Eine jede Kugel, die von der, neben ihm stehen= den Batterie abgefeuert, da drüben in die Reihen der Feinde einschlug, tödtete vielleicht einen seiner alten Kriegskameraden. Er hörte das Hurrahgeschrei der Franzosen, sah in ihren Reihen die goldenen Adler blinken, die für ihn einst das Palladium der Ehre gebildet und ihn hineingeführt hatten in Kampf und Sieg. Da wurden Haufen von Gefangenen in seiner Nähe vorbeigeführt und er sah Offiziere und Soldaten, die einst unter seinem Befehl gekämpft hatten und die nun mit Freudenthränen in den Augen ihrem alten General zujubelten. Er fühlte, daß er sich als Truppengeneral der Verbündeten in einer widernatürlichen Lage befand und für den Untergang der Armee kämpfte, durch deren Siege er einst zu Glück und Ehren gelangt war. Der Anblick eines jeden gefallenen Franzosen, eines jeden Verwundeten,

---

*) Dieser schneidige General führte diesen Befehl auch richtig aus und langte nach einem forcirten Marsch von sieben deutschen Meilen in zehn Stunden rechtzeitig in Potsdam an.

Wir führen die Gefechtsdispositionen der Schlacht bei Großbeeren hier nur deßhalb so detaillirt an, weil es die erste Schlacht war, in der sich die beiden alten Waffenbrüder Napoleon und Bernadotte feindlich gegenüber standen.

Anmerkung des Herausgebers.

jedes Gefangenen bot ihm ein Schauspiel, gegen das er nicht gefühl=
los bleiben konnte. Er that alles Mögliche, um das Loos der Ge=
fangenen und Verwundeten zu verbessern. Er besuchte nach der Schlacht
die Lazarethe und spendete überall Geld, um ihnen dafür Erfrischungen
und Annehmlichkeiten zu verschaffen. Er wurde hierin durch seinen
Adjutanten, den General Camps, unterstützt, dem gleich ihm als altem
französischen Offizier, das Herz blutete bei dem Anblick seiner alten
Farben und den er gleich nach dem Gefecht zu dem feindlichen Heer=
führer hinüber schickte, um einen Umtausch der Gefangenen zu erbitten.

War das der Sieg bei Großbeeren, so folgte diesem am 6. Sep=
tember bereits ein zweiter in der Schlacht bei Dennewitz. Das
Schlachtenglück, das Bernadotte in seinem früheren Leben manchmal
verlassen hatte, blieb ihm jetzt treu. Der Marschall Ney griff mit
seinem vierten Armeecorps am 4. und 5. September den General von
Tauenzien bei Zahna und Seyda an. Die Meldungen der Cavallerie
hatten bis dahin ergeben, daß der Feind mit allen seinen Streitkräften
auf Torgau vorgehe, da erhielt der Kronprinz von dem General
von Bülow am Morgen des 6. die Meldung, daß der Feind mit allen
Truppen auf Jüterbogk marschiere. Bernadotte gab dem General
sofort den Befehl, die Franzosen in der Flanke anzugreifen und das Ge=
fecht so lange hin zu halten, bis er selbst mit den, bei Wittenberg stehen=
den schwedischen und russischen Truppen in die Schlacht eingreifen könne.
Der General von Bülow unterzog sich dieser Aufgabe in glänzendster
Weise. Er wehrte sich mit seinen 40 000 Mann gegen 70 000 Fran=
zosen und einen Geschützpark von 200 Kanonen wie ein Verzweifelter
und, diese Tapferkeit wurde belohnt. Als die Noth am größten war,
griffen siebzig Bataillone Schweden und Russen und 10 000 Reiter mit
150 Geschützen in das Gefecht ein, sechs schwedisch=russische Cavallerie=
regimenter machten den am meisten bedrängten preußischen Bataillonen
durch eine glänzende Attacke Luft und als dann in geschlossener Colonne
die schwedischen Bataillone vordrangen, da war die Schlacht entschieden.
Die Franzosen gingen in Auflösung zurück und Bernadotte's Cavallerie=
massen jagten die Fliehenden vollständig aus einander, so daß sie
bis auf Dahme zurück gingen. Die Schlacht war zwar mörderisch
(die Preußen verloren an Todten und Verwundeten allein an 5000
Mann), aber auch an Lorbeeren reich: 5000 Gefangene, drei Fahnen,
30 Geschütze und an 200 Munitionswagen waren des Siegers Preis.
Die Hauptsache aber bestand in dem taktischen Erfolge. Napoleon's

Plan, die Hauptstadt Berlin zu erobern, war glänzend gescheitert und der schlaue Bulletinverfasser, der nach seinem Bulletin im Moniteur vom 24. August bereits triumphirend seinen Einzug in Berlin verkündet hatte, sah diesen Plan gescheitert und begab sich zu der Armee nach Sachsen. Des Kronprinzen von Schweden und Bülow's Sieg bei Dennewitz hat Preußens Hauptstadt gerettet, sie waren die Befreier Berlins. Der König von Preußen verlieh Bernadotte für diese That das Großkreuz des eisernen Kreuzes, der Kaiser von Rußland den Georgs=Orden erster Klasse und der Kaiser von Oesterreich den Maria Theresia=Orden erster Klasse. Die schwedische Armee aber blickte mit Stolz auf diesen Sieg; hatte sich die Schlacht bei Dennewitz doch fast auf denselben Gefilden bei Jüterbogk abgespielt, wo einst in dem Jahre 1644 der schwedische General Torstenson einen so glänzenden Sieg erfocht.

Aus Berlin traf bei dem Kronprinzen eine Deputation von Bürgern ein, die im Namen der Stadt ihren Dank für den ihr gewordenen Schutz aussprach. Der Fürst antwortete darauf durch folgendes Schreiben: (Uebersetzung)

„Meine Herren! Ich habe Ihren Dank noch nicht verdient, aber ich freue mich sehr über Ihre so herzliche Theilnahme an dem Glück unserer Waffen und über die Anhänglichkeit an Ihren erhabenen Monarchen. Wir werden siegen. Die Avantgarde unserer Armee hat den fliehenden Feind bereits nach Sachsen zurückgetrieben. Nur Selbstvertrauen, und bald wird Preußen in seiner Größe wieder dastehen. Grüßen Sie die vortrefflichen Berliner und vergessen Sie uns nicht.   Karl Johann."

Die Entscheidung des Feldzugs rückte näher und näher. Die Armeen begannen ihren Vormarsch auf Dresden. Ehe sich die Verbündeten der sächsischen Hauptstadt näherten, fand am 22. August eine Conferenz der obersten Heerführer statt, zu der sich auch der Kronprinz von seinem Hauptquartier Zerbst aus einstellte.

Bei dieser Gelegenheit sah er zwei Menschen wieder, denen er Jahre vorher unter durchaus anderen Verhältnissen begegnet war, es waren das Blücher und — Moreau. Vor sieben Jahren hatte er Blücher zum letzten Mal in Lübeck gesehen, als er den tapferen General umzingelte und zur Uebergabe zwang, jetzt kämpfte er an seiner Seite als ein Heerführer der Alliirten gleich ihm. Und Moreau? Welche

Gedanken mochten des Kronprinzen Herz bewegen, als er seinen alten Oberfeldherrn von der Rheinarmee, unter dessen Commando er so manchen heißen Schlachttag gefochten, den er zuletzt in Paris als Verurtheilten gesehen, bewegt in seine Arme schloß? Welche Ereignisse lagen zwischen dem Tage, als er damals von ihm Abschied nahm und dem heutigen! Aus ihm, dem überzeugungstreuen Republikaner, war ein Kronprinz, aus dem anderen aber, dem Sieger von Hohenlinden, der General eines Monarchen geworden. Er war aus Amerika zurückberufen, um den Zaren durch seine militärischen Rathschläge in dem Kampfe gegen Napoleon zu unterstützen. Nun fanden sich Beide zu der Conferenz zusammen, um einen Plan zu der in den nächsten Tagen bei Dresden zu erwartenden Schlacht, dem ersten großen Hauptschlage der Alliirten gegen Napoleon, zu entwerfen.

Moreau hatte diesen Schlachtplan ausgearbeitet, dem die Verbündeten mit einigen, von dem Kronprinzen von Schweden vorgeschlagenen Aenderungen ihre Zustimmung ertheilten. — Nach Schluß der Conferenz hatten die beiden alten Kriegsgenossen eine Unterredung mit einander, die sich ungefähr in der folgenden Weise abgespielt haben soll.

Bernadotte: „Die Anschläge sind gut, aber wohin meinst Du, daß sie uns führen werden?"

Moreau: „Zum Sturze Napoleon's!"

Bernadotte: „Gut, aber ist er gestürzt, was dann? Was wird man dann thun?"

Moreau: „O, dann muß man abwarten, was er thun wird."

Bernadotte: „Nimm Dich in acht und gieb Dich keiner chimärischen Hoffnung hin, die Franzosen werden in dem Adjutanten des Kaisers Alexander nicht den Sieger von Hohenlinden anerkennen."

Moreau: „Aber die Coalition."

Bernadotte: „Die bedeutet gar nichts. Ist Napoleon nicht der Schwiegersohn des Kaisers von Oesterreich und sein Sohn nicht dessen Enkel?"

Moreau: „Das weiß ich wohl, ebenso aber, daß Gustav's IV. Kinder die Neffen des Kaisers von Rußland sind. Die politischen, Verhältnisse sind Alles, die Familienbeziehungen bedeuten gar Nichts. Aber Du, mein Prinz, was verlangst denn Du?"

Bernadotte: „Ich will dazu beitragen, unser großes europäisches Vaterland von dem Joche zu befreien, das der Kaiser ihm auferlegt

kann es sagen? Wie dem aber auch sei, Napoleon sah sich durch
Bassano's Worte des Ruhmes seines ganzen Lebens beraubt und ver=
zichtete auf den Friedensantrag, der Europa die Ruhe geben, ihm aber
vielleicht die Krone erhalten konnte.

Der Kaiser wandte sich darauf von Dresden aus zuerst nach
Düben, um Blücher zum Rückmarsch auf Berlin zu nöthigen, und
als ihm das nicht gelang, nach Leipzig, wohin ihm die, aus Böhmen
hervorbrechende Hauptmacht der Alliirten folgte. Am 16. October griff
ihn Blücher bei Möckern an und schlug ihn nach hartnäckiger Gegen=
wehr zurück. Hierauf marschirte Blücher auf Leipzig, ohne jedoch den
zögernden Kronprinzen zu einem schnelleren Vorgehen bewegen zu können.
Blücher war über dieses Zögern so entrüstet, daß er seinem Zorn in
dem Tagesbefehl vom 16. October Luft machte.*)

Am 17. October traf endlich der Kronprinz in Taucha ein und
nahm an den glorreichen Tagen der Schlacht bei Leipzig entscheidenden
Antheil. Er exponirte sich in der vordersten Linie und mußte durch
sein Beispiel den Muth seiner Truppen anzufeuern. Als der Feind
mit größtem Ungestüm gegen seinen linken Flügel vordrang, ließ er
diesen durch die, zu ihm übergetretene, sächsische Artillerie verstärken
und warf die Franzosen auf Leipzig zurück. Er betheiligte sich dann
an dem allgemeinen Sturm auf die Stadt, wobei die ganze feindliche
Armee geschlagen wurde. Napoleon mußte den Rückzug befehlen, da
sonst die Vernichtung seines ganzen Heeres bevorstand, und er erfuhr, daß
seine bisherigen treuesten Bundesgenossen, die Bayern, von ihm ab=
gefallen seien, sowie ein Corps unter dem General von Wrede ihm bei
Hanau den Rückzug verlege. Da war die höchste Eile nöthig.

Der Gesammtverlust der Franzosen bei Leipzig betrug an sechzig=
tausend, der Kaiser besaß höchstens noch fünfundsiebzigtausend Mann.
Es wird für immer unverständlich bleiben, daß ein Mann, wie Napo=
leon, der in dreißig Feldschlachten mit einem idealen Feldherrntalent
commandirt und sich auf die höchste Stufe des militärischen Ruhmes
erhoben hatte, seine Armee in eine so ungünstige Lage wie bei Leipzig
bringen konnte. Die Elster und Pleiße im Rücken, ein sumpfiges
Gelände vor sich, führte nur eine Brücke über die beiden Flüsse, auf
der hunderttausend Mann und dreitausend Wagen übergehen sollten.

---

*) Dieser facsimilirte Tagesbefehl Blücher's aus der Sammlung des Herrn
M. Bertsch, Historisches Museum am Napoleonstein (Leipzig), befindet sich in dem
Nachtrage des Werkes.   Anmerkung des Herausgebers.

Das Corps des Kronprinzen von Schweden wurde von der großen Armee abgezweigt, um im Norden Deutschlands gegen Davoust und Dänemark zu fechten.

Achtundzwanzigstes Capitel.

Am 28. October 1813 trat der Kronprinz mit der Nordarmee seinen Marsch gegen die Niederelbe an, wo sich der General Davoust mit seinen Franzosen hinter Hamburgs Wälle zurückgezogen und Dänemark seinem Schicksal überlassen hatte. Er marschierte über Mühlhausen, Heiligenstadt, Göttingen, Einbeck und Elze zuerst nach Hannover; wo er am 10. November eintraf. Er entsandte darauf den General Czernischeff mit breitausend Kosaken nach Cassel, um dort der lustigen Herrschaft König Jérome's ein Ende zu machen, und verstärkte das Corps dieses Generals noch um zehntausend Mann, um ihm Gelegenheit zu geben, sich an der Schlacht bei Hanau zu betheiligen. In Hannover beseitigte der Kronprinz die französische Regierung, stellte das Churfürstenthum wieder her und wurde von den Hannoveranern, die er vor Jahren als feindlicher General bereits für sich einzunehmen gewußt hatte, mit großem Jubel empfangen. Von Hannover ging sein Marsch am 17. November nach Bremen weiter und das Heer passirte, überall die französischen Truppen vor sich her treibend, am 24. die Elbe bei Boitzenburg.

Das Corps des Generals von Bülow war inzwischen gegen die holländische Grenze entsandt und nahm am 23. Duisburg ein. Und weiter ging des Kronprinzen Marsch auf Hamburg zu. Der Generallieutenant Woronzoff cernirte die Stadt, während der Oberstlieutenant Löwenstern eine feindliche Abtheilung schlug und nach Hamburg hineinwarf. Am 5. December capitulirte Stettin und ebenso das von dem General von Bülow belagerte Utrecht. Der Kronprinz vereinigte am 4. zwischen der Waknitz und der Stecknitz seine gesammten Truppen und marschierte gegen Lübeck, das er am 5. eroberte. Der Feind zog sich auf Segeberg zurück und Lübeck erhielt seine alte Stellung als freie Hansastadt wieder. So fiel eine der noch von den Franzosen besetzten Städte nach der andern in die Hände der Schweden, nur allein Hamburg widerstand noch immer. Der General von Bennigsen

machte am 4. einen glänzenden Angriff auf deſſen Forts, nahm die Be-
feſtigungswerke bei Wandsbek, ja führte ſelbſt ſeine Grenadiere bis an die
Stadtumwallung heran, konnte ſich aber trotzdem nicht der ſtark beſetzten
Befeſtigung bemächtigen. Die Nordarmee war durch die vielen Detachirun-
gen, wie die Bü-
low's nach der hol-
ländiſchen Gren-
ze, Tettenborn's
nach Rendsburg
und anderer zu
ſchwach, um eine
regelrechte Be-
lagerung durch-
zuführen. So
beſchloß der
Kronprinz, ſei-
nen alten Freund
Davouſt in
Hamburg einzu-
ſchließen. Er ließ
den General Ben-
nigſen zu dieſem
Zweck zurück, der
mit ſeinen Ruſſen
die Stadt bis zum
Friedensſchluß
blockirte, ſo daß
dieſe franzöſiſchen
Heerestheile für
den ferneren Krieg
unthätig bleiben

L. N. Davouſt.
Herzog von Auerſtädt, Prinz von Eckmühl.

mußten. — Da der Kronprinz nun ſeine Aufgabe im Norden gelöſt hatte,
ſo trat er ſeinen Marſch nach dem Rhein an und traf mit ſeinem Corps
am 10. Februar in Köln ein. Die Armeen der Verbündeten hatten
bereits in den letzten Tagen des December den Rhein überſchritten und
ſtanden, die vielen franzöſiſchen Feſtungen theils cernirend, theils un-
berückſichtigt laſſend, ſchon jenſeits der Vogeſen. Es trat nun an den
Kronprinzen von Schweden die Frage heran, ſollte er gleichfalls den

Rhein überschreiten ober, seiner früheren ausgesprochenen Erklärung gemäß, das Betreten des französischen Gebietes für einen Bruch der älteren, mit Frankreich abgeschlossenen Verträge zu halten, treu bleiben? Er entschloß sich nach einer, vorher mit dem Kaiser Alexander darüber geführten Correspondenz, das russische und das, unter Bülow stehende preußische Corps von der Norbarmee abzuzweigen und beide der Armee Blücher's zuzuschicken, während er selbst mit der schwedischen Armee als einer Art von zweiter Reserve folgen wolle.

Er richtete bei seinem Einmarsch in Frankreich an die Franzosen die folgende Proclamation:

Au quartier-général de Cologne
le 12 Février 1814.

Français! J'ai pris les armes par ordre de mon roi, pour défendre les droits du peuple suédois. Après avoir vengé les affronts, qu'il avait reçus et concurru à la délivrance de l'Allemagne, j'ai passé le Rhin.

Revoyant les bords de ce fleuve, où j'ai si souvent et si heureusement combattu pour vous, j'éprouve le besoin de vous faire connaître ma pensée.

Votre gouvernement a constamment essayé de tout avilir, pour avoir le droit de tout mépriser; il est temps que ce système change.

Tous les hommes éclairés forment des vœux pour la conservation de la France; ils désirent seulement, qu'elle ne soit plus le fléau de la terre. Les souverains ne se sont pas coalisés pour faire la guerre aux nations, mais pour forcer votre gouvernement à reconnaître l'indépendance des états; telles sont leur intentions, et je suis auprès de vous garant de leur sincérité.

Fils adoptif de Charles XIII, placé par l'élection d'un peuple libre sur les marches du trône des grands Gustaves, je ne puis désormais avoir d'autre ambition que celle de travailler à la prospérité de la presqu'île scandinave. Puissé-je, en remplissant ce devoir sacré envers ma nouvelle patrie, contribuer en même temps au bonheur de mes anciens compatriotes.

Charles Jean.

So beschloß denn der Kronprinz, sich der Zeit und den Verhältnissen anzupassen und sich vorläufig abwartend zu verhalten. Er sah für Schweden den Zweck seiner Absendung als erfüllt an und marschirte nach einem vierwöchentlichen Aufenthalt in Köln nach Lüttich und von dort nach sechswöchentlichem Verbleiben nach Brüssel.

Während seines Aufenthaltes in Lüttich fand sich eines Tages sein früherer Adjutant aus französischer Zeit, der jetzige General Maison in Civilkleidung bei ihm ein, und bat, als der Kronprinz ihn erstaunt fragte, wie er als französischer Offizier durch die Reihen der Vorposten gekommen, um eine Audienz, da er mit einer geheimen Sendung des Kaisers Napoleon beauftragt sei. Maison eröffnete ihm dann, daß Bernadotte, wenn er mit dem schwedischen Heere zu Napoleon übertrete, seine Truppen mit den seinigen und den aus Hamburg herangezogenen Davoust'schen Heerestheilen vereinige und dem Heere der Alliirten in die Flanke fiele, von Napoleon zum Könige des, durch Belgien vergrößerten **Hollands** gemacht werden solle. Dieser Abfall könne in der Form geschehen, daß der Kronprinz den Alliirten gegenüber zuerst gegen die Besetzung französischen Gebietes protestire, und falls dieser Protest seitens der Mächte vergebens bliebe, erkläre, auf der Seite seines alten Heimathslandes kämpfen zu wollen. —

Der Kronprinz hörte mit größter Entrüstung diese Vorschläge an und erwiderte dann seinem alten Adjutanten, daß er nicht begreifen könne, wie gerade Maison, der ihn doch seit so langen Jahren kenne, ihm solchen Vorschlag unterbreiten könne. Er habe sich seit achtzehn Jahren auf allen Kriegstheatern mit Ruhm bedeckt und in allen Lebenslagen nur loyal gehandelt; wie könne Napoleon daher annehmen, daß er jetzt, wo er durch ein treues Volk zu der höchsten Stelle berufen sei und einen sicheren Hafen in dem Herzen seiner Schweden gefunden habe, durch Verrath an den, ihm treu ergebenen Verbündeten seine und seines Volkes Ehre beflecken und sich in den Wirbel der Unsicherheit stürzen werde. „Ich sehe,“ so schloß er bewegt, „mit Kummer und Leid, wie jetzt französisches Blut auf Frankreichs Boden fließt, aber ich habe mich nun einmal meinen geliebten Schweden und der mir unterstehenden Armee geweiht, sowie den Fürsten, die mich ihrer brüderlichen Freundschaft würdigten. Ich kann, in diese Lage gebracht, entweder meine Pflichten verrathen, oder die Waffen gegen mein theueres Vaterland richten, und deßhalb will ich neutral sein und bleiben — das sage Deinem Herrn und nun geh. Ich kann nur bedauern, daß Du es warst, der sich dazu hergab, mir solche Anträge zu stellen. Adieu.“ —

Der General Maison reiste ab, der Kronprinz aber blieb neutral und drang auch nicht weiter in Frankreich ein. Die Verbündeten setzten indessen ihren Marsch auf Paris fort. Die Schlachten und Ereignisse dieses Marsches sind hinlänglich bekannt, daß es nicht die Aufgabe dieses Werkes sein kann, sie näher anzuführen. Die Tapferkeit der französischen Armee aber verdient volle Anerkennung, 60 000 Soldaten kämpften während sechs Wochen gegen 300 000 Feinde und brachten die Heere der Verbündeten oft genug in die gefahrvollste Lage. Endlich langten die Verbündeten vor Paris an. Sie ließen 10 000 Mann bei dem Sturm des Montmartre auf dem Schlachtfelde liegen und sahen ein, daß eine Hauptstadt, wie Paris, nicht durch einen Handstreich genommen werden könne. Es genügte für die Franzosen, die Stadt nur noch einige Tage zu halten, bis Napoleon von St. Dizier zu ihrer Unterstützung herbei eile. Die Führer der verbündeten Armeen waren selbst so überzeugt von dieser Sachlage, daß sie bereits, wenn sich die Hauptstadt nicht für sie erklärte, den Rückzug beschlossen. — Aber das französische Volk wartete nur auf den Augenblick, sich endlich von dem Joche Napoleon's zu befreien, es sehnte sich danach, seine Tyrannei abzuschütteln und hielt den Augenblick, in dem Napoleon's Glück zu Ende schien, für geeignet, ihn los zu werden. — Die Abreise der Kaiserin-Regentin trug dazu bei, die Pariser muthlos zu machen. Ihr Stellvertreter, der König Joseph, verlor vollständig den Kopf, er capitulirte und öffnete den Verbündeten die Thore von Paris.

Die verbündeten Armeen zogen am 2. April in Frankreichs Hauptstadt ein. Als die Fürsten aber den Minister Talleyrand fragten, welche Regierung und welche Dynastie der französischen Nation am angenehmsten sein würde, antwortete der falsche Heuchler: „Die konstitutionelle Monarchie und Ludwig XVIII."

Neunundzwanzigstes Capitel.

Der Kronprinz war bis zu seiner Ankunft in Berlin mit Desideria in stetem Briefwechsel geblieben, dann aber trat ein Stillstand darin ein, er erhielt keinen Brief mehr und befand sich deßhalb in banger Sorge.

An dem 14. März erreichte ihn in Köln endlich wieder ein vom

28. Januar datirtes Schreiben, worin Desideria sein langes Schweigen nicht begreifen könne. Es müssen in dieser kriegerischen Zeit wohl viele Briefe verloren gegangen sein. Dieser Brief enthält auch die folgende Stelle:

„O Jean, so ist es denn Wahrheit geworden und Du gehörst zu den Feinden Frankreichs! Kann es denn möglich sein, kannst Du Deine Vergangenheit, Dein Vaterland, das Land, in dem die Gräber Deiner Eltern liegen, wo einst Deine Wiege stand, verleugnen? O Jean, Jean! Wohl weiß ich, daß Du sagen wirst, nicht Frankreich bekämpftest Du, sondern nur Napoleon, aber ist das denn ein Unterschied? Frankreich ist er, denn was wäre die Nation ohne ihn, was wäre aus ihr geworden? Wahrscheinlich wäre das Chaos daraus entstanden, oder die anderen Staaten hätten das Land in Stücke zerrissen und vertheilt. Und nun? Ihr seid so Viele gegen den Einen, den Einzigen, der doch erhabener und größer ist, als alle Anderen. O Jean, theurer Jean so laß doch ab und verachte meine ängstliche Warnung nicht, laß ab von den Anderen, so lange es noch Zeit ist. Glaube mir, Napoleon mit seinem Feldherrngenie wird Euch alle besiegen, er hat geschworen, Dich, gleich dem Herzog von Enghien, erschießen zu lassen, wenn Du in seine Hände fielest. Denn Du trägst ja, gleich jenem, die Waffen gegen Frankreich, Dein Vaterland. Sollte aber das Glück gegen den Kaiser sein und marschierst Du mit Deinen schwedischen Horden wirklich nach Frankreich hinein, dann — scheiden sich unsere Wege für immer. Sind wir doch Allein durch Napoleon das geworden, was wir sind. Er hat uns groß gemacht, wie er auch Frankreich über alle Nationen erhob und nun willst Du helfen, ihn zu vernichten? O nimmermehr. Hättest Du ihn gesehen, wie er, der Titan, mit funkelnden Augen vor mir stand und seine Stimme grollte, als er mir sagte: ‚Ha, sie sollen sich irren, wenn sie mich zu vernichten glauben, denn noch lebt der Löwe, der sie mit seinen Pranken zu Boden schlagen wird! O diese Undankbaren, diese Elenden, vor Allem dieses Oesterreich und dieses Bayern, das ich zum Königreich gemacht habe, und nun gar erst Dein Gatte, dieser Bernadotte!‘ Bei diesen Worten lachte er hähmisch auf und fuhr dann fort: ‚Wenn ein Schiff sinkt, verlassen es die Ratten — aber mein Stern ist noch nicht im Untergehen — wartet es ab.‘ — Das war am 24. und am 25. ist er dann zu der Armee abgereist. O Jean, höre auf mein Bitten und bleibe wenigstens neutral."

Nach dem, Ende März erfolgten Einzuge der Verbündeten in
Paris erhielt der Kronprinz von Schweden in Lüttich einen Brief von
seiner Gemahlin, in dem sie ihn mit kurzen Worten aufforderte zu
ihr zu kommen; sie sei in Folge der Gemüthsbewegungen leidend und
möchte ihn gern wiedersehen.

Er traf am 10. April in dem Hotel Anjou zu Paris ein und
wurde von Desirée mit offenen Armen empfangen. Drei Jahre waren
dahingegangen, ohne daß sie sich gesehen hatten, und welch' eine Zeit,
welche Ereignisse lagen dazwischen!

Napoleon, der allmächtige Kaiser, hatte am 4. April zu Gunsten
seines Sohnes abgedankt, was aber die alliirten Fürsten abgelehnt hatten,
und Ludwig XVIII. war durch Decret des Senates vom 6. auf den
Thron berufen worden. Was aber besonders des Kronprinzen Zorn
erregte, das französische Volk, das wenige Tage vorher noch dem
Kaiser zugejubelt hatte, war plötzlich royalistisch gesinnt und hatte anstatt der dreifarbigen die weiße Cokarde der Bourbons angelegt. Welch'
ein Wandel des Geschicks! Napoleon, der diese Nation durch seine Kriegsthaten groß gemacht hatte, war in seinem Unglück vergessen. Eine
verlorene Schlacht hatte genügt, ihn bei dem Volke so verhaßt zu
machen, daß die Royalisten am 6. April sogar den Versuch wagen
konnten, seine Statue von der Vendomesäule herabzustürzen. Wie
verächtlich kam ihm dieses Volk vor, von dem er geglaubt hatte, daß
es ihm, dem Mitkämpfer gegen Napoleon's Heere, zürnen würde und
das ihn nun als Befreier begrüßte! Aber der Kronprinz gab dem
Volke keine Gelegenheit, ihn zu sehen, sondern widmete die wenigen
Stunden seines Aufenthaltes, nach einem Besuch des Kaisers von
Rußland, allein seiner Desirée. — Die Stunden mit ihr waren
nicht ungetrübt. Beide hatten die drei Jahre ihrer Trennung
unter so verschiedenen Verhältnissen durchlebt, daß sich ihre Ansichten unwillkürlich geändert hatten, sie sich, im Vergleich zu früher,
beinah fremd geworden waren. Nun sahen sie sich wieder. Desirée
war durch den fortwährenden Verkehr mit der kaiserlichen Familie
mehr und mehr in deren Ansichten aufgegangen und betrachtete
einen Jeden, der zu dem Sturz ihres vergötterten Helden beigetragen hatte, als ihren persönlichen Feind; Ihr Gemahl dagegen
verurtheilte Napoleon's ganzes Regierungssystem schroffer wie je und
hatte an der Seite der verbündeten Fürsten mit zu seinem Sturze beigetragen. War es da ein Wunder, daß ihre Ansichten diametral aus-

einander gingen? Dabei bedurfte Desirée in ihrem Zustande ner-
vöser Ueberreizung der höchsten Schonung, sie lag bei des Kronprinzen Ankunft, blaß und mager, auf einem Ruhebett und konnte
in ihrer Schwäche kaum die Arme heben, um ihn zu begrüßen. Die
Aufregung des Wiedersehens und die Vorwürfe, mit denen sie ihren
Gemahl gleich in der ersten Stunde empfing, versetzten sie in einen
Weinkrampf und auch später genügte ein Wort, um sie von Neuem
in Thränen ausbrechen zu lassen. So vergingen die ersten Stunden
in schmerzlicher Aufregung und Desirée wurde erst ruhiger, als der
Gatte ihr von Oscar, dem geliebten Sohne und dessen geistiger und
körperlicher Begabung zu sprechen begann. Da versiegten allmählich
ihre Thränen und sie begann in ruhigerer Weise von ihren letzten Erlebnissen zu erzählen. Waren sie doch über acht Wochen ohne alle
Nachrichten von einander gewesen und so konnte Desirée nicht genug
schildern, in welcher Angst sie sich um ihren Gemahl befunden, da sie
stets glaubte, ihn durch das Attentat eines fanatischen Franzosen bedroht
zu sehen. Aber auch der Umstand mit dem Nichteintreffen der gegen-
seitigen Briefe in den letzten Tagen fand seine Erklärung, indem sich
bei der Beschlagnahme der Post große Stöße von seit Monaten nicht
bestellter Briefe vorfanden. Da Desirée in dem Erzählen ihrer Erlebnisse eine gewisse Beruhigung zu empfinden schien, so ließ sie Bernadotte gewähren und so berichtete sie ihm denn auch von ihrer letzten
Begegnung mit dem Kaiser.

Diese hatte am 24. Januar, es war an einem Sonntag, stattgefunden, an dem Tage vorher, als Napoleon zu der Armee abreiste.

„Ich befand mich an dem Tage," so begann Desirée, „bei der
Kaiserin, die den kleinen Napoleon und die Gräfin Montesquiou bei
sich hatte, und wir unterhielten uns über die ungünstigen Nachrichten,
die von dem Feinde nach Paris gedrungen waren. Es mochte gegen
12 Uhr sein, da betrat der Kaiser das Zimmer Marie Louise's und
forderte sie und die Gräfin Montesquiou auf, ihm mit dem Könige
von Rom zu folgen. Sein Antlitz war von einer fahlen Blässe, aber
in seinen Augen lag ein Ausdruck von tiefer Zärtlichkeit. Als er mich
bemerkte, gab er mir die Hand und bat mich, gleichfalls mit ihnen
zu gehen.

Wir gingen durch die Reihe der Gemächer bis zu dem Pavillon
de l'Horloge und sahen, als die Kammerherren die Thüren des
Marschallssaales zurückwarfen, den ganzen großen Saal mit Offizieren

26*

angefüllt. Es waren die Offiziere der Nationalgarbe, sie mochten wohl in der Zahl von sieben= bis achthundert dort vertreten sein. Bei dem Eintritt des Kaisers wurde er mit dem wiederholten Rufe: „Vive l'empereur!" begrüßt. Der Kaiser stellte sich mit uns in die Mitte der Offiziere auf und begann mit lauter Stimme: „Messieurs! Une partie du territoire de la France est envahie, je vais me placer à la tête de mon armée, et, avec l'aide de Dieu et la valeur de mes troupes, j'espére repousser l'ennemi au delà des frontières;" dann ergriff er die Kaiserin bei der Hand und den König von Rom bei der anderen und fuhr fort: „Si l'ennemi approche de la capitale, je confie au courage de la garde nationale l'impératrice et le roi de Rome . . . . . ma femme chérie et mon fils." — Diese wenigen, in tiefe Rührung ge= sprochenen Worte riefen eine große Wirkung hervor. Die meisten der Offiziere brachen in Thränen aus und drängten sich von allen Seiten herbei, um dem Kaiser die Hände zu küssen. Es befanden sich einige darunter, die man nicht als Anhänger des kaiserlichen Regimes bezeichnen konnte, aber diese Trennungsscene rührte auch ihre Herzen auf das tiefste. Auch die Kaiserin brach mit mir in Thränen aus. War es mir doch wie eine Ahnung, daß ich meinen Helden zum letzten Mal als Kaiser gesehen. Und wie sehr," fuhr Desirée fort, „hat sich nachher die Nationalgarbe des kaiserlichen Vertrauens würdig gezeigt, sie hätte mit ihrem letzten Blutstropfen die Kaiserin und ihren Sohn vertheidigt, wenn diese nur in Paris verblieben wären. Aber die Kaiserin war von feigen und treulosen Menschen umgeben, die nicht ruhten, bis sie Paris verließ. Sie zögerte lange, denn was hatte sie denn zu fürchten? Drang der Feind schlimmsten Falles in Paris ein, so war sie als Tochter eines der mächtigsten der verbündeten Fürsten doch sicher genug. Aber die Ruchlosen, zu denen ich auch Joseph und Jérome zählen muß, ruhten nicht, sie wollten die Kaiserin ja für ihre eigenen Zwecke verwenden und diese gab erst nach, als ihr der Herzog von Feltre einen Brief ihres Gemahls vor= zeigte, in dem die Stelle enthalten war: „J'aimerais mieux les savoir tous deux au fond de la Seine, qu'entre les mains des étrangers" — und reiste nach Rambouillet ab. Wie anders wäre vielleicht Alles gekommen, wäre sie in Paris geblieben! Jeden= falls hätte sie dann die Krone Frankreichs ihrem Sohne erhalten können. — Du weißt wohl schon, wie nachher Alles kam, Joseph, dieser Feigling, der das Commando der Vertheidigung hatte, verlor das Bischen von Muth, das er besaß und war froh, sein: „Il ne reste plus qu'à parlementer" auszusprechen. So ging Paris verloren, und als der Kaiser sich vierundzwanzig Stunden darauf mit Windeseile näherte, um die Stadt zu entsetzen, da war es zu spät, die Befestigungen befanden sich bereits in den Händen der Alliirten. O, Jean, was soll ich Dir von meinem Abschied von der Kaiserin sagen? Wie gern hätte ich sie begleitet, aber ich mußte meines Leidens wegen ja hier zurückbleiben. Hättest Du das Schreien des Königs von Rom gehört und seine ängstlichen Rufe, ‚er wolle nicht fort, sondern in Paris bleiben‘, hättest Du gesehen, wie er sich auf die Erde warf und schrie: „Ich will nicht nach Rambouillet!‘ auch Du würdest den Schmerz der Armen empfunden haben. Die Kaiserin ist dann nach Rambouillet und von da über Chartres, Châteaudun, Vendome nach **Blois** gefahren, wo sie mit dem ganzen Hofstaat verblieb. Man ließ sie in den ersten Tagen ihres dortigen Aufenthaltes ohne alle Kenntniß der Ereignisse in Paris. Die Decrete des Senates blieben ihr unbekannt, sie bekam keine Zeitung zu lesen, kein Wort wurde über die Bourbons gesprochen.

Joseph, König von Spanien.
Nach dem Bilde von R. Lefèvre. Stich von Ruotte.

So ahnte die Arme ihr Schicksal nicht und dachte nur daran, daß der Kaiser vielleicht gezwungen werden könnte, Frieden zu schließen. Wie hätte die hohe Frau vermuthen können, daß ihr Vater, der Kaiser von Oesterreich, seinen eigenen Schwiegersohn und seinen Enkel entthronen würde?

Erst am 6. April hat die unglückliche Frau durch die Herzogin von Auerstädt, die sich heimlich zu ihr begab, die ganze schreckliche Wahrheit erfahren. Clementine ist gestern zurückgekommen und konnte nicht genug von dem Schmerze der Kaiserin berichten. Und der Kaiser, weßhalb mußte er zu spät kommen? Er hatte am 29. März zu Pferde Troyes verlassen und kam in Begleitung Bertrand's, des Herzogs von Vicenza und Herrn von Saint Aignans sowie zweier

Abſchied in Fontainebleau.

1. Der Kaiſer.
2. General Baron Petit.
3. Der Herzog von Baſſano.
4. Baron Fain.
5. General Bertrand.
6. General Drout.
7. General Carbines.
8. General Belliard.
9. General Ornans.
10. Oberſt Gourgaud.
11. Chef des „Bataillon Athalin".
12. Lieutenant Fortl.
13. Offiziere des Regimentes „Grenabiere zu Fuß".
14. General Koller (öſterreichiſcher Bevollmächtigter).
15. General Loſakowſki.
16. Oberſt Campbell (engliſcher Bevollmächtigter.)
17. General Schuwaloff (ruſſiſcher Bevollmächtigter).
18. Offiziere der chasseurs à cheval der alten Garde.
19. Das erſte Regiment der Grenabiere zu Fuß, Unteroffiziere
    und Offiziere der alten Garde.

vous entouraient, je ne me suis donc pas trouvé dans le cas de vous
en donner, mais seulement d'obéir à vos ordres.'

Worauf der Kaiser antwortete: ‚Eh! je le sais bien, ce que
je vous en dis, c'est pour vous faire connaître l'opinion qu'on a
de vous.'

Napoleon gab sich dann in den nächsten Tagen einer tiefen Me=
lancholie hin und ging oft stundenlang in den dunkeln Gängen des
Schlosses, vor sich hinbrütend, auf und nieder. Sprach er einmal
mit einem seiner Vertrauten, so mußte er das Gespräch stets auf die
Helden des Alterthums zu bringen, die sich in ähnlicher Lage befunden
und sich freiwillig den Tod gegeben hatten. O Jean,“ bei diesen
Worten zog Desirée Bernadotte's Kopf zu sich heran und sagte leise:
„Ja, Jean, man flüstert sich in die Ohren, daß er — sich sogar —
vergiftet habe und nur noch rechtzeitig durch Yvan in das Leben
zurückgerufen sei.

O Jean —, Jean, ist das nicht furchtbar? So hat mein Held,
mein Kaiser enden wollen!*) — O Jean, könnte ich doch hin zu ihm
und ihn nur noch einmal sehen!“

Desirée sank in Thränen zurück und schlug schluchzend die Hände
vor das Gesicht, und es bedurfte geraumer Zeit, ehe sie sich wieder erholte,
Sie bat dann ihren Gatten, doch Schritte zu thun, um bei den Fürsten
für Julie und Hortense die Erlaubniß zu erwirken, vorläufig in
Paris verbleiben zu dürfen. „Denke Dir nur,“ sagte sie, „Hortense
hat gestern die ganz brutal abgefaßte Ordre erhalten, ‚de quitter la
capitale dans les vingt-quatre heures et de sortir du royaume de
France au plus vite.' — Diese Ordre war unterzeichnet: ‚Gouvernement de Paris.'“

Das wird der erste Schritt Eures neu eingesetzten Königreiches,
o, wie ich ihn hasse, diesen Ludwig XVIII., diese Null auf dem
Königsthron, und das soll nun der Nachfolger Napoleon's des
Großen sein. O, es ist zum Lachen, wenn es nicht zum Weinen wäre.
Das ist der erste Streich der neuen Regierung und dieser König ist noch

*) Ueber den Geheimnissen dieser Tage ruht ein tiefes Dunkel. Unmöglich
ist es nicht, daß der Kaiser in dem Gedanken, daß Alles verloren sei, einen Ver=
giftungsversuch gemacht hat. Napoleon hatte sich bereits auf dem Rückzuge durch
Yvan eine große Dosis Opium besorgen lassen, die er in einem Täschchen für den
Fall, daß er lebend in die Hände der Kosaken geriethe, um den Hals trug.
Anmerkung des Herausgebers.

nicht einmal hier, wie mag es erst später werden? Am Ende treiben sie mich auch noch von hier fort. Und dabei ist es doch nur die feige Angst vor Allem, was den Namen Napoleon trägt und mit ihm verwandt ist. Was können Euch die armen Frauen anhaben, daß Ihr auch sie vertreibt? Also, Jean, versprich es mir, gehe gleich zu Deinem neuen Freunde, dem Kaiser Alexander, und bitte ihn, daß er mir meine arme leidende Schwester hier läßt. Er ist ja so freundlich gegen Josephine gewesen, da wird er ihr auch vielleicht ihre Tochter lassen."

Bernadotte begab sich Desirée's Wunsch gemäß gleich zu den verbündeten Fürsten und trug ihnen die Bitte vor, erhielt jedoch die Antwort daß Alles, was den Namen Napoleon trüge, das Land verlassen müsse, sobald der Kaiser nach seinem neuen Bestimmungsorte, der Insel Elba, abgereist sei. Man wolle jedoch der bisherigen Königin von Spanien hierzu eine Frist von vier Wochen gewähren. Mit dieser Auskunft kehrte der Kronprinz zu Desirée zurück.

Beiden verging der Rest des Tages in langen Gesprächen über die Vergangenheit und Zukunft und Desirée bat den Gatten, doch wenigstens nur noch einige Tage bei ihr zu bleiben. Er aber konnte diese Bitte nicht erfüllen, er mußte nach Stockholm zurück, um die Angelegenheiten wegen Norwegens, des neuen, Schweden zugefallenen Königreiches, zu ordnen.

Desirée lehnte es ab, ihren Gemahl nach Stockholm zu begleiten. Sie schob ihr Kranksein vor und meinte schließlich: „Wenn sich einst die Verhältnisse in Stockholm vollständig geändert haben, wenn Du einmal König von Schweden und Norwegen bist und Deine Schweden dann ihre Königin wieder haben wollen, dann komme ich zurück. Bis dahin laß mich hier, glaube mir, es ist besser so. Aber Eins versprich mir, bringe mir einmal unseren Sohn, meinen Oscar damit er mich nicht ganz vergißt."

Laut schluchzend warf sie sich an seine Brust. So schieden sie und ahnten wohl nicht, daß zwölf Jahre bis zu ihrem Wiedersehen vergehen würden.

Dreissigstes Capitel.

Lange Jahre sind seit dieser Stunde verflossen, Jahre der Ehre
und des Verdienstes für Karl Johann und Jahre der Trauer und
der Enttäuschung für Desideria. Sie mußte ihres vergötterten Kaisers
Abreise nach Elba erleben und sehen wie in den Tagen seines Unglückes so viele Menschen von ihm abfielen, denen er nur Gutes
gethan. So verließ ihn selbst sein Leibmameluck Rustan und sein
langjähriger Kammerdiener Constant; Beide ließen sich vorher, der
erstere 5000 Lires und Constant*) sogar 140 000 Francs für ihre
ferneren Dienste auf Elba auszahlen und verschwanden, als sie das
Geld erhalten hatten, auf Nimmerwiedersehen. Einige wenige gaben
dafür auch wieder Beweise von Edelmuth, so traten zwei, bis dahin
wenig begünstigte junge Leute Namens Hubert und Bellard an die
Stelle Constant's und Rustan's; Sie waren durch Weib und Kind an
Frankreich gefesselt und gaben trotzdem Alles auf, um dem Kaiser in
die Verbannung zu folgen. Welch' heiße Thränen vergoß Desirée, als
sie die Einzelheiten von „les adieux de Fontainebleau" erfuhr und wie
so gern hätte sie Pauline nach Elba begleitet, die nicht von ihrem vergötterten Bruder lassen wollte. Die übrigen Mitglieder der Familie
Bonaparte gaben in diesen schmerzlichen Tagen wenig Beweise ihrer
Anhänglichkeit an den Bruder, der sie seit zwanzig Jahren mit Gunst-
bezeugungen überhäuft hatte. Madame mère reiste mit dem Cardinal Fesch, eiligst nach Blois, ohne von Napoleon Abschied genommen zu haben, Joseph und Jérome verloren sich in der Menge,
sie sowohl wie Louis gingen zuerst nach der Schweiz und Joseph
später mit Frau und Kindern nach Philadelphia. — Einen weiteren
Schmerz erlitt Desirée durch den am 30. Mai 1814 erfolgten Tod
der Kaiserin Josephine, Napoleon's Absetzung hatte der Armen
das Herz gebrochen.

Sie mußte ferner am 3. Mai den Einzug Ludwig's XVIII.
in Paris erleben und flüchtete sich, um all' den traurigen Ein-
drücken zu entgehen, nach der Abreise ihrer Schwester Julie nach

---

*) Der Sohn dieses Constant hat es trotzdem gewagt, über die Thätig-
keit seines Vaters in Diensten des Kaisers Memoiren herauszugeben, die jetzt als
historische Quelle gelten. Von dem Diebstahl seines Vaters aber sagt er darin nichts.
Anmerkung des Herausgebers.

Aachen, das ihr die Aerzte zu der Herstellung ihrer angegriffenen Ge=
sundheit verordnet hatten. Später kehrte sie nach Paris zurück, wo
ihr der König seine Aufwartung machte und sie sehr gnädig aufforderte,
an dem Hofe zu erscheinen. Desirée empfand aber einen solchen
Widerwillen gegen diesen Hof und gegen so viele der dortigen Hofleute,
die soeben noch um ihren großen Kaiser herumscharwenzelt waren und
nun ihre Huldigungen dem neuen König darbrachten, daß sie, ihre
mangelhafte Gesundheit vorschützend, von dem Hofe fern blieb. Sie
blieb auch diesem Entschlusse treu, als eines Tages selbst die Herzogin
von Angoulême bei ihr vorfuhr und sie zu überreden suchte, aus
ihrer Zurückgezogenheit herauszutreten.

Eine kurze Zeit neuer Hoffnung trat für sie während der 100
Tage ein, als der Kaiser Napoleon im Februar 1815 seine Krone,
die er gegen das gesamte Europa nicht hatte behaupten können, durch
einen kühnen Handstreich von dem Haupte des Bourbons riß und seinen
auf der trügerischen Asche eines Vulkans stehenden Thron zurückeroberte.
— Aber Desirée's Hoffnung, wie die so mancher Anderer, blieb eine
trügerische; abermals stand ganz Europa, mit Ausnahme des neutral
bleibenden Schwedens, gegen dem Eindringling in Waffen und die
Mächte, die soeben noch auf dem Congreß so uneinig waren, verbanden
sich von Neuem zum Kriege. Der Tag von Waterloo entschied
endgültig des Kaisers Geschick. — Sein Stern ging bei Mont St.
Jean unter.

Als nun Alles vorbei war und der geschlagene Kaiser, von Allen
verlassen, in Paris ankam, da erwachte in ihm die Sehnsucht nach
der Frau, die er wohl allein in seinem Leben wirklich geliebt
hatte, nach seiner Josephine. Er verbrachte in Erinnerung versunken,
die Tage bis zu seiner Wegführung, in Malmaison und wanderte mit
auf dem Rücken verschränkten Armen in den schattigen Alleen der
Bäume umher, die einst Josephine's Hand gepflanzt hatte. Er dachte
an die Tage zurück, in denen er mit ihr einst hier gewandelt war.
Und an einem solchen Tage war es auch, daß Desirée ihn zum letzten
Mal sah.

Es war am 26. Juni Spätnachmittags, als sie in Malmaison
ankam und sich auf die Nachricht hin, daß der Kaiser im Park sei,
sofort dahin begab. Sie spähte nach ihm umher und fand ihn endlich
in tiefen Gedanken versunken auf einer Bank an der Grenze des Parks,
auf der er einst gern mit Josephine zu sitzen pflegte.

Bei ihrem Näherkommen wandte er den Kopf und sie erkennend, trat jenes Lächeln in sein ernstes Gesicht, das ihn auf eine so eigenthümliche Weise verschönte, das stets etwas so Herzgewinnendes hatte und Jeden bestach. „Sieh da, petite," sagte er, ihr näher tretend und ihre zitternden Hände in den seinen pressend: „Du Treueste der Treuen kommst, um mir Lebewohl zu sagen. Ich weiß, daß Du mir treu bleibst, während Alles mich verläßt. Wäre ich Dir einst treu geblieben, wie anders wäre vielleicht Alles gekommen. Du weinst? O, habe Dank für diese Thränen, deren Erinnerung mich begleiten soll bis auf die wüste Felseninsel, die man mir anweist. Ich werde Dich und Deine treue Anhänglichkeit nie vergessen. In wenigen Tagen muß ich fort, auf ewig fort. Doch sieh da, Coulaincourt kommt daher, vielleicht bringt er mir schon mein Schicksal. So leb' denn wohl, Du Geliebte meiner Jugendzeit, meine theuere Desirée — leb' wohl." — Seine Arme schlangen sich um die schluchzende Frau und er küßte sie leicht auf die Stirn. „Leb' wohl, mein stolzer Held," flüsterte Desirée, „adieu für immerdar!" und sie wandte sich und ging. Als der Weg eine Biegung machte, sah sie noch einmal zurück, da stand er, scharf grenzten sich seine Züge gegen den Horizont ab, er hatte die Arme in einander geschlagen und starrte in die sich verdunkelnde Gegend hinaus: „O mein Held, Du mein Geliebter," stammelte Desirée, sich in die Arme der ihr entgegenkommenden Gräfin Remusat*) werfend und weinte und weinte.

Für die Kronprinzessin begann nun eine Zeit stillster Zurückgezogenheit. Sie eröffnete ihre Cirkel in der früheren Art erst zwei Jahre später.

Sie fing das Leben von Neuem an, das sie in dem Verkehr mit den geistreichsten Menschen des damaligen Paris so anmuthete. In ihrem Palais in der Rue Anjou gab es keine steifen Hofformen, keine Werthschätzung nach Titeln und Würden, sondern der Mensch an sich wurde da geschätzt. Das Einzige, was bisweilen an ihre hohe Stellung als „Kronprinzessin von Schweden" erinnerte, waren die Besuche hervorragender durchreisender Schweden, die ihre Huldigungen der zukünftigen Königin darbrachten.

---

*) Die Gräfin Remusat war nach Josephine's Scheidung mit dieser nach Malmaison gezogen und blieb auch dort noch einige Monate nach deren Tode.

Anmerkung des Herausgebers

hatten die Mächte dieses Land Schweden zuerkannt, die Norweger selbst aber waren darin anderer Ansicht. Das Norwegische Volk wählte sich den Prinzen Christian Friedrich von Dänemark zum Fürsten und forderten ihn auf, Schweden den Krieg zu erklären. So mußte denn die Gewalt der Waffen entscheiden. Am 30. Juli rückte der Feldmarschall Graf Essen mit einer schwedischen Armee von 20 000 Mann in Norwegen ein und besetzte Berby und Graesbaka, während die Generale Galms und Manström gegen Kongswingen und Tisterbal vorrückten. Die norwegischen Truppen gingen überall zurück und es kam schließlich zwischen Moß Isobro und Kjol= bergo zu einer Schlacht, in der der Kronprinz den Prinzen Christian mit seinen Norwegern glänzend besiegte.

Am 14. August wurde in Moß eine Convention abgeschlossen, worin der Prinz Christian auf seine Würde als Thronfolger verzichtete und der Storthing Norwegens in eine Union des Landes auf der Con= stitution Schwedens willigte. Am 14. November wurden die einzelnen Paragraphen der neuen Constitution zum Gesetz erhoben, von dem König Karl XIII. vollzogen und die beiden Königreiche auf diese Weise für ewige Zeiten mit einander vereinigt.

Es kam für den Kronprinzen jetzt vor allen Dingen darauf an, sich in dem Lande eine Partei zu schaffen, mit der er später regieren könne. Er befand sich da in einer ganz eigenthümlichen Lage. Hätte er ein Volk mit liberalen Grundsätzen vorgefunden, so würde er vielleicht, seinem Jugendideal getreu, an dem liberalen Princip festgehalten haben. Statt dessen aber fand er ein Gewirr von Ständen, mittelalterliche Vorrechte und parlamentarische Gewohn= heiten, die ihm bei der ganz unvollkommenen Verfassung thun ließen, was er wollte. Da beschloß er denn, sich auf die Adels= partei zu stützen, die ihm noch die mächtigste in dem Staate zu sein schien. Er hatte ein bedeutendes Vermögen in der Höhe von achtzehn Millionen mit nach Schweden gebracht, dieses wurde von ihm theils zu der Unterstützung des verarmten Adels, theils zu dem An= kauf von Krongütern verwendet, so daß er dadurch bei seiner Thron= besteigung (König Karl XIII. war am 5. Februar 1818 gestorben) einer der größten Grundbesitzer Schwedens wurde. Hierdurch gewann sich der neue König eine große Partei in dem Lande, durch die er bald in dem Reichstage ein solches Uebergewicht erlangte, daß seine Neuschaffungen und Reformen meist glatt durchgingen. Vor allem

Sohnes Bildungsgang. Karl Johann mußte sich in den nächsten Jahren daran gewöhnen, **auf seinem Thron allein zu sein.**

Wieder vergingen Jahre, in denen die Verhältnisse stets dieselben blieben. Desirée lebte theils in Aachen, theils in Paris und besuchte nach wie vor Sceaux und die anderen Stätten, an die sich Erinnerungen aus ihrer Jugendzeit knüpften. In den Kreis ihrer näheren Bekannten war seit einiger Zeit auch die schöne Frau Recamier eingetreten.

Ein Brief Desirée's an diese aus Aachen wird uns am besten in die Ereignisse der folgenden Jahre einführen.

Aix la Chapelle, le 28 Juin 1822.

Madame! C'est avec bien de regret, que j'ai dû quitter Paris sans vous voir, mais je reçus un courrier de mon fils, qui me prévenait de sa prochaine arrivée à Aix la Chapelle, et je n'eus que le temps de me préparer au départ. Depuis ce moment je suis occupée des chagrins des autres; c'est un délassement, qui n'est pas trop salutaire à la santé, aussi je suis très souffrante depuis quelques jours. J'aurais grand plaisir de vous y voir et de vous présenter mon fils, qui réunit quelques avantages d'esprit et de caractère et qui aurait été bien charmé de faire votre connaissance. Quant à sa figure et à sa tournure, c'est son père à vingt-trois ans, il n'a rien voulu de moi, il a bien fait car il n'y aurait pas passé quelques jours à Bruxelles et j'ai trouvé ma sœur dans un état de santé effrayant et dans un chagrin qui, je le crains bien, la mènera au tombeau, l'idée de quitter sa fille la tue et elle est dans un état de faiblesse tel, qu'elle ne pourrait certainement pas atteindre Rôme sans danger. Jugez de mon désespoir d'être forcée de la quitter dans ce moment, de ne pouvoir même pas assister au mariage de sa fille.

Dans cette anxiété je viens vers vous comme tous ceux qui souffrent sont toujours sûrs d'y trouver des consolations, je vous prie de faire en sorte que ma sœur jouisse tranquillement de ses enfans jusqu'au moment où ils doivent se rendre à Rôme, et ce sera pour les premiers jours d'août à cause des neiges du Tyrol qu'ils doivent traverser pour se rendre en Italie.

Ce terme, si court pour l'amitié, doit l'être aussi pour la politique, et il me semble que monsieur de Montmorency pourrait bien prendre sur lui de fermer les yeux là-dessus: car ce ne serait pas

Madame Récamier, nach dem Gemälde von Gérard.
(Photographie von Braun.)

la peine d'assembler le grand congrès pour un si petit séjour. Le roi de Hollande ne dira rien, si on ne le presse pas et je voudrais du moins pouvoir être auprès de ma sœur et tâcher d'adoucir sa douleur, si c'est possible au moment d'une séparation si cruelle, c'est à qui me serait impossible en ce moment, étant retenue auprès mon fils. Je me repose entièrement sur votre amitié et sur la bonté aimable, que monsieur le vicomte de Montmorency a bien voulu me témoigner quelquefois. Je réclamerais aussi l'intérêt de Msr. le duc de Laval, qu'il a eu la grâce de m'offrir et je vous prie de lui dire mille chose aimables. Adieu Madame, donnez-moi de vos nouvelles, conservez-moi votre amitié: j'en attends une bien grande preuve en ce moment. Je vous prie de croire que je me trouverais heureuse de vous prouver la mienne dans toutes occasions.

Désirée.

Aus vorstehendem Briefe geht hervor, daß die Königin damals die Freude hatte, ihren Sohn Oscar, den Herzog von Südermanland, in Aachen bei sich zu sehen. Es war ihr vorher mitgetheilt, daß der, damals dreiundzwanzigjährige, talentvolle und wegen seiner hervorragenden Charaktereigenschaften in Schweden allgemein beliebte Kronprinz in Begleitung des alten Diplomaten, des Grafen Wetterstedt, eine Rundreise bei allen deutschen Höfen antreten werde, um sich bei ihnen in seiner neuen Eigenschaft als Kronprinz Schwedens vorzustellen. Sie war der Reise von Beginn an mit hohem Interesse gefolgt und hatte mit größtem Entzücken erfahren, mit welcher Anerkennung und Freundlichkeit ihr Sohn von allen Regenten aufgenommen wurde. Schließlich empfing sie einen herzlichen Brief von ihm, in dem er sie bat, nach Aachen zu kommen, um mit ihm dort einige Tage zusammen zu sein. Und dann kam das Wiedersehen. Elf Jahre waren dahingegangen, in denen sie den geliebten Sohn nicht gesehen und nun stand er in seiner ganzen jugendlichen Kraft und Schönheit vor ihr, an der sie sich nicht satt sehen konnte. Immer wieder drückte sie ihn an ihr Herz und forschte in seinem männlich schönen Angesicht nach den kindlichen Zügen, die sie bei ihrem damaligen Abschied in Stockholm zuletzt gesehen. Welch' schöne Tage verlebten sie in Aachen und Brüssel, wohin sie ihr Sohn begleitete, um gemeinschaftlich mit ihr die Hochzeit ihrer Nichte, der Tochter Julie's, Charlotte Zenaide Napoleon mit dem

Sohne Luciens, dem Prinzen Charles Bonaparte zu be=
gehen! Die arme Julie war, wie aus dem Briefe zu ersehen ist,
krank und elend aus Amerika herübergekommen, um noch einmal,
wohl zum letzten Mal in ihrem Leben, einige Zeit mit ihrer Lieblings=
schwester zu verleben; da wurden ihr von der französischen Regierung
wegen ihres Aufenthaltes in Brüssel Schwierigkeiten gemacht, die
Desirée jedoch durch den Legationsrath Baron Montmorency zu be=
seitigen wußte.

So verbrachte Desirée im Kreise der Schwester und ihres geliebten
Sohnes noch einige wehmüthig glückliche Tage, die bei der Abreise
Oscar's schnell genug ihr Ende fanden. Als sie bei dem Abschied
in seinen Armen lag und der Sohn die, noch immer so schöne Mutter
stets von Neuem an sich drückend, in die Worte ausbrach: „Ist es denn
möglich, theuere Mutter, daß Du uns noch weiter ferne bleiben kannst,
hast Du denn gar keine Sehnsucht nach meinem geliebten Vater, soll
er noch länger einsam und allein auf seiner Höhe stehen?" da wurde
die Sehnsucht nach ihrem Gemahl, nach dem Geliebten ihrer Jugend=
zeit, so gewaltig in ihrem Herzen, daß sie den Entschluß faßte, ihren
Widerwillen gegen das nordische Land zu überwinden und endlich dahin
zurückzukehren, wohin sie Herz und Pflicht zogen.

Als dann auch die Zeit mit Julie vorüber war, als sie die arme
kranke Schwester von sich lassen mußte und auch diese sie bei dem
Abschied an ihre Pflicht gemahnte, als sie bei ihrer Rückkehr nach
Paris sich immer von Neuem den Vorwurf machen mußte, nicht dort
zu sein, wohin sie gehörte, da reifte schließlich ihr Entschluß, bei
der ersten Gelegenheit nach Schweden zurückzukehren. Zwar ver=
gingen darüber noch einige Jahre, denn noch immer lebte die Königin
Charlotte. Als Desirée dann aber deren Tod erfuhr, als sie aus
München die frohe Nachricht von der Verlobung Oscar's mit der
Prinzessin Josephine von Leuchtenberg erhielt, beschloß sie, diese
ihre Schwiegertochter nach Schweden zu begleiten; wo ihre Heimath
fortan wieder bei ihrem Gemahl und bei ihren Kindern sein sollte.

Sie schrieb der Prinzeß Josephine, daß sie in ihrer Begleitung
von Lübeck aus die Reise antreten würde, und traf nach dem Em=
pfang eines Briefes ihres Gemahls am 15. Juni 1826 vor Stock=
holm ein.

Wie wurden da ihre Gedanken auf die Zeit vor fünfzehn langen
Jahren zurückgelenkt. Wieder stand sie auf dem stolzen Kriegsschiff,

27*